GRAMMAIRE ACTIVE
DE L'ARABE LITTÉRAL

LES LANGUES MODERNES

GRAMMAIRE ACTIVE
DE
L'ARABE LITTÉRAL

par

Michel Neyreneuf
Professeur agrégé d'arabe

et

Ghalib Al-Hakkak
Professeur agrégé d'arabe

Le Livre de Poche

Michel Neyreneuf et *Ghalib Al-Hakkak* ont été membres d'une
équipe de l'I.N.R.P. (Institut National de Recherche Pédagogique) qui
a mis au point des documents pour l'enseignement de l'arabe dans les
collèges et lycées français. Ils animent la revue *TextArab* et ont contri-
bué à la réalisation de « L'arabe d'aujourd'hui en 90 leçons » (Le Livre
de Poche - Paris 1992).

Mise en page et composition bilingue
réalisées par les auteurs

Présentation

C'est à tous ceux qui étudient l'arabe littéral d'aujourd'hui que ce livre s'adresse, non comme un manuel d'apprentissage qu'il faudrait étudier de façon linéaire, mais plutôt comme un complément aux différents ouvrages publiés (parmi lesquels *"L'arabe d'aujourd'hui en 90 leçons"* chez le même éditeur) et un livre de référence consultable aux diverses périodes des études.

Précisons bien qu'il s'agit d'arabe littéral (on ne trouvera donc pas d'analyse des dialectes) et d'arabe d'aujourd'hui : les exemples ne sont pas tirés du Coran ou de la poésie classique, comme c'est le cas dans la plupart des manuels déjà publiés en France (*cf.* Eléments bibliographiques), mais la langue de référence est celle de la littérature et de la presse contemporaines. De même, on ne s'est pas attaché à signaler les nombreuses exceptions et faits de langues inusités dans la langue moderne. Par contre, certaines évolutions contemporaines (que d'aucuns appellent des *licences*) sont explicitées.

A part quelques exceptions, les leçons sont suivies d'exercices (parfois regroupés à la fin d'une série) dont on trouvera le corrigé à la fin du livre. Pour chaque exercice, il est précisé le paragraphe de la leçon sur lequel il porte.

Le lecteur aura intérêt aussi à découvrir rapidement les annexes nombreuses qui permettent de clarifier et de développer certains aspects fort utiles de la langue et de la communication.

Enfin, on a développé intentionnellement les deux index (l'un en français, l'autre en arabe) sans lesquels on ne peut tirer profit rapidement d'un tel ouvrage.

N.B. : l'alphabet phonétique utilisé dans quelques leçons est celui auquel se réfèrent la plupart des arabisants français (et non l'alphabet phonétique international).

Pour les termes grammaticaux, nous avons pris le parti de n'utiliser le terme français que quand il y avait correspondance exacte avec l'arabe, sinon, nous avons eu recours à la transcription phonétique du terme arabe.

SOMMAIRE

• SYNTAXE

- Le groupe nominal

- La phrase

ANNEXES

LEÇONS

1. Systèmes graphique et phonétique

1.1 Alphabet

• L'arabe s'écrit de droite à gauche et n'a ni majuscules ni caractères d'imprimerie différents de l'écriture manuscrite. Les lettres se lient entre elles, sauf 6 (notées par un astérisque) qui n'accrochent pas la lettre qui suit. Elles s'écrivent de façon différente suivant leur situation :

  - *initiale* (pas de liaison avec une lettre précédente, mais liaison avec une lettre suivante),

  - *médiane* (liaisons avec lettres précédente et suivante),

  - *finale* (liaison avec une lettre précédente mais pas de liaison avec une lettre suivante),

  - *isolée* (pas de liaison avec une lettre précédente ou une lettre suivante).

Les 6 lettres qui n'accrochent pas ne peuvent se trouver qu'en position finale ou isolée. Dans ces deux positions, les autres lettres ont presque toutes une sorte d'appendice.

Nom de la lettre et transcription			Ecriture de la lettre selon qu'elle est en position :			
			isolée	finale	médiane	initiale
hamza (1)	همزة	’	ء أ إ إ ؤ ئ ـئ ـؤ ـى : *cf.* note			
’alif * (1-2)	ألف	â	ا	ـا		
bâ’	باء	b	ب	ـب	ـبـ	بـ
tâ’	تاء	t	ت	ـت	ـتـ	تـ
t̠â’	ثاء	t̠	ث	ـث	ـثـ	ثـ
jîm	جيم	j	ج	ـج	ـجـ	جـ
ḥâ’	حاء	ḥ	ح	ـح	ـحـ	حـ
ḫâ’	خاء	ḫ	خ	ـخ	ـخـ	خـ

Nom de la lettre et transcription			isolée	finale	médiane	initiale
dâl *	دال	d	د	ـد		
d̠âl *	ذال	d̠	ذ	ـذ		
râ' *	راء	r	ر	ـر		
zây *	زاي	z	ز	ـز		
sîn	سين	s	س	ـس	ـسـ	سـ
šîn	شين	š	ش	ـش	ـشـ	شـ
ṣâd	صاد	ṣ	ص	ـص	ـصـ	صـ
ḍâd	ضاد	ḍ	ض	ـض	ـضـ	ضـ
ṭâ'	طاء	ṭ	ط	ـط	ـطـ	طـ
z̧â'	ظاء	z̧	ظ	ـظ	ـظـ	ظـ
ʿayn	عين	ʿ	ع	ـع	ـعـ	عـ
ġayn	غين	ġ	غ	ـغ	ـغـ	غـ
fâ'	فاء	f	ف	ـف	ـفـ	فـ
qâf	قاف	q	ق	ـق	ـقـ	قـ
kâf	كاف	k	ك	ـك	ـكـ	كـ
lâm (2)	لام	l	ل	ـل	ـلـ	لـ
mîm	ميم	m	م	ـم	ـمـ	مـ
nûn	نون	n	ن	ـن	ـنـ	نـ
hâ'	هاء	h	ه	ـه	ـهـ	هـ
wâw *	واو	w	و	ـو		
yâ'	ياء	y	ي	ـي	ـيـ	يـ
'alif maqṣûra (3)		â	ى	ـى		
tâ' marbûṭa (4)		a(t)	ة	ـة	(ـتـ)	

Notes :

(1) h a m z a : traditionnellement, c'est 'alif la 1re lettre de l'alphabet. En fait, dans un dictionnaire, comme aucun mot ne peut commencer par 'alif, c'est hamza la 1re lettre. Cette lettre s'écrit avec un support ('alif : أ ou إ, wâw : ؤ, yâ' sans points : ئ) ou sans support (ء). De plus, quand deux 'alif doivent se suivre (اآ ou أآ), on écrit le 2e sur le 1er et la hamza disparaît : c'est 'alif mamdûda ou madda (مدّة / ألف ممدودة) : أ . آ

(2) quand la lettre lâm est suivie de 'alif, on a une graphie particulière : le lâm-'alif que l'on écrit لا (isolée) ou ـلا (finale).

(3) 'alif maqṣûra مقصورة ألف (ى) ne peut se trouver qu'à la fin d'un mot.

(4) tâ' marbûṭa مربوطة تاء (ة) n'existe qu'à la fin d'un mot et se prononce alors [a] à la pause ou [at] si on prononce la voyelle finale (*cf.* 10.1). Se change en ت en cas d'ajout d'un suffixe.

Prononciation :

Les lettres n'ayant pas d'équivalent en français peuvent se classer en trois catégories suivant leur point d'articulation :

• les *gutturales* qui s'articulent au fond de la gorge : ء , ح , خ , ع , ق et ه .

• les *interdentales* qui s'articulent avec la pointe de la langue entre les dents : ث , ذ , ض et ظ .

• les *emphatiques* qui s'articulent en augmentant le volume de la cavité buccale (par un renvoi de la langue vers le fond de la gorge) : ص , ض , ط et ظ .

Précisions :

- ء : c'est l'attaque vocalique (comme on prononce en cas d'énervement le a de assez). Au milieu d'un mot, cette lettre jouera le rôle d'une sorte de rupture.

- ث : interdentale du ت (*cf.* le *th* anglais de *thing*). Dans certaines régions, cette lettre est prononcée *t* et dans d'autres *s*.

- ج : est parfois prononcé *dj* (au Maghreb notamment) ou *g* (parler du Caire).

- ح : souffle sourd prononcé du fond de la gorge (avec serrement de la gorge) : *Mohammed* (Muḥammad محمّد).

- خ : son proche du *j* espagnol ou du *ch* allemand. On le transcrit en français par *kh* : *Khaled* (= ḫâlid خالد).

- ذ : interdentale du د (*cf.* anglais *this*). Se confond dans certaines régions avec le ز ou avec le د .

- ر : *r roulé* (comme en espagnol).

- ص : emphatique du س .

- ض : l'ancienne articulation très particulière (qui faisait que l'on appelait l'arabe *la langue du ḍâd*) a peu à peu disparu. Elle est actuellement articulée soit comme un د emphatique, soit comme le ظ (emphatique et interdentale du د).

- ط : emphatique du ت .

- ظ : cette lettre est articulée suivant les régions soit comme l'emphatique de ذ , soit comme l'emphatique de ز .

- ع : se prononce en serrant le fond de la gorge. On le trouve dans la prononciation du *a* du prénom *Ali* (ᶜalî عليّ).

- غ : correspond au *r grasseyé* (et non roulé). Est transcrit *gh* en français : *Benghazi* (= Banġâzî بنغازي).

- ق : c'est un *k* qui se prononce du fond de la gorge. Ne pas confondre ces deux lettres : qalb قلب (= *cœur*) / kalb كلب (= *chien*). Cette lettre est prononcée comme une hamza dans certaines régions et dans d'autres comme le son *g*.

- ه : souffle sourd prononcé du fond de la gorge (sans serrement de la gorge). *Cf.* le *h* anglais de *hand*. On le trouve dans le prénom *Mehdi* (Mahdî مهديّ).

Autres lettres :

Les sons p, v et g n'existent pas dans l'alphabet arabe. En cas de besoin (pour transcrire des noms étrangers...), d'autres lettres sont apparues, les usages variant d'une région à l'autre.

Ex. : ڤ = *g* en Algérie et Tunisie / = *v* au Moyen-Orient

پ = *p*   گ = *g* en Irak   ݣ = *g* au Maroc

چ = *tch* en Irak / = *j* en Egypte

Dans ce dernier cas, c'est par opposition à la prononciation *g* du ج . Ex. : جراچ = *garage* [garâj]

1.2 Voyelles, consonnes, semi-consonnes

Il existe deux sortes de voyelles : les voyelles brèves (quand elles sont écrites, elles ne figurent pas dans le corps du mot, mais au-dessus ou au-dessous des lettres) et les voyelles longues (ou plutôt, il s'agit de voyelles brèves prolongées par une lettre). Dans la grande majorité des textes, les voyelles brèves ne seront pas écrites (sauf quand il s'agit de manuels scolaires ou, parfois, de textes religieux).

Il existe trois voyelles brèves :

- ḍamma ضمّة [u] (= le son *ou*) : ـُ (un petit 9 sur la lettre)
- fatḥa فتحة [a] : ـَ (un trait sur la lettre)
- kasra كسرة [i] : ـِ (un trait sous la lettre)

Ex. : كُتِبَ se prononcera : kutiba (non vocalisé : كتب)

Pour prolonger ces voyelles (et avoir des voyelles longues qui durent 2 fois plus longtemps que les brèves), on fera suivre :

- la ḍamma d'un و : ـُو [û]
- la fatḥa d'un ا (ou d'un ى) : ـَا (ou ـَى) [â]
- la kasra d'un ي : ـِي [î]

Les voyelles longues seront donc repérables dans le corps du mot grâce aux lettres de prolongation. Ex. :

مُوسِيقَى se prononcera : mûsîqâ (non vocalisé : موسيقى)

Parmi ces trois lettres de prolongation :

- ا n'est jamais une consonne, mais sert à marquer une voyelle longue [â] (sauf si c'est le support d'une hamza ou la marque d'un tanwîn, *cf.* 1.4)

- و et ي ont un double usage : soit il s'agit d'une lettre de prolongation (marquant une voyelle longue [û] ou [î]), soit il s'agit d'une consonne : [w] ou [y]. Voilà pourquoi on les appellera *semi-consonnes* :

يَزِيد [yazîd] / وُصُول [wuṣûl]

(le 1er ي ou و est une consonne, et le 2e une voyelle longue)

N.B. : toutes les autres lettres de l'alphabet sont des consonnes.

1.3 Les syllabes, le soukoun et la chadda

• Il existe deux sortes de syllabes :

- la syllabe brève formée par une consonne (ou une semi-consonne) et une voyelle brève :

كُتِبَ ku-ti-ba / وَصَلَ wa-ṣa-la : 3 syllabes brèves

- la syllabe longue formée par une consonne (ou une semi-consonne), une voyelle brève et une consonne. Quand on vocalise, pour marquer que cette dernière consonne ferme la syllabe, on met un petit rond appelé soukoun [sukûn] (سكون = *silence*) sur la consonne :

نَكْتُبُ nak-tu-bu ⎤
يَجْلِسُ yaj-li-su ⎦ 1 syllabe longue + 2 syllabes brèves

La syllabe formée par une consonne (ou une semi-consonne) suivie d'une voyelle longue n'est qu'une variante de la syllabe longue. En réalité, si on voulait vocaliser entièrement, la lettre de prolongation porterait un soukoun :

مُوْسِيْقَىْ muw-siy-kaâ ou (par convention) mû-sî-qâ

Il en est de même en cas de diphtongue (quand une voyelle brève est suivie d'une semi-consonne portant soukoun qui n'a pas le même timbre). L'arabe n'en connaît que 2 : [aw] et [ay] :

حَوْلَ ḥaw-la / بَيْنَ bay-na

• Si une syllabe longue se termine par la même consonne (ou semi-consonne) que celle qui commence la syllabe suivante, on écrit cette consonne une seule fois avec un petit 3 couché au-dessus d'elle appelé chadda (شدّة) : ـّ .

يُوَصِّلُ ← يُوَصْصِلُ yu-waṣ-ṣi-lu / مَرَّ ← مَرْرَ mar-ra

N.B. : la fatḥa et la ḍamma s'écrivent au-dessus de la chadda.

Quant à la kasra, on peut l'écrire soit sous la chadda, soit sous la lettre :

مصلِّح ou مصلِّح mu-ṣal-liḥ

1.4 Voyelles casuelles et tanwîn

• Il existe en arabe des déclinaisons (généralement à 3 cas) pour les noms (*cf.* 10). Ce sont les trois voyelles qui marquent ces 3 cas (le plus souvent : ḍamma pour le cas sujet, fatḥa pour le cas direct et kasra pour le cas indirect). Quand ils ne sont pas définis, on ajoute le son [n] à la voyelle casuelle de la majorité des noms. Ce [n] ne s'écrit pas, mais la voyelle s'écrit 2 fois. C'est le tanwîn (تنوين) :

- le tanwîn [un] s'écrit ٌ ou ٌ : وَلَدٌ waladun

- le tanwîn [an] s'écrit ً ou اً ou ً (un 'alif marque ce tanwîn sauf si le nom se termine par ة , اء ou أ) :

وَلَدًا waladan / كُرَةً kuratan

- le tanwîn [in] s'écrit ٍ : وَلَدٍ waladin

N.B. : les tanwîn-s [un] et [an] s'écrivent au-dessus de la chadda. Le tanwîn [in] s'écrit habituellement sous la lettre.

Dans un texte non vocalisé, le tanwîn n'apparaîtra pas, sauf le tanwîn [an] signalé (quand c'est le cas) par sa marque 'alif.

يد = yadun ou yadin / يدا = yadan

1.5 Hamza stable et hamza instable

Il existe deux types de hamza :

- la hamza *stable* (ou de coupure : همزة قطع) qui s'écrit toujours (avec ou sans support) et fait partie intégrale du mot,

- la hamza *instable* (ou de liaison : همزة وصل) que l'on ne peut trouver qu'au début d'un mot. Elle ne s'écrit pas mais est toujours marquée par un ا . Elle ne se prononce que si elle est en début de phrase (ou après une pause). Sinon, on fait la liaison avec le mot précédent. Cette liaison est marquée dans un texte entièrement vocalisé par un signe appelé waṣla (وصلة) que l'on met sur le 'alif : ٱ . On trouve cette hamza instable :

- au début de l'article اللـ (*cf.* 25.2) et du relatif (*cf.* 18),

- au début d'un certain nombre d'impératifs de verbes simples,

- au début du passé et de l'impératif de certains verbes dérivés,

- au début de quelques noms (comme اسم , ابن et اثنان où elle tend actuellement à se prononcer comme une hamza stable).

اُكْتُبْ / وَاكْتُبْ اِجْلِسْ ['ijlis wa-ktub] ['uktub]

La hamza instable se prononce dans le 1er اكتب et dans اجلس qui commencent la phrase. Elle tombe dans اكتب précédé de و . Une waṣla sur le ا marque la liaison (ni le ا , ni la hamza ne se prononcent alors).

1.6 Rencontre de deux soukouns et pause

Règle fondamentale : on ne peut pas avoir deux soukouns qui se suivent immédiatement. Conséquence : si un mot commençant par une hamza instable est précédé d'un mot se terminant par un soukoun, on ajoutera une voyelle de liaison (*cf.* 25.2).

مِنْ ٱلْمَدِينَة ← مِنْ + الْمَدِينَة

Si le mot qui précède la hamza instable se termine par une voyelle longue, celle-ci sera abrégée dans la prononciation (mais non à l'écrit) :

فِي ٱلْمَدِينَة ← فِيْ + الْمَدِينَة

Prononcez [fi l-madîna] au lieu de [fî l-madîna]

Pour transcrire les mots étrangers commençant par 2 consonnes, on ajoute souvent soit une voyelle à la 1re consonne, soit une hamza devant le mot :

France : فَرَنْسا [firansâ] / *Sparte :* إِسْبَرْطة ['isbarṭa]

Il existe une exception à cette règle : les syllabes surlongues, composées d'une consonne suivie d'une voyelle longue suivie d'une consonne. Les racines sourdes (*cf.* 6.3) génèrent quelques mots de ce type :

مادَّة [mâd-da] / مارٌّ [mâr-run]

Mais on rencontre de telles syllabes beaucoup plus

fréquemment du fait de la pause (وقف). D'après les règles traditionnelles de lecture, on ne doit pas prononcer la voyelle finale d'un mot quand on fait la pause (en fin de phrase, par exemple). On aura de ce fait de nombreuses syllabes surlongues :

يكتبون prononcé [yak-tu-bûn] au lieu de [yak-tu-bû-na]

Pour les autres règles de pause, *cf.* Annexe N.

1.7 Problèmes d'orthographe

L'arabe est une langue qui n'a (presque) pas de problèmes d'orthographe puisqu'il y a adéquation entre ce qui est écrit et ce qui est dit, à quelques exceptions près :

• **support de la hamza :**

- en début de mot, ce sera toujours un ا . Si la voyelle est une kasra, la hamza se placera sous le ا , sinon au-dessus :

إبراهيم ['ibrâhîm] / أين ['ayna] / أُذن ['udun]

- à la fin d'un mot, le support dépend de la voyelle qui précède. Ce sera أ si cette voyelle est une fatḥa, ئ si c'est une kasra, ؤ si c'est une ḍamma, et ء (aucun support) si c'est un soukoun (porté par une consonne ou une lettre de prolongation) :

هدوْء / مرْء / ماء / برئ / يجرؤ / يبدأ

- au milieu d'un mot, les règles sont plus complexes. On aura intérêt à les retenir à l'usage. Il faut tenir compte de la voyelle (brève ou longue) qui précède et de celle portée par la hamza. Les voyelles suivent l'ordre de priorité suivant : i > u > a > soukoun. La hamza aura comme support la lettre correspondant à la voyelle qui l'emporte, sauf si elle est précédée de [â] et porte une fatḥa : dans ce cas, pas de support :

تساءل / تساؤل / مسألة / مسؤول / سؤال / سئل / مسائل

Du fait de la complexité de ces règles, on entend souvent parler de réforme... Ainsi, trouve-t-on parfois le mot مسؤول écrit ainsi : مسـٔول ... Mais de telles tentatives restent pour le moment très limitées !

• le 'alif suscrit

Quelques mots se prononcent avec un ‌ا‌ [â] qui ne s'écrit plus (il s'écrivait autrefois au-dessus de la lettre). C'est le cas de :

اللّٰه → اللّٰه [allâh] *Dieu*

رحمن → رحمٰن (parfois رحمان) [raḥmân] *miséricordieux*

لكنّ → لٰكنّ [lâkinna] et des démonstratifs suivants :

هٰذا [hâḏâ] / هٰذه [hâḏihi] / ذٰلك [ḏâlika] / هٰؤلاء [hâ'ulâ'i]

• les verbes se terminant par و au pluriel

On ajoute un ‌ا‌ qui ne se prononce pas ('alif orthographique).

كتبوا [katabû] *ils ont écrit*

• les phénomènes d'assimilation

Quand deux consonnes se suivent, la 1re portant soukoun, il y a parfois assimilation de l'une par l'autre. C'est le cas du ل de l'article devant les lettres solaires (*cf.* 25.1) et du د (dernière radicale d'un verbe) devant un ت (suffixe de conjugaison). Dans ces deux cas, on prononce différemment de ce qu'on écrit :

الناس ['an-nâs] au lieu de ['al-nâs]

فقدتُ [faqattu] au lieu de [faqadtu]

• autres problèmes

— ‌ا‌ ou ى en finale ? c'est à l'usage que vous saurez quelle lettre utiliser pour le son [â] final :

... حتّى - مشى - ليلى - إلى ... mais : دنيا - دعا - فرنسا - هذا

— Les mots ابن et اسم perdent parfois leur ‌ا‌ initial (marque d'une hamza instable) :

عمر بن عليّ *Omar Ben Ali* / بسمِ [bi-smi] *au nom de...* ...

— *Cent* s'écrit normalement مائة (au lieu de مئة) mais se prononce toujours [mi'a].

— Le prénom [ᶜAmr] s'écrit عَمرو aux cas sujet et indirect (le و ne se prononce pas) pour le différencier du prénom عُمَر [ᶜUmar].

2. Racines et schèmes

(→ exercices p. 22)

La notion de *racine* a une très grande importance en arabe. C'est d'ailleurs suivant la racine que les mots sont classés traditionnellement dans les dictionnaires (*cf.* Annexe M).

2.1 Racines trilitères, quadrilitères, bilitères

La plupart des racines arabes sont composées de 3 lettres : on les appelle des racines *trilitères* :

كتب – علم – أخذ – وصل

On trouve aussi quelques racines *quadrilitères* (*cf.* 5).

Quant aux racines *bilitères*, elles ont eu tendance à se "trilitéraliser". On trouve leurs traces dans certains noms :

(bouche) فم - (main) يد

2.2 La racine (أَصْل / وَزْن) et le schème (صيغة / وَزْن)

Une racine trilitère est donc composée de 3 consonnes (parmi lesquelles il peut y avoir des semi-consonnes) qui se suivent dans le même ordre. Les 2 premières consonnes doivent être différentes, mais les 2 dernières peuvent être semblables (on a alors une racine *sourde*). Cette racine renvoie en principe à une même notion : par exemple, la racine كتب renvoie à la notion *écrire*. La racine est habillée de différentes façons avec des voyelles, des ajouts de lettres, etc. pour former des mots suivant des modèles précis appelés *schèmes*. Ces schèmes sont nominaux ou verbaux.

Voici des mots tirés de la même racine كتب :

كَتَبَ (il a écrit) - كاتِب (écrivain) - مَكْتوب (écrit)

اكْتِتاب (inscription, engagement) - مُكاتَبة (correspondance)

On retrouve toujours les 3 lettres de la racine dans le même ordre. Par exemple, pour le premier mot, on a fait précéder la première lettre de la racine d'un م portant une fatḥa, on a mis un soukoun sur cette lettre, et on a introduit entre les deux dernières lettres de la racine un و. Ce qui peut se noter ainsi (en remplaçant les 3 lettres de la racine par des croix) :

$$ \text{مَ} \times \text{و} \times \text{ﻭ} \times$$

Avec d'autres racines, le même schème donnerait les mots :

etc. / مَوْضوع → وضع / مَعْلوم → علم / مَكْشوف → كشف

Avec la racine فعل (*faire*), on aura مَفْعول . C'est cette dernière racine que les grammairiens arabes ont pris comme modèle pour décrire les schèmes. Reprenons les mots issus de la racine كتب et voyons pour chacun quel est son schème :

Nom du schème :	Structure :	Mot (racine كتب) :
فاعِل ←	$\times\ \times\ \text{ا}\ \times$	← كاتِب
فَعَلَ ←	$\times\ \times\ \times$	← كَتَبَ
مُفاعَلَة ←	$\text{ة}\ \times\ \times\ \text{ا}\ \times\ \text{مُ}$	← مُكاتَبة
اِفْتِعال ←	$\times\ \text{ا}\ \times\ \text{تِ}\ \times\ \text{ا}$	← اِكْتِتاب

2.3 Mot *réel* et mot *graphique*

Un certain nombre de mots outils sont formés d'une seule lettre. Ils s'accrochent alors au mot qui suit. De plus, les pronoms compléments (appelés pronom suffixes - *cf.* 16.2) s'accrochent au mot qu'ils complètent. Il faudra alors dégager le mot réel du mot graphique avant de pouvoir rechercher sa racine :

سنكتبهما : ـس (marque du futur) et هما (pronom suffixe)

ont été ajoutés aux deux extrémités. Le mot réel est : نكتب

Remarques :

• la grammaire arabe classe les mots en 3 catégories : le verbe (الفِعْل), le nom (الاسْم) et la particule (الحَرْف) : cette dernière est un peu un fourre-tout et la catégorie "nom" englobe aussi les adjectifs, les participes, les pronoms, etc.

• il est souvent vain de chercher la racine des particules.

EXERCICES : 2. Racines et schèmes (corrigé p. 307)

A. (2.2) - Les trois mots de chacun des groupes suivants sont bâtis sur le même schème. Retrouvez ce schème, puis la racine trilitère de chaque mot :

١. أَشْكال – أَبْطال – أَقْوال / ٢. تَدْخين – تَأْميم – تَغْيير / ٣. فَرْحان – كَسْلان – غَضْبان / ٤. مَساكِن – مَلاعِب – مَصانِع / ٥. مُسْتَعْمِل – مُسْتَمِرّ – مُسْتَيْقِظ / ٦. خَبّاز – جَزّار – بَطّال / ٧. تَفاهَمَ – تَشاوَرَ – تَماثَلَ / ٨. مُناقَشة – مُحاضَرة – مُعامَلة / ٩. رُكود – دُخول – وُصول / ١٠. كِبار – صِغار – طِوال .

B. (2.2) - A partir des racines suivantes, bâtissez les mots correspondants aux schèmes indiqués :

١. سكن : مَفْعول – فُعّال – إفْعال / ٢. علم : فُعول – تَفَعُّل – اسْتِفْعال / ٣. عبر : افْتَعَلَ – مُفَعِّل – فِعالة / ٤. قلّ : فَعيل – تَفْعيل – فَعَّل / ٥. وصل : مُفاعَلة – مُتَفاعِل – أفْعال .

C. (2.2) - Regroupez les mots suivants en cinq groupes selon le schème sur lequel ils sont bâtis :

١. أَفْضَل / ٢. إخْراج / ٣. انْكَسَرَ / ٤. أَمْتار / ٥. افْتَتَحَ / ٦. امْتَحَنَ / ٧. أَعْيان / ٨. أَكْبَر / ٩. افْتَرَقَ / ١٠. إدْمان / ١١. أَوْقات / ١٢. انْدَمَجَ / ١٣. أَعْلَم / ١٤. إعْلام / ١٥. أَبْرار / ١٦. إكْرام / ١٧. ابْتَسَمَ / ١٨. انْزَعَجَ / ١٩. أَكْرَم / ٢٠. انْدَفَعَ .

D. (2.2) - Regroupez les mots suivants en cinq groupes selon la racine à partir de laquelle ils sont formés :

١. تكسير / ٢. سكران / ٣. سكّان / ٤. مكنسة / ٥. كريم / ٦. مسكن / ٧. مسك / ٨. سكّر / ٩. مكسّر / ١٠. كناسة / ١١. كنّاس / ١٢. كرامة / ١٣. انكسار / ١٤. تسكير / ١٥. ساكن / ١٦. مسكون / ١٧. كرائم / ١٨. مكانس / ١٩. تكريم / ٢٠. كسّارة .

3. Conjugaison du verbe

(→ exercices p. 32)

3.1 Les trois temps

— Le verbe se conjugue suivant trois temps :

1. **le passé** (le mâḍî), appelé parfois *accompli* (الماضي) ,

2. **le muḍâri⁣ᶜ** , appelé parfois *inaccompli* (المُضـارع) , qui existe sous trois modes :

 - muḍâriᶜ marfûᶜ ou *indicatif* (المضارع المَرْفوع)

 - muḍâriᶜ manṣûb ou *subjonctif* (المضارع المَنْصوب)

 - muḍâriᶜ majzûm ou *apocopé* (المضارع المَجْزوم)

3. **l'impératif** (الأَمْر) qui n'existe qu'à la 2ᵉ personne.

— Pour tous ces temps (sauf l'impératif) chaque verbe a 13 formes conjuguées, suivant la personne (3 personnes), le genre (masculin et féminin) et le nombre (singulier, duel et pluriel) :

• deux à la 1ʳᵉ personne (المُتَكَلِّم = *celui qui parle*) puisque les 2 genres sont confondus, ainsi que le duel et le pluriel,

• cinq à la 2ᵉ personne (المُخاطَب = *celui à qui on s'adresse*) puisque les 2 genres sont confondus au duel,

• six à la 3ᵉ personne (الغائب = *l'absent*).

— L'impératif n'existe qu'à la 2ᵉ personne et a donc 5 formes.

— L'arabe se suffira du verbe conjugué, sans ajouter de pronom isolé sauf si l'on veut insister.

3.2 Conjugaison du passé (الماضي)

• Pas de préfixe au passé mais un suffixe, sauf à la 3ᵉ personne du masculin singulier, où le verbe se présente *nu*. C'est d'ailleurs cette forme qui servira à *nommer* un verbe en arabe, puisqu'il n'existe pas d'infinitif.

• C'est le verbe فَعَلَ (= *faire*) qui nous servira de modèle pour la présentation des conjugaisons.

• A toutes les personnes, le verbe conjugué comprend son pronom sujet. Ce pronom est :

- soit un véritable pronom suffixe (l'arabe appelle ainsi les suffixes du passé : ـتَ / ـتِ / ـا / ـنا etc.),

- soit il est sous-entendu (on dit qu'il est *caché* : مُسْتَتِر) ce qui est le cas pour la 3e personne du singulier lorsque le sujet n'est pas énoncé sous la forme d'un nom après le verbe.

• On distingue 2 catégories de formes suivant la vocalisation de la dernière lettre du radical du verbe conjugué au passé :

- en blanc : les formes qui ont un soukoun sur la dernière lettre du radical,

- entourées de hachures : les formes qui ont une voyelle sur la dernière lettre du radical.

الماضي		3e personne الغائب	2e personne المخاطب	1re personne المتكلّم
singulier	masc.	فَعَلَ	فَعَلْتَ	فَعَلْتُ
	fém.	فَعَلَتْ	فَعَلْتِ	
duel	masc.	فَعَلا	فَعَلْتُما	فَعَلْنا
	fém.	فَعَلَتا		
pluriel	masc.	فَعَلُوا	فَعَلْتُمْ	
	fém.	فَعَلْنَ	فَعَلْتُنَّ	

Remarques :

- le ا final de فعلوا ne se prononce pas. Il s'agit d'un ا orthographique qui disparaît devant un pronom suffixe (cf. 29.3).

- si le radical du verbe se termine par un ت ou un ن et que le suffixe commence par la même lettre, on met une chadda sur cette lettre que l'on n'écrit qu'une fois :

سكت *(se taire)* → سكن / سكَتُّ / سكَنّا *(habiter)* → سكَنّا

- quand la forme فعلتم est suivie d'un pronom suffixe, on ajoute un و pour la liaison : ه + فَعَلْتُمْ = فَعَلْتُمُوهُ .

- sans les voyelles, 4 formes sont confondues : فَعَلْتُ , فَعَلْتَ , فَعَلْتِ et فَعَلَتْ . C'est le contexte qui permet de les distinguer.

- ce temps note une action terminée (= *accomplie* - *cf.* 37.4).

3.3 Conjugaison du muḍâriᶜ (المُضارِع)

• La marque du muḍâriᶜ (ou *inaccompli*) est le préfixe, marque de la personne : أ – تـ – يـ – نـ

• On distingue 3 catégories de formes :

 - celles qui n'ont pas de lettre suffixe : les *formes simples*,

 - celles qui, au muḍâriᶜ marfûᶜ, ont un suffixe composé de 2 lettres (ون / ان / ين) : les *cinq verbes* (الأفعال الخمسة). Le ي marque le féminin, le ا marque le duel et le و le pluriel.

 - celles qui ont un suffixe d'une seule lettre (نَ) précédé d'un soukoun : les formes du *féminin pluriel*.

• Il existe trois modes du muḍâriᶜ :

• **le muḍâriᶜ marfûᶜ** (ou *inaccompli indicatif*)

Il exprime le présent ou le futur. Pour son usage, *cf.* 37.4.

المُضارِع المرفوع		3ᵉ *personne* الغائب	2ᵉ *personne* المخاطب	1ʳᵉ *personne* المتكلّم
singulier	masc.	يَفْعَلُ	تَفْعَلُ	أَفْعَلُ
	fém.	تَفْعَلُ	تَفْعَلِينَ	
duel	masc.	يَفْعَلانِ	تَفْعَلانِ	نَفْعَلُ
	fém.	تَفْعَلانِ		
pluriel	masc.	يَفْعَلُونَ	تَفْعَلُونَ	
	fém.	يَفْعَلْنَ	تَفْعَلْنَ	

- en blanc : les *formes simples* se terminent par une ḍamma,
- hachures : les *cinq verbes* (6 formes dont 2 semblables),
- dans le rectangle noir : les formes du *féminin pluriel* .

Remarque :

Deux paires de formes sont identiques : تَفْعَلُ = *tu fais* (masc.)
ou *elle fait* et تَفْعَلانِ = *vous (deux) faites* ou *elles (deux) font*.
C'est le contexte qui permet de distinguer.

• le muḍâriᶜ manṣûb (ou *inaccompli subjonctif*)

Il suit les particules du manṣûb (cf. 47 et 49) ou sert à la
négation du futur (après لَن - cf. 37.5). Il se conjugue ainsi :

- la voyelle finale des *formes simples* est une fatḥa,
- le ن final des *cinq verbes* disparaît et un ‍ا orthographique
apparaît aux formes se terminant par و (comme au passé, le ‍ا
disparaît devant un pronom suffixe),
- pas de modification pour le *féminin pluriel* .

المضارع المنصوب		3ᵉ *personne* الغائب	2ᵉ *personne* المخاطب	1ʳᵉ *personne* المتكلّم
singulier	*masc.*	يَفْعَلَ	تَفْعَلَ	أَفْعَلَ
	fém.	تَفْعَلَ	تَفْعَلِي	
duel	*masc.*	يَفْعَلا	تَفْعَلا	نَفْعَلَ
	fém.	تَفْعَلا	تَفْعَلا	
pluriel	*masc.*	يَفْعَلُوا	تَفْعَلُوا	
	fém.	يَفْعَلْنَ	تَفْعَلْنَ	

Remarque :

Construits à partir de ce temps (en ajoutant la terminaison ـَنْ ou
ـَنَّ), il existait deux modes *renforcés* ou *énergiques* du muḍâriᶜ
marfûᶜ. Ces modes sont actuellement inusités.

• **le muḍâriᶜ majzûm** (ou *inaccompli apocopé*)

Il sert à la négation du passé (après لـم - *cf.* 37.5), à exprimer l'ordre aux 1ʳᵉ et 3ᵉ personnes (*cf.* 3.5), à exprimer la défense (après لا - cf. 37.5) et aux phrases conditionnelles (usage de plus en plus délaissé - *cf.* 50).

Pour passer du muḍâriᶜ manṣûb au muḍâriᶜ majzûm :

- la fatḥa des *formes simples* se tranforme en soukoun,

- pas de modification pour les *cinq verbes* (pas de ن final) ni pour les formes du *féminin pluriel*.

المضارع المجزوم		3ᵉ *personne* الغائب	2ᵉ *personne* المخاطب	1ʳᵉ *personne* المتكلّم
singulier	*masc.*	يَفْعَلْ	تَفْعَلْ	أَفْعَلْ
	fém.	تَفْعَلْ	تَفْعَلِي	
duel	*masc.*	يَفْعَلا	تَفْعَلا	نَفْعَلْ
	fém.	تَفْعَلا		
pluriel	*masc.*	يَفْعَلُوا	تَفْعَلُوا	
	fém.	يَفْعَلْنَ	تَفْعَلْنَ	

Récapitulation : le muḍâriᶜ (3ᵉ personne)

	marfûᶜ	manṣûb	majzûm
Formes simples (masc. sing.)	يفعلُ	يفعلَ	يفعلْ
Cinq verbes (masc. duel)	يفعلان	يفعلا	
Féminin pluriel		يفعلْنَ	

3.4 Les verbes trilitères simples réguliers

• **Définitions**

Un verbe a une racine *trilitère* (ثُلاثِي) si elle est composée de 3 lettres (quelques verbes sont *quadrilitères*).

Il est *simple* (مُجَرَّد) si aucune lettre n'a été ajoutée à sa racine pour former son radical, sinon, il est *dérivé* (مَزيد).

Il est *sain* (صَحيح) si sa racine est saine, c'est-à-dire formée de trois consonnes (sans و ni ي), sinon il est *malade* (مُعْتَلّ).

Il est *régulier* (سالِم) si les deux dernières lettres de la racine sont deux consonnes différentes et qu'aucune des lettres de la racine n'est une hamza. Sinon il est *irrégulier*.

Nous étudierons plus loin les autres verbes (quadrilitères, dérivés, malades ou irréguliers).

• **Voyelle médiane du radical**

Pour les verbes trilitères simples réguliers, la voyelle de la seconde lettre du radical varie selon les verbes, tant au passé qu'au muḍâriᶜ (alors que la voyelle de la 1ʳᵉ lettre du radical dépend du temps - une fatḥa pour le passé et un soukoun pour le muḍâriᶜ - et que la voyelle de la 3ᵉ lettre du radical dépend de la conjugaison).

• Verbes ayant au passé une ḍamma sur la 2ᵉ lettre du radical : cette ḍamma se maintient au muḍâriᶜ :

ثَقُل ، يَثْقُل = *être lourd* / حَسُن ، يَحسُن = *être beau*

• Verbes ayant au passé une kasra sur la 2ᵉ lettre du radical : elle devient le plus souvent une fatḥa au muḍâriᶜ :

شَرِب ، يشرَب = *boire* / عَلِم ، يعلَم = *savoir*

• Verbes ayant au passé une fatḥa sur la 2ᵉ lettre du radical : on trouve le plus souvent une ḍamma ou une kasra au muḍâriᶜ, mais on aura parfois le maintien de la fatḥa :

خرَج ، يخرُج = *sortir* / قتَل ، يقتُل = *tuer*

ضرَب ، يضرِب = *frapper* / جلَس ، يجلِس = *s'asseoir*

رفَع ، يرفَع = *lever* / ذهَب ، يذهَب = *partir*

Comme on peut le constater, il sera nécessaire d'apprendre à l'usage la voyelle médiane des verbes les plus courants.

Dans un dictionnaire, on trouvera ces verbes avec le passé noté en toutes lettres vocalisées, suivi d'un trait portant la voyelle du muḍâriᶜ :

كَتَبَ ـُ veut dire que le muḍâriᶜ de ce verbe est يَكْتُبُ

جَلَسَ ـِ veut dire que le muḍâriᶜ de ce verbe est يَجْلِسُ

شرب ـَ veut dire que le muḍâriᶜ de ce verbe est يَشْرَبُ

3.5 L'impératif (الأَمْر)

الأمر		2ᵉ personne المخاطب
singulier	masc.	افْعَلْ
	fém.	افْعَلِي
duel	masc./fém.	افْعَلا
pluriel	masc.	افْعَلُوا
	fém.	افْعَلْنَ

• L'impératif n'existe qu'à la 2ᵉ personne.

• Il se forme à partir du majzûm. On retire le préfixe تـ et si le verbe commence alors par une lettre portant un soukoun (ce qui est ici le cas des verbes trilitères simples réguliers), on préfixe une hamza instable (qui ne se prononce pas à la liaison).

• La voyelle de la hamza est une ḍamma si le verbe est simple et a une ḍamma sur la 2ᵉ lettre du radical, sinon, c'est une kasra.

Ex. : أُسكُتْ sera à l'impératif : سكت ، يسكُت

اجلِسْ ← جلس ـِ / اذهَبْ ← ذهب ـَ

أُدخُل واسكت [udḥul wa-skut] = *entre et tais-toi !*

Remarques :

• Pour rendre l'impératif aux autres personnes, on utilise le majzûm, précédé de لـ ou de فَلْ (ou parfois de وَلْـ) :

لنكتبْ = *écrivons !* / فَلْيخرجوا = *qu'ils sortent !*

• A la 4ᵉ forme dérivée (*cf.* 4.4), on préfixera une hamza stable

portant une fatḥa (seule exception aux règles précédentes).

3.6 La conjugaison du passif (المَجْهول)

• Les verbes trilitères simples réguliers, quand ils ne sont pas vocalisés, se présentent de la même façon à l'actif ou au passif. Ce qui distingue ces deux constructions, c'est la vocalisation des deux premières lettres du radical (pour le passé) ou du préfixe et de la 2e lettre du radical (pour le muḍâri^c). Au passif, la vocalisation de ces lettres est la même pour tous les verbes. On a au passé la suite :" u - i - a" et au muḍâri^c la suite "u - ° - a - u".

A l'actif	Au passif
فَعَلَ ، يَفْعَلُ (faire)	فُعِلَ ، يُفْعَلُ (être fait)
ضَرَبَ ، يَضْرِبُ (frapper)	ضُرِبَ ، يُضْرَبُ (être frappé)
خَلَقَ ، يَخْلُقُ (créer)	خُلِقَ ، يُخْلَقُ (être créé)

Remarques :

• Seuls les verbes transitifs pourront être construits au passif.

• Le passif des autres verbes (dérivés, malades, etc.) sera étudié par la suite.

• Les suffixes de conjugaison au passif sont semblables à ceux de l'actif :

قُبِلْتُ = j'ai été accepté / يُعْرَفون = ils sont connus

• Dans un texte non vocalisé, seul le contexte permettra de savoir si on a affaire à un actif ou à un passif. En cas d'ambiguïté, on trouvera souvent la 1re voyelle écrite :

قُتِلَ الوحش pour قتل الوحش = le monstre a été tué

• Sur la syntaxe du passif, cf. 39.

3.7 Le nom d'action ou maṣdar (المَصْدَر)

Chaque verbe a un ou plusieurs noms d'action formé sur la même racine et signifiant *le fait de...*, *l'action de...* Pour les verbes simples, il existe de nombreux schèmes de formation du nom d'action. Il faudra donc les mémoriser, en même temps que les voyelles de la radicale médiane du verbe (*cf.* 7.2). Par contre, chaque forme dérivée a un ou deux schèmes précis sur lesquels se construisent le nom d'action (*cf.* 4).

A mi-chemin entre le nom et le verbe, il sera tantôt utilisé comme substantif, et tantôt avec un sens verbal clair (il reste alors au singulier). Il pourra avoir des compléments ou remplacer une construction verbale (*cf.* 40.1 et 47.5). Voici quelques exemples de noms d'action de verbes simples :

خرج *(sortir)* → خُروج *(sortie, fait de sortir)*

شرب *(boire)* → شُرْب *(fait de boire)*

ذهب *(partir, aller)* → ذَهاب *(fait de partir, départ)*

3.8 Les participes actif et passif

Tous les verbes simples ont un **participe actif** (اسم الفاعِل) construit sur le même schème : فاعِل .

Ce participe désigne celui qui fait l'action. Comme le nom d'action, il sera tantôt utilisé comme un adjectif (ou un nom), tantôt avec sa valeur verbale (*cf.* 40.2) :

خرج *(sortir)* → خارِج *(qui sort, extérieur)*

سكن *(habiter)* → ساكِن *(qui habite, habitant)*

Utilisé avec sa valeur verbale, il aura un pluriel externe (*cf.* 12.1 et 12.2), mais utilisé comme substantif, il aura un pluriel interne souvent du type فُعَّال (*cf.* 13) : سُكَّان et ساكِنون .

Le **participe passif** (اسم المَفْعول) de tous les verbes simples transitifs est construit sur un même schème : مَفْعول .

Ce participe désigne soit celui qui subit l'action, soit, parfois, le résultat de l'action :

جمع *(rassembler)* → مَجْموع *(rassemblé, total, ensemble)*

شرب *(boire)* → مَشْروب *(bu, boisson)*

Chaque forme dérivée a ses schèmes de participes (*cf.* 4).

Cf. aussi tableaux récapitulatifs de conjugaison (Annexe O).

EXERCICES : 3. Conjugaison du verbe
(corrigé p. 307 à 309)

A. (3.2) - Mettez les verbes suivants au singulier (même personne, même temps) :

١. لَعِبْتُمْ / ٢. عَمِلْنا / ٣. خَرَجْنَ / ٤. دَخَلا / ٥. فَتَحوا /
٦. رَسَمْتُنَّ / ٧. جَلَستا / ٨. كَتَبْتُما .

B. (3.2) - Mettez les verbes suivants au pluriel (même personne, même temps) :

١. سَرَقَ / ٢. شَرِبْتَ / ٣. رَكَضا / ٤. صَنَعْتَ / ٥. رَفَعَتْ /
٦. صَرَخْتِ / ٧. ظَهَرَتا / ٨. قَبِلْتُما .

C. (3.3) - Mettez les verbes suivants au singulier (même personne, même temps) :

١. يَلْعَبونَ / ٢. تَعْمَلانِ / ٣. نَخْرُجُ / ٤. تَدْخُلْنَ / ٥. يَفْتَحْنَ /
٦. تَرْسُمونَ / ٧. يَجْلِسانِ .

D. (3.3) - Mettez les verbes suivants au pluriel (même personne, même temps) :

١. تَسْرِقُ / ٢. أَشْرَبُ / ٣. يَرْكُضانِ / ٤. يَصْنَعُ /
٥. تَرْفَعينَ / ٦. تَصْرُخانِ .

E. (3.3) - Mettez les verbes au muḍâriᶜ manṣûb en les faisant précéder de la négation du futur لن (qui exige un verbe au manṣûb).

Ex. : لن يدخلوا ← يدخلونَ

١. نَلْعَبُ / ٢. تَعْمَلُ / ٣. يَخْرُجانِ / ٤. أَدْخُلُ / ٥. تَفْتَحينَ /
٦. تَجْلِسانِ / ٧. يَكْتُبُ / ٨. تَسْرِقْنَ / ٩. تَشْرَبونَ /
١٠. تَرْفَعونَ / ١١. يَصْرُخونَ .

F. (3.3) - Mettez les verbes de l'exercice précédent au muḍâriᶜ mazjûm en les faisant précéder de la négation du passé لم (qui exige un verbe au majzûm).

Ex. : لم أكتبْ ← أكتبُ

G. (3.3) - Mettez les verbes au muḍâriᶜ marfûᶜ en retirant les négations du futur ou du passé.

يَسرقُ ← لن يسرقَ / يدخلونَ ← لم يدخلوا : .Ex

١. لم يأكلْ / ٢. لن تسكتوا / ٣. لم تلعبي / ٤. لن تجلسَ /
٥. لم يفتحا / ٦. لن يركضنَ / ٧. لم نرفعْ / ٨. لن تنظرا /
٩. لم أرسمْ / ١٠. لن يخرجوا .

H. (3.2 et 3.3) - Mettez les verbes suivants au muḍâriᶜ marfûᶜ (même personne) :

١. لَعِبتْ / ٢. عَمِلْنا / ٣. خَرَجْتُ / ٤. دَخَلا / ٥. فَتَحوا /
٦. رَسَمْت / ٧. جَلَسَتا / ٨. كَتَبْتُما / ٩. سَرَقَ /
١٠. شَرِبتُنَّ / ١١. صَنَعْتَ / ١٢. رَفَعْتُمْ / ١٣. صَرَخْنَ .

I. (3.2 et 3.3) - Mettez les verbes suivants au passé (même personne) :

١. نَلْعَبُ / ٢. تَعْمَلُ (2ᵉ personne) / ٣. يَخْرُجانِ / ٤. أَدْخُلُ /
٥. تَفْتَحينَ / ٦. تَرْسُمُ (3ᵉ personne) / ٧. تَجْلِسانِ
(3ᵉ personne) / ٨. يَكْتُبُ / ٩. تَسْرِقْنَ / ١٠. تَشْرَبونَ /
١١. تَصْنَعانِ (2ᵉ personne) / ١٢. تَرْفَعونَ / ١٣. يَصْرُخونَ .

J. (3.2 et 3.3) - Mettez les verbes suivants à la négative en les faisant précéder de la négation du passé لم (qui doit être suivie du verbe au muḍâriᶜ mazjûm - même personne) :

لم أضربْ ← ضربتُ : .Ex

١. ركبتِ / ٢. ملكتُمْ / ٣. سكنتُمْ / ٤. دخلا / ٥. بحثوا /
٦. حملنا / ٧. حفظتا / ٨. سلمتُنَّ / ٩. زرعنَ / ١٠. قعد /
١١. لبستُ / ١٢. نجحتَ / ١٣. عبرتُما .

K. (3.4) - Ecrire le verbe suivant au muḍâriᶜ marfûᶜ (3ᵉ personne du masculin singulier) et mettre toutes ses voyelles :

يَضْرِبُ ← ضَرَبَ ـ : .Ex

١. عَبَرَ ـُ / ٢. حَمِدَ ـَ / ٣. صَبَرَ ـِ / ٤. صَغُرَ ـُ / ٥. دَفَعَ ـَ .

L. (3.5) - Mettez les verbes suivants (qui sont tous au muḍâriʿ marfûʿ à la 2ᵉ personne) à l'impératif (même personne) :

١. تَلعَبُ / ٢. تسكُتُونَ / ٣. تَخرُجنَ / ٤. تجلِسِينَ / ٥. تَضرِبانِ / ٦. تَذهَبُ / ٧. تَعمَلنَ / ٨. تكتُبِنَ / ٩. تَسمَعِينَ / ١٠. تَخرُجونَ .

M. (3.5) - Exprimez un ordre en mettant ces verbes (qui sont tous au muḍâriʿ marfûʿ) au muḍâriʿ majzûm précédé de فَلْ :

١. نجلِسُ / ٢. يكتُبونَ / ٣. تركُضُ (fém.) / ٤. يرفَعنَ / ٥. يَضرِبانِ / ٦. يذهَبُ / ٧. يَسمَعنَ .

N. (3.6) - Mettez les verbes suivants au passif (même temps, même personne) :

١. كَتَبَ / ٢. يَخْلُقُ / ٣. قَتَلَتْ / ٤. تَضْرِبِينَ / ٥. عَرَفْتُ / ٦. نَقْبَلُ / ٧. ضَرَبْتُ / ٨. تَعْرِفونَ .

O. (3.7) - Formez les participes actif et passif des verbes suivants :

١. كتب / ٢. خلق / ٣. قتل / ٤. عرف / ٥. سكن / ٦. فتح .

P. (3) - Traduisez en français :

١. كتبتُ / ٢. اكتبوا / ٣. نكتب / ٤. فلنكتب / ٥. كُتِبتْ / ٦. مكتوب / ٧. كاتب / ٨. خرجنا / ٩. يخرجن / ١٠. خارج / ١١. اخرجا / ١٢. فليخرجوا / ١٣. معروف / ١٤. عرفتم / ١٥. اعرف / ١٦. تعرف / ١٧. يُعرف .

Q. (3) - Traduisez en arabe :

1. Il est entré. / 2. Qu'il entre ! / 3. Elles entrent. / 4. Entre (fém.) ! / 5. J'ai été frappé. / 6. Frappons ! / 7. Elle frappe. / 8. Vous avez frappé (masc. pluriel). / 9. Frappez (fém. pluriel) ! / 10. Elles ont joué. / 11. Joue (masc.) ! / 12. Il joue. / 13. Un joueur (= qui joue).

4. Formes dérivées

(→ exercices p. 43)

4.1 Généralités

A côté des verbes simples, on trouve les verbes dérivés, formés
en ajoutant une, deux ou trois lettres à la racine. En arabe on
parle de verbe *augmenté* (مَزيد).

Il y a neuf façons d'"augmenter" un verbe que les grammaires
occidentales notent en chiffres romains de II à X, la forme I
correspondant au verbe simple. Les grammaires arabes utilisent
la racine فعل augmentée des lettres propres à la forme dérivée.

A la différence du verbe simple, les voyelles du radical seront
fixes pour chaque verbe dérivé et dépendront du temps et du
numéro de la forme dérivée (et non de la racine).

On peut dégager pour chaque forme dérivée des nuances de sens
(qui seront précisées ci-dessous), mais à titre indicatif, car de
nombreux verbes dérivés entrent mal dans ces classifications.
Il sera donc souvent hasardeux de deviner le sens précis d'un
verbe dérivé d'après sa forme.

Chaque racine ne produira à l'usage que certaines formes
dérivées ; d'autre part, on peut trouver des formes dérivées sans
qu'il y ait de verbe simple de la même racine.

4.2 Les formes II et V (فعّل / تفعّل)

• **Forme II** : فَعَّل - Ex. : عَلَّمَ *(enseigner)*

Elle se forme par un redoublement de la 2ᵉ lettre de la racine.

Nom d'action	Participes (1)	Impératif	Muḍâriᶜ	Passé	
تَفْعِيل	مُفَعِّل	فَعِّلْ	يُفَعِّلُ	فَعَّلَ	Actif
(2)	مُفَعَّل		يُفَعَّلُ	فُعِّلَ	Passif
تَعْلِيم	مُعَلِّم	عَلِّمْ	يُعَلِّمُ	عَلَّمَ	Actif
	مُعَلَّم		يُعَلَّمُ	عُلِّمَ	Passif

(1) pour toutes les formes dérivées, les participes ne se différencient que par la voyelle de la 2e lettre de la racine : kasra pour le participe actif et fatḥa pour le participe passif.

(2) on trouvera parfois un nom d'action en تَفْعِلة ou تِفْعال.

La forme II peut noter :

- un sens factitif (avec une nuance d'effort) :

علِم *(savoir)* → علَّم *(enseigner)*

فرِح *(être joyeux)* → فرَّح *(réjouir)*

- une intensité ou répétition de l'action :

كسر *(briser, casser)* → كسَّر *(mettre en pièces)*

هدم *(démolir)* → هدَّم *(dévaster)*

- l'idée de prononcer une formule :

سلَّم *(saluer, dire :* السلام عليكم *)*

كبَّر *(dire :* الله أكبر = *Dieu est le plus grand)*

• **Forme V** : تَفَعَّلَ - Ex. : تَعَلَّمَ *(apprendre)*

Elle se forme en préfixant un تـ à la forme II.

Nom d'action	Participes	Impératif	Muḍâriᶜ	Passé	
تَفَعُّل	مُتَفَعِّل	تَفَعَّلْ	يَتَفَعَّلُ	تَفَعَّلَ	Actif
	مُتَفَعَّل		يُتَفَعَّلُ	تُفُعِّلَ	Passif
تَعَلُّم	مُتَعَلِّم	تَعَلَّمْ	يَتَعَلَّمُ	تَعَلَّمَ	Actif
	مُتَعَلَّم		يُتَعَلَّمُ	تُعُلِّمَ	Passif

La forme V note un sens réfléchi-passif de la forme II :

علَّم *(enseigner)* → تعلَّم *(apprendre)*

كسَّر *(casser en morceaux)* → تكسَّر *(se casser)*

مرَّن *(entraîner)* → تمرَّن *(s'entraîner)*

N.B. : rappelons que ce sens n'est qu'une indication très générale :

كلّم *(parler à)* → تكلّم *(parler)*

4.3 Les formes III et VI (فاعل / تفاعل)

• **Forme III** : فاعَلَ - Ex. : عالَجَ *(traiter, soigner)*

Elle se forme par l'ajout d'un ا après la 1re lettre de la racine.

Nom d'action	Participes	Impératif	Muḍâri^c	Passé	
مُفاعَلة	مُفاعِل	فاعِلْ	يُفاعِلُ	فاعَلَ	Actif
فِعال (1)	مُفاعَل		يُفاعَلُ	فوعِلَ	Passif
مُعالَجة	مُعالِج	عالِجْ	يُعالِجُ	عالَجَ	Actif
عِلاج (1)	مُعالَج		يُعالَجُ	عولِجَ	Passif

(1) le deuxième nom d'action (فعال) a un sens nominal et est utilisé comme substantif :

معالجة = *fait de traiter, de soigner* / علاج = *traitement, remède*

La forme III note souvent l'idée de *faire un effort en direction de quelqu'un ou de quelque chose,* avec parfois une nuance d'*hostilité* ou de *rivalité,* ou de *mise en commun.* Ces verbes sont la plupart du temps transitifs directs :

قاتل *(combattre)* / كاتب *(écrire à, correspondre avec)*

ساعد *(aider)* / خاصم *(s'en prendre à, quereller)*

مارس *(exercer, remplir... une fonction)* / ساهم *(participer à)*

• **Forme VI** : تَفاعَلَ - Ex. : تَفاهَمَ *(se comprendre)*

Elle se forme en préfixant un تـ à la forme III.

Elle note un sens réfléchi-passif de la forme III avec une nuance d'action réciproque :

قاتل *(combattre)* → تقاتل *(se combattre)*

تابع (*suivre qqn*) → تتابع (*se suivre, se succéder*)

Un autre sens existe pour certains verbes : *faire semblant de* :

تمارض = *faire semblant d'être malade*

تكاسل = *fainéanter, faire semblant d'être fatigué*

Nom d'action	Participes	Impératif	Muḍâriᶜ	Passé	
تَفاعُل	مُتَفاعِل	تَفاعَلْ	يَتَفاعَلُ	تَفاعَلَ	Actif
	مُتَفاعَل		يُتَفاعَلُ	تُفوعِلَ	Passif
تَفاهُم	مُتَفاهِم	تَفاهَمْ	يَتَفاهَمُ	تَفاهَمَ	Actif
	مُتَفاهَم		يُتَفاهَمُ	تُفوهِمَ	Passif

N.B. : on rencontrera très souvent ces verbes (notant la réciprocité) au pluriel. Le passif sera peu utilisé puisque ces verbes sont pour la plupart intransitifs.

4.4 La forme IV (أفعل)

أعْلَمَ - Ex. : أَفْعَلَ (*annoncer, faire savoir*)

Elle se forme par l'ajout d'une hamza stable (همزة قطع) devant la 1ʳᵉ lettre de la racine. Cette hamza disparaît au muḍâriᶜ et aux participes.

Nom d'action	Participes	Impératif	Muḍâriᶜ	Passé	
إفْعال	مُفْعِل	أفْعِلْ	يُفْعِلُ	أفْعَلَ	Actif
	مُفْعَل	(1)	يُفْعَلُ	أفْعِلَ	Passif
إعْلام	مُعْلِم	أعْلِمْ	يُعْلِمُ	أعْلَمَ	Actif
	مُعْلَم		يُعْلَمُ	أعْلِمَ	Passif

(1) notez la hamza stable de l'impératif et sa fatḥa, exception par rapport aux règles énoncées (*cf.* 3.5).

Notez aussi que, non vocalisées, les formes I et IV se confondent au muḍâriᶜ.

La forme IV a très souvent un sens *factitif* ou *causatif* :

دخل *(entrer)* → أدخل *(faire entrer, introduire)*

جلس *(s'asseoir)* → أجلس *(faire asseoir)*

Plusieurs verbes de cette forme sont issus de noms :

أصبح *(devenir, être au matin)* / أحسن *(bien faire, savoir faire)*

4.5 Les formes VII à X

Toutes ces formes ont en commun le fait d'avoir au passé, à l'impératif et au nom d'action la 1ʳᵉ lettre du radical portant un soukoun, d'où l'ajout d'une hamza instable (همزة وصل) devant cette lettre. Cette hamza a pour voyelle d'attaque une kasra.

• **Forme VII** : اِنْفَعَلَ - Ex. : اِنْفَتَحَ *(s'ouvrir)*

Elle se forme par l'ajout d'un نـ avant la 1ʳᵉ lettre de la racine.

Nom d'action	Participes	Impératif	Muḍâriᶜ	Passé	
اِنْفِعال	مُنْفَعِل (مُنْفَعَل)	اِنْفَعِلْ	يَنْفَعِلُ (يُنْفَعَلُ)	اِنْفَعَلَ (أُنْفُعِلَ)	Actif / Passif
اِنْفِتاح	مُنْفَتِح	اِنْفَتِحْ *non utilisé*	يَنْفَتِحُ	اِنْفَتَحَ	Actif / Passif

On ne trouvera pas de verbes à la forme VII dont la racine commence par l'une des lettres suivantes :

ء / ت / ر / ظ / ل / ن / و / ي

La forme VII note le réfléchi-passif de la forme I, avec une insistance sur le passif (ce qui explique qu'elle est très rare au passif) :

كسر *(casser)* → انكسر *(se casser)*

قطع *(couper)* → انقطع *(être coupé, s'interrompre)*

• **Forme VIII** : اِفْتَعَلَ - Ex. : اِجْتَمَعَ (se réunir)

Elle se forme par l'ajout d'un ـتـ après la 1ʳᵉ lettre de la racine.

Nom d'action	Participes	Impératif	Muḍâriᶜ	Passé	
اِفْتِعال	مُفْتَعِل	اِفْتَعِلْ	يَفْتَعِلُ	اِفْتَعَلَ	Actif
	مُفْتَعَل		يُفْتَعَلُ	أُفْتُعِلَ	Passif
اِجْتِماع	مُجْتَمِع	اِجْتَمِعْ	يَجْتَمِعُ	اِجْتَمَعَ	Actif
	مُجْتَمَع		يُجْتَمَعُ	أُجْتُمِعَ	Passif

La rencontre de la 1ʳᵉ lettre de la racine avec le ـتـ entraîne certaines modifications (cf. Annexe Q) :

• si la 1ʳᵉ lettre de la racine est ت , ث , د , ذ , ط ou ظ , le ت de la forme VIII est assimilé par cette lettre qui sera redoublée (avec la présence d'une chadda) :

اطّرد ← طرد / ادّعم ← دعم / اتّبع ← تبع / etc.

• si la 1ʳᵉ lettre de la racine est ص ou ض , le ت de la forme VIII se transforme en ط :

اضطرب ← ضرب / اصطدم ← صدم

• si la 1ʳᵉ lettre de la racine est ز , le ت de la forme VIII se transforme en د . Ex. :

ازدحم ← زحم

La forme VIII peut noter le réfléchi-passif de la forme I, ou une action que le sujet fait à son profit :

جمع (rassembler, réunir) ← اجتمع (se réunir)

ضرب (frapper) ← اضطرب (s'agiter, se troubler, être ému)

اعتبر (considérer) / اعتقد (croire)

• **Forme IX** : اِفْعَلَّ - Ex. : اِحْمَرَّ (rougir)

Elle se forme par le redoublement de la 3ᵉ lettre de la racine. Elle est inusitée au passif, et d'un usage très limité, puisqu'elle ne se forme qu'à partir des adjectifs de couleur ou de difformité du type أفعل (cf. 8.2) et a le sens de être ou devenir :

أحمَرَ (rougir) → احمرّ (rouge)

أعوجَ (être tordu, se tordre) → اعوجّ (tordu)

Sa conjugaison suivra celle des verbes sourds (*cf.* 6.3).

Nom d'action	Participes	Impératif	Muḍâriᶜ	Passé	
افعِلال	مُفْعَلّ	افعَلّ	يَفْعَلّ	افْعَلّ	Actif
احْمِرار	مُحْمَرّ	احْمَرَّ	يَحْمَرّ	احْمَرَّ	Actif

• **Forme X** : اسْتَفْعَلَ - Ex. : اسْتَعْمَلَ (utiliser)

Elle se forme par l'ajout de سـتـ avant la 1ʳᵉ lettre de la racine.

Nom d'action	Participes	Impératif	Muḍâriᶜ	Passé	
اسْتِفْعال	مُسْتَفْعِل	اسْتَفْعِلْ	يَسْتَفْعِلُ	اسْتَفْعَلَ	Actif
	مُسْتَفْعَل		يُسْتَفْعَلُ	أُسْتُفْعِلَ	Passif
اسْتِعْمال	مُسْتَعْمِل	اسْتَعْمِلْ	يَسْتَعْمِلُ	اسْتَعْمَلَ	Actif
	مُسْتَعْمَل		يُسْتَعْمَلُ	أُسْتُعْمِلَ	Passif

La forme X note le réfléchi-passif de la forme IV, ou l'idée de *juger comme...* ou encore l'idée de *demander, rechercher* :

اسْتخبر (s'informer, enquêter) → أخبر (informer)

استغفر (demander pardon) / استحسن (trouver bon)

4.6 Autres formes dérivées

D'autres formes (de XI à XV) ne sont plus usitées aujourd'hui, sauf quelques verbes à la forme XII, qui est construite en redoublant la 2ᵉ lettre de la racine et en y intercalant un و :

احْدَوْدَبَ ، يَحْدَوْدِبُ = se voûter, se bomber

Signalons les autres pour mémoire :

XI : افْعَوَّلَ ، يَفْعَوِّلُ / XIII : افْعالَّ ، يَفْعالُّ

XIV : افْعَنْلى ، يَفْعَنْلي / XV : افْعَنْلَلَ ، يَفْعَنْلِلُ

4.7 Récapitulation

Voici un tableau récapitulatif des formes dérivées II à X des verbes trilitères :

Nom d'action	Participes	Impératif	Muḍâriᶜ	Passé		
تَفْعيل ou تَفْعِلة	مُفَعِّل	فَعِّلْ	يُفَعِّلُ	فَعَّلَ	Actif	II
	مُفَعَّل		يُفَعَّلُ	فُعِّلَ	Passif	
مُفاعَلة et فِعال	مُفاعِل	فاعِلْ	يُفاعِلُ	فاعَلَ	Actif	III
	مُفاعَل		يُفاعَلُ	فوعِلَ	Passif	
إِفْعال	مُفْعِل	أَفْعِلْ	يُفْعِلُ	أَفْعَلَ	Actif	IV
	مُفْعَل		يُفْعَلُ	أُفْعِلَ	Passif	
تَفَعُّل	مُتَفَعِّل	تَفَعَّلْ	يَتَفَعَّلُ	تَفَعَّلَ	Actif	V
	مُتَفَعَّل		يُتَفَعَّلُ	تُفُعِّلَ	Passif	
تَفاعُل	مُتَفاعِل	تَفاعَلْ	يَتَفاعَلُ	تَفاعَلَ	Actif	VI
	مُتَفاعَل		يُتَفاعَلُ	تُفوعِلَ	Passif	
اِنْفِعال	مُنْفَعِل	اِنْفَعِلْ	يَنْفَعِلُ	اِنْفَعَلَ	Actif	VII
	(مُنْفَعَل)		(يُنْفَعَلُ)	(اُنْفُعِلَ)	Passif	
اِفْتِعال	مُفْتَعِل	اِفْتَعِلْ	يَفْتَعِلُ	اِفْتَعَلَ	Actif	VIII
	مُفْتَعَل		يُفْتَعَلُ	أُفْتُعِلَ	Passif	
اِفْعِلال	مُفْعَلّ	اِفْعَلَّ	يَفْعَلُّ	اِفْعَلَّ	Actif	IX
اِسْتِفْعال	مُسْتَفْعِل	اِسْتَفْعِلْ	يَسْتَفْعِلُ	اِسْتَفْعَلَ	Actif	X
	مُسْتَفْعَل		يُسْتَفْعَلُ	أُسْتُفْعِلَ	Passif	

EXERCICES : 4. Formes dérivées

(corrigé p. 309 à 310)

A. (4.2) - Pour chacun des deux verbes dérivés suivants, donnez son muḍâriᶜ (3e pers. du masc. sing.), son impératif (2e pers. du masc. sing.), son participe actif et son nom d'action :

١. عرّف / ٢. تعرّف .

B. (4.3) - Même exercice avec les deux verbes suivants :

١. شارك / ٢. تشارك .

C. (4.4) - Même exercice avec le verbe   أخبر .

D. (4.5) - Même exercice avec les quatre verbes suivants :

١. انصرف / ٢. اعتبر / ٣. اخضرّ / ٤. استنتج .

E. Formez le(s) nom(s) d'action des verbes suivants :

١. أعلن / ٢. استعمر / ٣. مرّن / ٤. قاتل / ٥. امتحن / ٦. انعطف / ٧. تفاهم / ٨. تمسّك / ٩. ازرقّ .

F. Donnez le passé (3ᵉ pers. masc. sing.) du verbe correspondant aux noms d'action suivants :

١. تحميد / ٢. إطلاق / ٣. انسحاب / ٤. تكريس / ٥. اصفرار / ٦. استلام / ٧. تكلُّم / ٨. محاربة / ٩. كفاح / ١٠. تبادُل / ١١. استخراج .

G. Pour chacun des mots suivants, précisez le numéro de sa forme dérivée, sa racine et s'il s'agit du passé, du muḍâriᶜ, de l'impératif, du participe actif ou passif, ou du nom d'action :

١. مُخاطِب / ٢. إفطار / ٣. تفتيش / ٤. يمتحن / ٥. عالجَ / ٦. مستقبَل / ٧. أدخلْ / ٨. ينعكس / ٩. تحدُّث / ١٠. مفرِط / ١١. مخاطبة / ١٢. اختلفَ / ١٣. انصرفْ .

5. Verbes quadrilitères

5.1 Verbes simples

Les verbes quadrilitères (فَعْلَلَ) sont souvent construits à partir d'une syllabe bilitère redoublée (ce qui donne une onomatopée) ou à partir de mots empruntés à une autre langue :

قَهْقَهَ = *éclater de rire* / هَمْهَمَ = *grommeler*

زَلْزَلَ = *ébranler, secouer* / زَغْرَدَ = *lancer des "youyous"*

تَرْجَمَ = *traduire* / تَلْفَزَ = *téléviser* / بَسْمَلَ = *dire* بسم الله

Leur conjugaison suit celle de la forme II des verbes trilitères.

Nom d'action	Participes	Impératif	Muḍâriᶜ	Passé	
فَعْلَلة ou فِعْلال	مُفَعْلِل	فَعْلِلْ	يُفَعْلِلُ	فَعْلَلَ	Actif
	مُفَعْلَل		يُفَعْلَلُ	فُعْلِلَ	Passif
تَرْجَمة	مُتَرْجِم	تَرْجِمْ	يُتَرْجِمُ	تَرْجَمَ	Actif
	مُتَرْجَم		يُتَرْجَمُ	تُرْجِمَ	Passif

5.2 Les formes dérivées

Il existe 3 formes dérivées dont deux sont encore usitées :

• Forme II (تَفَعْلَلَ) qui est la réfléchie-passive de la forme I et se conjugue comme la forme V des verbes simples :

تَزَلْزَلَ ، يَتَزَلْزَلُ = *trembler (terre)* - nom d'action : تَزَلْزُل

تَفَرْنَجَ ، يَتَفَرْنَجُ = *s'occidentaliser* - nom d'action : تَفَرْنُج

• Forme IV (افْعَلَّ) qui se conjugue comme la forme X des verbes simples ayant une racine sourde (*cf.* 6.3) :

اطْمَأَنَّ ، يَطْمَئِنُّ = *se rassurer* - nom d'action : اطْمِئْنان

On trouvera très peu de verbes de cette forme.

Quant à la forme III (افْعَنْلَلَ), elle n'est citée ici que pour mémoire puisqu'elle a quasiment disparu.

6. Verbes irréguliers ou malades

(→ exercices p. 58)

6.1 Classification et définitions

• Verbes irréguliers

Il s'agit de verbes sains (dont la racine ne comporte aucune semi-consonne, c'est-à-dire ni و ni ي) qui ont soit :

— une même consonne comme 2e et 3e lettres de la racine. Ce sera alors un verbe *sourd* (مُضاعَف) :

مرّ = *passer* (racine : مرر)

— une hamza parmi les lettres de la racine. Ce sera alors un verbe *hamzé* (مَهْموز). On distinguera trois catégories de verbes hamzés suivant que la hamza est la 1re, la 2e ou la 3e lettre de la racine :

أخذ = *prendre* / سأل = *interroger* / قرأ = *lire*

• Verbes malades

Un verbe est *malade* (مُعْتَلّ) si sa racine est malade, c'est-à-dire si une de ses lettres est une semi-consonne (un و ou un ي qui se cache parfois derrière un l ou un ى). Il existe trois catégories de verbes malades. Si la semi-consonne est la :

— 1re lettre de la racine, le verbe est *assimilé* (مثال) ,

— 2e lettre de la racine, le verbe est *concave* (أَجْوَف) ,

— 3e lettre de la racine, le verbe est *défectueux* (ناقِص) .

Ex. : وجد = *trouver* / قال = *dire* (racine : قول)

مشى = *marcher* (racine : مشي)

6.2 Mode d'emploi des présentations

Pour chaque classe de verbes, on donnera un (ou plusieurs) modèle(s) de verbes simples avec :

— **1.** pour le passé et le muḍâri^c, si la conjugaison n'est pas régulière, une forme de chaque catégorie (deux pour le passé et trois pour le muḍâri^c). A partir de chacune d'entre elles, on peut reconstituer l'ensemble de la conjugaison.

Ainsi, au passé, on vous donnera la personne هو sur le modèle de laquelle vous pourrez conjuguer toutes les personnes dont la dernière lettre du radical porte une voyelle (هم , هما , هي) et l'on vous donnera la personne هنّ sur le modèle de laquelle vous pourrez conjuguer toutes les autres personnes (dont la dernière lettre du radical porte un soukoun). Pour le muḍâri͞ʿ, on vous donnera les personnes هو (à partir de laquelle vous pourrez conjuguer les *formes simples*), هم (pour les *cinq verbes*) et هنّ (pour le *féminin pluriel*).

N.B. : pour les verbes défectueux, on vous indiquera au passé les personnes هي , هما et هم , et au muḍâriʿ les personnes أنتِ et هما .

De plus, une forme non usuelle sera mise entre parenthèses.

— **2.** la conjugaison complète de l'impératif ;

— **3.** le passif (passé et muḍâriʿ - 3e pers. du masc. sing.) ;

— **4.** les deux participes (actif et passif) ;

— **5.** pour les formes dérivées, des précisions concernant :

• la conjugaison, et notamment toutes les particularités par rapport aux verbes sains réguliers,

• la formation du nom d'action et des participes de chaque forme dérivée (si elle diffère de celle des verbes sains réguliers).

6.3 Les verbes sourds (الفعل المضاعف)

> Les deux dernières lettres de la racine s'écrivent :
> - contractées sous une chadda quand la 3e lettre de la racine doit porter une voyelle : dans ce cas, au muḍâriʿ, la 1re lettre de la racine ne porte plus de soukoun, mais la voyelle du muḍâriʿ,
> - séparées si la 3e lettre de la racine doit porter un soukoun.
> De plus, le majzûm se conjugue généralement comme le manṣûb, même aux *formes simples*.

———————— Modèle : مَرَّ ، يَمُرُّ , *passer* ————————

— **1.** Passé et muḍâriᶜ :

Muḍâriᶜ		Passé	
Manṣûb et Majzûm	Marfûᶜ		
يَمُرَّ ×	يَمُرُّ	مَرَّ	هو
يَمُرُّوا	يَمُرُّونَ	مَرُّوا	هم
يَمْرُرْنَ		مَرَرْنَ	هنَّ

* On a parfois la forme يَمْرُرْ au majzûm.

La voyelle du passé de tous les verbes sourds simples est une fatḥa. Au muḍâriᶜ, on trouvera principalement une ḍamma ou une kasra (mais aussi parfois une fatḥa) :

جَدَّ ، يَجِدُّ / (compter) عَدَّ ، يَعُدُّ (être neuf)

مَسَّ ، يَمَسُّ (toucher, caresser)

— **2.** Impératif : مُرَّ (أُمْرُرْ) / مُرِّي / مُرَّا / مُرُّوا / أُمْرُرْنَ

— **3.** Passif : مُرَّ ، يُمَرُّ

— **4.** Participe actif : مَارٌّ / Participe passif : (مَمْرُور)

— **5.** Formes dérivées :

• Se conjuguent :

  - comme مَرَّ les formes III, IV, VI, VII, VIII et X :

أَعَدَّ ، يُعِدُّ / (préparer) سَابَّ ، يُسَابُّ (injurier)

انْسَدَّ ، يَنْسَدُّ / (se boucher) تَسَابَّ ، يَتَسَابُّ (s'injurier)

اسْتَمَرَّ ، يَسْتَمِرُّ / (durer) اهْتَمَّ ، يَهْتَمُّ (se préoccuper)

  - comme un verbe régulier les formes II et V :

تَضَرَّرَ ، يَتَضَرَّرُ / (souffrir, être sinistré) قَرَّرَ ، يُقَرِّرُ (décider)

• Noms d'action : comme les verbes réguliers. Ex. (de II à X) :

تَسَابٌّ /تَضَرُّر /إِعْداد /سِباب ou مُسابَّة /تَقْرير

اسْتِمْرار /اهْتِمام /انْسِداد

6.4 Les verbes hamzés (الفعل المهموز)

> Une des lettres de la racine est une hamza. Le problème est celui du support de la hamza (et parfois de sa disparition) en fonction de sa voyelle et de son environnement vocalique.

——————— **1er type :** أَخَذَ ، يَأْخُذُ , *prendre* ———————

(hamza en 1re lettre de la racine)

— **1.** Au passé et au muḍâriᶜ : aucun problème sauf à la 1re personne du singulier du muḍâriᶜ où l'on a : آخُذُ.

— **2.** A l'impératif, la hamza disparaît : ... خُذْ / خُذِي

— **3.** Au passif : أُخِذَ ، يُؤْخَذُ

— **4.** Participe actif : آخِذ / Participe passif : مَأْخُوذ

— **5.** Formes dérivées :

• Formes III et IV :

Nom d'action	Participes	Impératif	Muḍâriᶜ	Passé		
مُؤَاخَذَة	مُؤَاخِذ	آخِذْ	يُؤَاخِذُ	آخَذَ	Actif	III
	مُؤَاخَذ		يُؤَاخَذُ	أُوخِذَ	Passif	
إيمان	مُؤْمِن	آمِنْ	يُؤْمِنُ	آمَنَ	Actif	N
	مُؤْمَن		يُؤْمَنُ	أُومِنَ	Passif	

آخَذَ ، يُؤَاخِذ (*blâmer, reprocher*) / آمَنَ ، يُؤْمِن (*croire*)

• A la forme VIII, à côté de ائْتَمَرَ ، يَأْتَمِرُ (*se concerter*), on a اتَّخَذَ ، يَتَّخِذُ (*prendre, adopter*) dérivé de la racine أخذ.

• Autres exemples (formes II, V, VI et X) :

تَأَثَّرَ ، يَتَأَثَّرُ (*être affecté*) / أَخَّرَ ، يُؤَخِّرُ (*retarder*)

تَآمَرَ ، يَتَآمَرُ (*comploter*)

اسْتَأْذَنَ ، يَسْتَأْذِنُ (*demander la permission*)

• Noms d'action : اسْتِئْذان / ائْتِمار / تَآمُر / تَأَثُّر / تَأْخير

——————— 2ᵉ **type :** سَأَلَ ، يَسْأَلُ ، *interroger* ———————

ضَؤُلَ ، يَضْؤُلُ (*s'ennuyer*) / سَئِمَ ، يَسْأَمُ (*être chétif, modeste*)

(hamza en 2ᵉ lettre de la racine)

— **1.** Au passé et au muḍâriᶜ : le support de la hamza dépend de la voyelle de la 2ᵉ lettre de la racine.

— **2.** A l'impératif, on trouve à côté de la forme normale اِسْأَلْ la forme سَلْ . Ceci n'est valable que pour سَأَل et certains verbes à connaître à l'usage.

— **3.** Au passif : سُئِلَ ، يُسْأَلُ

— **4.** Participe actif : سَائِل / Participe passif : مَسْؤُول

— **5.** Formes dérivées :

• Voici quelques exemples (dans l'ordre des formes) :

لاءَمَ ، يُلائِمُ (*convenir à*) / رَأَسَ ، يُرَئِّسُ (*mettre à la tête*)

تَرَأَّسَ ، يَتَرَأَّسُ (*présider*) / أَكْأَبَ ، يُكْئِبُ (*affliger*)

اِبْتَأَسَ ، يَبْتَئِسُ (*s'affliger*) / تَساءَلَ ، يَتَساءَلُ (*s'interroger*)

اِسْتَرْأَفَ ، يَسْتَرْئِفُ (*implorer la pitié*)

• Noms d'action :

اِسْتِرْآف / اِبْتِئَاس / تَساؤُل / تَرَؤُّس / إِكْآب / مُلاءَمة / تَرْئِيس

——————— 3ᵉ **type :** قَرَأَ ، يَقْرَأُ ، *lire* ———————

جَرُؤَ ، يَجْرُؤُ , *oser* / بَرِئَ ، يَبْرَأُ , *guérir*

(hamza en 3ᵉ lettre de la racine)

— **1.** Au passé et au muḍâriᶜ : le support de la hamza reste celui de la 3ᵉ personne du masculin singulier, sauf :

- أ peut devenir و devant les terminaisons ون ou و ا ou du pluriel :

يَبْرَأُونَ ou يَبْرَؤُونَ / يَقْرَأُونَ ou يَقْرَؤُونَ / قَرَأُوا ou قَرَؤُوا

- أ ou و deviennent ـئـ devant la terminaison ين du féminin :

تَجْرُئِينَ / تَبْرَئِينَ / تَقْرَئِينَ

- î devient î devant les terminaisons ا ou ان du duel :

$$\text{يَبْرَانِ / يَقْرَانِ / قَرَأَ}$$

— **2.** A l'impératif : mêmes règles qu'au point 1 :

$$\text{اقْرَأْ / اقْرَئِي / اقْرَأَ / اقْرَؤُوا / اقْرَأْنَ} \text{ (id. pour } \text{اِبْرَأْ} ...)$$

$$\text{أُجْرُؤْ / أُجْرِئِي / أُجْرُؤَا / أُجْرُؤُوا / أُجْرُؤْنَ}$$

— **3.** Au passif : قُرِئَ ، يُقْرَأُ (*cf.* point 1)

— **4.** Participe actif : قَارِئٌ / Participe passif : مَقْرُوءٌ

— **5.** Formes dérivées :

• Voici quelques exemples (dans l'ordre des formes) :

$$\text{(surprendre)} \text{فَاجَأَ ، يُفَاجِئُ} / \text{(abriter, cacher)} \text{خَبَّأَ ، يُخَبِّئُ}$$

$$\text{(se diviser)} \text{تَجَزَّأَ ، يَتَجَزَّأُ} / \text{(éteindre)} \text{أَطْفَأَ ، يُطْفِئُ}$$

$$\text{(s'éteindre)} \text{انْطَفَأَ ، يَنْطَفِئُ} / \text{(être l'égal de)} \text{تَكَافَأَ ، يَتَكَافَأُ}$$

$$\text{(se moquer)} \text{اسْتَهْزَأَ ، يَسْتَهْزِئُ} / \text{(se cacher)} \text{اخْتَبَأَ ، يَخْتَبِئُ}$$

• Noms d'action :

$$\text{تَكَافُؤٌ / تَجَزُّؤٌ / إِطْفَاء / مُفَاجَأَة / تَخْبِئَة}$$

$$\text{اسْتِهْزَاء / اخْتِبَاء / انْطِفَاء}$$

6.5 Les verbes assimilés (الفعل المثال)

> La 1re lettre de la racine est un و (ou un ي). Dans la plupart
> des verbes en و , celui-ci disparaît au muḍâri^c (sauf au passif).
> Le و dans certains cas se transforme en ي et réciproquement.
> Ces deux lettres sont assimilées par le ت de la forme VIII.

───── **Modèles :** وَجَدَ ، يَجِدُ , *trouver*

$$\text{يَسَرَ ، يَيْسَرُ} , \text{ être facile}$$

— **1.** Passé et muḍâri^c : conjugaison normale sauf pour la
plupart des verbes en و qui perdent cette lettre au muḍâri^c :

$$\text{(enfanter)} \text{وَلَدَ ، يَلِدُ} / \text{(placer)} \text{وَضَعَ ، يَضَعُ}$$

$$\text{(hériter)} \text{وَرِثَ ، يَرِثُ} / \text{(peser)} \text{وَزَنَ ، يَزِنُ}$$

(arriver) وَصَلَ ، يَصِلُ / (avoir confiance) وَثِقَ ، يَثِقُ

(décrire) وَصَفَ ، يَصِفُ / (faire don) وَهَبَ ، يَهَبُ

Les verbes en و qui font exception à cette règle ne sont plus
usités.

Les verbes en ي le gardent au muḍâriᶜ :

(être sec) يَبِسَ ، يَيْبَسُ / (être éveillé) يَقِظَ ، يَيْقَظُ

— **2.** Impératif : construction normale à partir du muḍâriᶜ
pour la majorité des verbes en و (جِدْ ، جِدِي ، ..) et pour les
verbes en ي (.. اِيقَظْ). Quant aux verbes comme وجع ، يوجع
ils voient leur و se transformer en ي : اِيجَعْ .

— **3.** Passif : وُجِدَ ، يُوجَدُ (maintien du و au muḍâriᶜ) et pour
les verbes en ي : يُسِرَ ، يُوسَرُ (le ي devient و au muḍâriᶜ).

— **4.** Part. actif : واجِد - مَوْجُود / passif : ياسِر - مَيْسُور

— **5.** Formes dérivées :

• Forme VIII : le و est assimilé par le ت (*cf.* Annexe Q) :

(contacter) وصل → اتَّصَلَ ، يَتَّصِلُ

• Forme IV : le ي devient و au muḍâriᶜ :

(réveiller) يقظ → أَيْقَظَ ، يُوقِظُ

• Pour le reste, conjugaison normale. Quelques exemples :

(continuer) وَاصَلَ ، يُواصِلُ / (faire parvenir) وَصَّلَ ، يُوَصِّلُ

(s'attendre à) تَوَقَّعَ ، يَتَوَقَّعُ / (léguer) أَوْرَثَ ، يُورِثُ

(s'accorder) اتَّفَقَ ، يَتَّفِقُ / (se multiplier) تَوافَرَ ، يَتَوافَرُ

(nécessiter, réclamer) اِسْتَوْجَبَ ، يَسْتَوْجِبُ

• Noms d'action : le و se transforme en ي aux formes IV et X.
Voici quelques exemples :

تَوافُر / تَوَقُّع / إِيراث / وِصال ou مُواصَلة / تَوْصيل
اِسْتيجاب / اتِّفاق

6.6 Les verbes concaves (الفعل الأجوف)

La 2ᵉ lettre de la racine de ces verbes est une semi-consonne qui disparaît quand elle est suivie d'une lettre portant soukoun (pour éviter la rencontre de deux soukouns) et se transforme parfois en 'alif (aux formes du passé dont la dernière lettre du radical porte une voyelle ou pour certains verbes au muḍâriᶜ). Il existe 3 catégories principales suivant la deuxième lettre du radical du muḍâriᶜ : ا ou ي, و.

— **1.** Au passé et au muḍâriᶜ :

——————— **1ᵉʳ type :** قالَ ، يَقولُ , *dire* ———————

Muḍâriᶜ en و - Voyelle du passé : ḍamma - Racine : قول

	Muḍâriᶜ		Passé	
Majzûm	*Manṣûb*	*Marfûᶜ*		
يَقُلْ	يَقولَ	يَقولُ	قالَ	هو
	يَقولوا	يَقولونَ	(* cf. 6.2)	هم
يَقُلْنَ			قُلْنَ	هنّ

——————— **2ᵉ type :** باعَ ، يَبيعُ , *vendre* ———————

Muḍâriᶜ en ي - Voyelle du passé : kasra - Racine : بيع

	Muḍâriᶜ		Passé	
Majzûm	*Manṣûb*	*Marfûᶜ*		
يَبِعْ	يَبيعَ	يَبيعُ	باعَ	هو
	يَبيعوا	يَبيعونَ		هم
يَبِعْنَ			بِعْنَ	هنّ

——————— **3ᵉ type :** خافَ ، يَخافُ , *avoir peur* ———————

Muḍâriᶜ en ا - Voyelle du passé : kasra - Racine : خوف

Mudâri‘			Passé	
Majzûm	Manṣûb	Marfû‘		
يَخَفْ	يَخافَ	يَخافُ	خافَ	هو
يَخافوا		يَخافونَ		هم
يَخَفْنَ			خِفْنَ	هنّ

— **2.** A l'impératif, construction normale à partir du majzûm :

قُلْ – قولي – قولا – قولوا – قُلْنَ

بِعْ – بيعي – بيعا – بيعوا – بِعْنَ

خَفْ – خافي – خافا – خافوا – خَفْنَ

— **3.** Au passif : tous sur le modèle قيلَ ، يُقالُ

— **4.** Participe actif : tous sur le modèle قائِلَ

Participe passif : مَخُوف / مَبِيع / مَقُول

— **5.** Formes dérivées :

• Formes II, III, V, VI et IX : se conjuguent comme des verbes sains : la semi-consonne jouant le rôle d'une consonne :

II : (conduire) سَيَّرَ ، يُسَيِّرُ / (former, créer) كَوَّنَ ، يُكَوِّنُ

III : (faire allégeance) بايَعَ ، يُبايِعُ / (essayer) حاوَلَ ، يُحاوِلُ

V : (se distinguer) تَمَيَّزَ ، يَتَمَيَّزُ / (s'habituer) تَعَوَّدَ ، يَتَعَوَّدُ

VI : (augmenter) تَزايَدَ ، يَتَزايَدُ / (s'entraider) تَعاوَنَ ، يَتَعاوَنُ

IX : (blanchir) ابْيَضَّ ، يَبْيَضُّ / (noircir) اسْوَدَّ ، يَسْوَدُّ

Noms d'action et participes : comme les verbes sains.

• Formes IV et X :

- Au passé, le و ou le ي deviennent ا et la voyelle est toujours une fatḥa, tandis qu'on a un ي au mudâri‘ et une kasra (au passif, c'est le contraire) :

IV : (vouloir) أرادَ (أرَدْتُ) ، يُريدُ (يُرِدْنَ)

X : (يَسْتَعِدْنَ) يَسْتَعِيدُ ، (اسْتَعَدْتُ) اسْتَعَادَ (récupérer)

Passif : يُرَادُ ، أُرِيدَ et يُسْتَعَادُ ، أُسْتُعِيدَ

- Noms d'action : la semi-consonne disparaît, mais on ajoute un ة à la fin :

اسْتِعَادة / إرادة

- Participes : actif en ي et passif en ا :

مُرِيد et مُرَاد / مُسْتَعِيد et مُسْتَعَاد

• Formes VII et VIII

- Au passé comme au muḍâriᶜ, le و ou le ي deviennent ا et la voyelle est toujours une fatḥa. Au passif, mêmes règles qu'aux formes IV et X :

VII : (يَنْقَدْنَ) يَنْقَادُ ، (انْقَدْتُ) انْقَادَ (céder à)

VIII : (يَخْتَرْنَ) يَخْتَارُ ، (اخْتَرْتُ) اخْتَارَ (choisir)

Passif : يُنْقَادُ ، (أُنْقِيدَ) et يُخْتَارُ ، أُخْتِيرَ

- Noms d'action : la semi-consonne est toujours ي :

اخْتِيار / انْقِياد

- Participes : actif et passif en ا (ils sont confondus) :

مُنْقَاد / مُخْتَار

N.B. : certains verbes en و , peu nombreux, gardent cette lettre comme une consonne aux formes IV, VII, VIII et X. Ils se conjuguent alors comme des verbes sains :

(être double) ازْدَوَجَ ، يَزْدَوِجُ / (manquer à) أَعْوَزَ ، يُعْوِزُ

(interroger) اسْتَجْوَبَ ، يَسْتَجْوِبُ

6.7 Les verbes défectueux (الفعل الناقص)

La dernière lettre de la racine de ces verbes est une semi-consonne. Suivant les suffixes ajoutés, elle se transforme ou disparaît (notamment aux *formes simples* du majzûm). Enfin, la voyelle de la 2ᵉ lettre du radical change parfois suivant le suffixe qui la suit.

Trois catégories suivant les voyelles de la 2ᵉ lettre du radical :
— 1. Au passé et au muḍâriᶜ :

—————— **1ᵉʳ type :** مَشَى ، يَمْشِي ، *avancer, marcher* ——————

type مشي : Racine - فعَل ، يفعِل

	Muḍâriᶜ		Passé	
Majzûm	Manṣûb	Marfûᶜ		
يَمْشِ	يَمْشِيَ	يَمْشِي	مَشَى	هو
(* cf. 6.2)	(* cf. 6.2)	(* cf. 6.2)	مَشَتْ	هي
تَمْشِي		تَمْشِينَ	(* cf. 6.2)	أنتِ
يَمْشِيَا ...		يَمْشِيَانِ ...	مَشَيَا / مَشَتا	هما
يَمْشُوا		يَمْشُونَ	مَشَوْا	هم
يَمْشِينَ			مَشَيْنَ	هنّ

Voyelle de la 2ᵉ lettre du radical : une fatḥa au passé et une kasra au muḍâriᶜ, sauf devant un و où on a une ḍamma.

—————— **2ᵉ type :** بَقِيَ ، يَبْقَى ، *rester* ——————

type بقي : Racine - فعِل ، يفعَل

	Muḍâriᶜ		Passé	
Majzûm	Manṣûb	Marfûᶜ		
يَبْقَ	يَبْقَى	يَبْقَى	بَقِيَ	هو
			بَقِيَتْ	هي
تَبْقَيْ		تَبْقَيْنَ		أنتِ
يَبْقَيَا ...		يَبْقَيَانِ ...	بَقِيَا / بَقِيَتا	هما
يَبْقَوْا		يَبْقَوْنَ	بَقُوا	هم
يَبْقَيْنَ			بَقِينَ	هنّ

Voyelle de la 2e lettre du radical : une kasra au passé, sauf devant un و où on a une ḍamma et une fatḥa au muḍâriᶜ.

——— 3e type : دَعَا ، يَدْعُو , *appeler, inviter* ———

دعو Racine : فعَل - يفعُل type

Muḍâriᶜ			Passé	
Majzûm	Manṣûb	Marfûᶜ		
يَدْعُ	يَدْعُوَ	يَدْعُو	دَعَا	هو
			دَعَتْ	هي
تَدْعِي	تَدْعِينَ	تَدْعِينَ		أنتِ
يَدْعُوَا ...	يَدْعُوَا ...	يَدْعُوَانِ ...	دَعَوَا / دَعَتَا	هما
يَدْعُوا	يَدْعُوا	يَدْعُونَ	دَعَوْا	هم
يَدْعُونَ		يَدْعُونَ	دَعَوْنَ	هنّ

Voyelle de la 2e lettre du radical : une fatḥa au passé et une ḍamma au muḍâriᶜ, sauf devant un ي où on a une kasra.

N.B. : il existe un 4e type de verbes défectueux : ceux qui ont un passé comme مشى et un muḍâriᶜ comme يبقى :

سَعَى ، يَسْعَى (*s'efforcer*)

— 2. A l'impératif, construction normale à partir du majzûm :

اِمْشِ / اِمْشِي / اِمْشِيَا / اِمْشُوا / اِمْشِينَ

اِبْقَ / اِبْقَيْ / اِبْقَيَا / اِبْقَوْا / اِبْقَيْنَ

اُدْعُ / اُدْعِي / اُدْعُوَا / اُدْعُوا / اُدْعُونَ

— 3. Au passif : tous sur le modèle دُعِيَ ، يُدْعَى

— 4. Participe actif : tous sur le modèle ماشٍ (الماشي) -

cf. 10.4. Participe passif : مَدْعُوٌّ / (مَبْقِيٌّ) / (مَمْشِيٌّ)

— 5. Formes dérivées :

• Conjugaison et noms d'actions :

- Formes V et VI : le passé se conjugue comme مشى et le muḍâriᶜ se conjugue comme يَبْقى :

(*être exalté*) تَعالَى ، يَتَعالَى / (*espérer*) تَمنَّى ، يَتَمَنَّى

Le nom d'action se termine en [in] (*cf.* 10.4) :

(التعالي) تَعالٍ / (التمنّي) تَمنٍّ

- Autres formes : le passé se conjugue comme مشى et le muḍâriᶜ comme يمشي :

(*rencontrer*) لاقَى ، يُلاقي / (*nommer*) سَمَّى ، يُسَمِّي

(*s'achever*) انْقَضَى ، يَنْقَضِي / (*donner*) أعْطَى ، يُعْطِي

(*convoquer*) اسْتَدْعَى ، يَسْتَدْعِي / (*acheter*) اشْتَرَى ، يَشْتَرِي

Pour les noms d'action, tout se passe comme si la semi-consonne était remplacée soit par un ة , soit par une hamza (à la fin du nom d'action) :

اسْتِدْعاء / اشْتِراء / انْقِضاء / إعْطاء / لقاء ou مُلاقاة / تَسْمِية

• Participes : les participes actifs de toutes les formes se terminent en [in], et les participes passifs en [an] (*cf.* 10.4).

Ex. : actif : مُسَمٍّ (المسمِّي) - passif : مُسَمًّى (المسمَّى), etc.

6.8 Verbes à double irrégularité

De nombreuses racines ont une double irrégularité (hamzée et défectueuse, sourde et assimilée, etc.). La conjugaison des verbes formés à partir de ces racines suivra généralement les règles des deux catégories :

وَفَى ، يَفِي (*être fidèle*) : v. assimilé et défectueux

Certains autres ne suivront les règles que d'une catégorie :

وَدَّ ، يَوَدُّ (*désirer, souhaiter*) : v. assimilé et sourd

(suit uniquement les règles des verbes sourds)

Cf. en Annexe P la conjugaison de quelques verbes "très irréguliers".

EXERCICES :

6. Verbes irréguliers ou malades

(corrigé p. 310 à 312)

A. (6.1) - Précisez si ces verbes sont sourds, hamzés, assimilés, concaves ou défectueux :

‏١. يقظ / ٢. بكى / ٣. أكل / ٤. دلّ / ٥. ساق / ٦. ملأ /
‏٧. وضع / ٨. دعا / ٩. سئم / ١٠. باع .

B. (6.3) - Mettez ces verbes au passé (même personne) :

‏١. أدُلُّ / ٢. تعدّين / ٣. يمَسّون / ٤. تمرُرن / ٥. يدُلُّ /
‏٦. يعدّان / ٧. نمَسّ / ٨. يدلُلن .

C. (6.3) - Traduisez (en utilisant les verbes de la leçon) :

1. J'ai compté. / 2. Nous touchons. / 3. Vous êtes passées. /
4. Passe (masc.) ! / 5. Qui touche. / 6. Tu t'es préoccupé. /
7. Elles ont décidé. / 8. Elle a duré. / 9. Vous préparez
(masc.). / 10. Vous avez préparé (fém.).

D. (6.4) - Traduisez (en utilisant les verbes de la leçon) :

1. Je prends. / 2. Nous avons pris. / 3. Nous croyons. /
4. Adoption (de mesures). / 5. Qui complote. / 6. Elle blâme. /
7. Vous interrogez (masc.). / 8. Qui s'ennuie. / 9. Je me suis
interrogé. / 10. Ils lisent. / 11. Tu guéris (fém.). / 12. Ils (= eux
deux) lisent. / 13. Lis (fém.) ! / 14. Osez (fém.) ! / 15. Nous
nous sommes cachés. / 16. Tu éteins (fém.). / 17. Elle s'est
éteinte.

E. (6.5) - Mettez ces verbes au muḍâriᶜ (même personne) :

‏١. وصلتُ / ٢. يسرتْ / ٣. وجدنا / ٤. وهبوا / ٥. وصلن /
‏٦. يقظتَ / ٧. وزنتنّ / ٨. يبس .

F. (6.5) - Quelle est la forme dérivée VIII de ces racines ?

‏١. وفق / ٢. وحد / ٣. وجه / ٤. وسع / ٥. وضح / ٦. وكل .

G. (6.5) - Traduisez (en utilisant les verbes de la leçon) :

1. J'ai confiance. / 2. Nous sommes arrivés. / 3. Décrit. /
4. Trouve (fém.) ! / 5. Ils réveillent. / 6. Communiquez
(masc.) ! / 7. Accord. / 8. Qui pèse.

H. (6.6) - Mettez ces verbes au passé (même personne) :

‏١. أقول / ٢. يخافون / ٣. يبيعن / ٤. تقولين / ٥. تخفن /
‏٦. يبيعان / ٧. تقول (3e personne) / ٨. نخاف .

I. (6.6) - Mettez ces verbes à la négative (même personne) en
les faisant précéder de la négation du passé لم (qui doit être
suivie du verbe au muḍâriᶜ mazjûm) :

Ex. : ‏قال → لم يقُلْ

‏١. قالوا / ٢. خِفتُ / ٣. باعتْ / ٤. قالا / ٥. خاف /
‏٦. بِعتُنَّ / ٧. قُلتِ / ٨. خِفنَ / ٩. بِعتُمْ .

J. (6.6) - Donnez le passé et le muḍâriᶜ (3e personne du
masculin singulier), le participe actif et le nom d'action de la
forme dérivée indiquée de ces racines :

‏١. جوب / IV / ٢. عود / X / ٣. خير / VIII / ٤. حوج / VIII / ٥. حوز
‏/ VII / ٦. دور / IV / ٧. صيح / VI / ٨. صيد / VIII / ٩. فيد / IV
‏١٠. فيد / X .

K. (6.6) - Traduisez (en utilisant les verbes de la leçon) :

1. J'ai dit. / 2. Qui dit. / 3. Vendu. / 4. Nous avons eu peur. /
5. Choisi. / 6. Choix. / 7. Tu as voulu (masc.). / 8. Nous
voulons. / 9. Elles veulent. / 10. Il a été choisi. / 11. Vous avez
choisi (masc.). / 12. Nous nous sommes habitués. /
13. Volonté. / 14. Qui veut.

L. (6.7) - Mettez ces verbes au passé (même personne) :

‏١. يمشُون / ٢. أبقى / ٣. يدعو / ٤. يمشيان / ٥. يبقِينَ /
‏٦. تمشي (3e personne) / ٧. ندعو / ٨. يبقَون .

M. (6.7) - Mettez ces verbes à la négative (même personne) en les faisant précéder de la négation du passé لم (qui doit être suivie du verbe au muḍâriᶜ mazjûm) :

Ex. : لم يمشِ ← مشى

١. بقيتُ / ٢. دعَوْا / ٣. مشيتم / ٤. بقيتْ / ٥. دعوتِ /
٦. مشين .

N. (6.7) - Formez le muḍâriᶜ (3e personne du masc. sing.), le participe actif et le(s) nom(s) d'action de ces verbes :

١. ربّى / ٢. اقتضى / ٣. أملى / ٤. عادى / ٥. التقى /
٦. تلاقى / ٧. استشفى / ٨. تسمّى / ٩. عدّى .

O. (6.7) - Traduisez (en utilisant les verbes de la leçon) :

1. Reste (masc.) ! / 2. Qui reste. / 3. Appelé. / 4. J'ai marché. / 5. Ils restent. / 6. Ils sont restés. / 7. Il a été appelé. / 8. Nous avons espéré. / 9. Tu donnes (fém.). / 10. J'ai convoqué. / 11. Elle a acheté. / 12. Ils rencontrent.

P. Mettez ces verbes au passé (même personne) :

١. أقُصّ / ٢. نأكُل / ٣. يرأس / ٤. يبدأون / ٥. تصِلون /
٦. تزالين / ٧. يسوقان / ٨. يسير / ٩. نقضِي /
١٠. يلقَون / ١١. يعدو .

Q. Formez le muḍâriᶜ (3e personne du masculin singulier), le participe actif et le nom d'action de ces verbes :

١. استيقظ / ٢. تساءل / ٣. ألَف / ٤. توقّع / ٥. ابتدأ /
٦. تلاشى / ٧. أعاد / ٨. حوّل / ٩. تخطّى / ١٠. استقام /
١١. أوقد / ١٢. ضحّى / ١٣. استوطن / ١٤. راعى .

7. Les noms

(→ exercices p. 92)

Présenter la morphologie nominale de façon logique n'est pas chose aisée du fait de la grande quantité de noms et de la variété des formes. Cependant, on trouvera dans ce chapitre et le suivant les thèmes nominaux les plus utilisés.

7.1 Nom "primitif"

Si la plupart des noms peuvent être rattachés à des racines verbales, ce n'est pas le cas de certains noms très courants que l'on appellera *noms primitifs* :

رأس (tête) / عيـن (œil, source) / كبش (bélier)...

Dans cette catégorie entrent aussi les noms de racine bilitère :

سنة (année) / فم (bouche) / يـد (main) / دم (sang)

اسم (nom) / ابن (fils) / أب (père) / أخ (frère) / ماء (eau)

Les autres noms peuvent être rattachés à une forme verbale, ou sont construits à partir d'un nom, lui-même rattaché à une forme verbale.

7.2 Nom d'action de forme simple (المَصْدَر)

En plus de son sens originel : *action de...* (sens de la racine verbale), il est très fréquemment utilisé comme substantif. Les schèmes en sont très nombreux (contrairement aux formes dérivées où à chaque forme correspond un ou deux schèmes de nom d'action). Voici les plus fréquents :

فِعْل / فُعْل / فَعْل

جَمْع *action de rassembler* / شُرْب *action de boire*

نَقْل *action de transporter* / عِلْم *science*...

فَعَل

فَرَح *joie* / عَمَل *travail* / طَلَب *demande*

خَبَر *information* / عَجَب *étonnement*...

فُعول (pour des verbes de mouvement)

خُروج sortie / دُخول entrée / وُصول arrivée
رُجوع retour / وُقوف arrêt, / نُزوح émigration...

فِعالة

تِجارة commerce / قِراءة lecture / كِتابة écriture
سِياحة tourisme / زِيارة visite / وِلادة naissance...

فُعولة

عُذوبة douceur... / صُعوبة difficulté / سُهولة facilité

et aussi : فَعَل (... صِغَر , كِبَر) / فَعْلة (رَحْمة , كَثْرة ...)
فِعْلان (نِسْيان , حِرْمان ...) / فَعال (ذَهاب , صَلاح ...)
فُعال (سُؤال , سُعال ...) / فَعالة (نَظافة , ضَخامة ...)
فَعيل (رَحيل , أزيز ...) / مَفْعِلة (مَعْرِفة , مَسيرة ...), etc.

Pour les noms d'action des formes dérivées, *cf.* 4.

7.3 Nom d'une fois (اِسْم المَرّة)

Il est formé en ajoutant un ة au nom d'action des verbes simples et dérivés. Pour les verbes simples, il a toujours la forme فَعْلة , même si le nom d'action se présente d'une autre façon. Il indique que l'action a été faite une fois :

ضَرْبة / جَلْسة / شَرْبة / اِبْتِسامة / اِنْطِلاقة

le fait de frapper, s'asseoir, boire, sourire, partir... une fois

ضَرَبه ضَرْبةً = *il lui a donné un coup*

Cette forme est impossible pour les noms d'action qui se terminent déjà par ة (comme : اِستطاعة ou رحمة).

7.4 Nom d'unité (اِسْم الوَحْدة)

Comparable au nom d'une fois, on le forme en ajoutant ة à un nom générique (animaux, plantes, etc.). Le nom d'unité désigne un individu de l'espèce (ou une portion d'un plat) et admet un pluriel externe en ات :

بقرة → بقر ← شجرة → شجر (*un arbre*) / (*une vache*)

حمامة → حمام / ثمرة → ثمر (*un fruit*) / (*un pigeon*)

سمكة → سمك / بصلة → بصل (*un oignon*) / (*un poisson*)

جبنة → جبن / لحمة → لحم (*un morceau de viande, de fromage*)

N.B. : البقر signifiera *les vaches* (en général), البقرة : *la vache* (dont on parle), et البقرات : *les vaches* (dont on parle). Il en est de même pour tous les autres ensembles *générique/unité/pluriel*.

7.5 Nom de manière (اِسْم النَوْع)

Il est bâti sur le schème فِعْلة (uniquement pour les verbes simples) et indique la manière d'accomplir l'action :

نيمة / كِتْبة / جِلْسة / مِشْية

manière de marcher, s'asseoir, écrire, dormir...

هو حَسَنُ الكِتْبة = *il a une belle écriture*

7.6 Nom de lieu et nom de temps
(اِسْم المَكان واسم الزَمان)

Pour certains verbes simples, ils sont construits sur le schème : مَفْعَل ou مَفْعِل (pluriel : مَفاعِل , *cf.* 13.1). Le nom formé signifie *le lieu (ou le temps) où l'on fait telle action* :

مَنْزِل *maison* / مَصْنَع *usine* / مَكْتَب *bureau*

مَسْجِد *mosquée* / مَوْعِد *rendez-vous* / مَدْخَل *entrée*

مَحَلّ *endroit, local* / مَرْمى *cible* / مكان *lieu*

On trouve aussi le schème مَفْعَلة (qui porte parfois l'appellation de *nom d'abondance* اِسم الكثرة) :

مَقْبَرة *cimetière (où l'on trouve de nombreuses tombes)*

مَدْرَسة *école* / مَكْتَبة *bibliothèque, librairie*

مَطْبَعة *imprimerie* / مَحْكَمة *tribunal*

مَرْعاة *pâturage* / مَغارة *grotte*

On trouve également le schème مِفْعال pour quelques racines assimilées :

مِيعاد (de وعد) *moment fixé* / مِيلاد (de ولد) *naissance*

Pour les formes dérivées, c'est le participe passif qui sert de nom de lieu ou de temps :

مُفْتَرَق *carrefour* / مُسْتَشْفى *hôpital* / مُلْتَقى *confluent*

7.7 Nom d'instrument (اسْم الآلة)

Il est construit sur le schème مِفْعال ou مِفْعَلة ou مِفْعَل (pluriel : مَفاعِل ou مَفاعيل). Le nom formé désigne *l'instrument qui sert à accomplir l'action indiquée par la racine.*

مِصْعَد *ascenseur* / مِغْرَفة *cuiller* / مِكْنَسة *balai*

مِفْتاح *clé* / مِنْشار *scie* / مِقَصّ *ciseaux*

ميزان *balance* / مِقْوَد *volant* / مِكْواة *fer à repasser*

Un autre schème est également utilisé pour former des noms d'instruments modernes : فَعّالة (pluriel : فَعّالات) :

نَظّارة *lunettes* / دَرّاجة *bicyclette* / سَيّارة *voiture*

خَلّاطة *mixeur* / رَشّاشة *mitrailleuse* / سَمّاعة *écouteur*

7.8 Diminutif (التَّصْغير)

D'usage de moins en moins fréquent, le diminutif demeure néanmoins présent dans l'arabe moderne. Il a parfois une valeur affective et se construit essentiellement sur les schèmes suivants :

فُعَيْل – فُعَيْعِل – فُعَيِّل

Voici ses manifestations les plus usuelles :

كتاب ← شَجَرة = *arbrisseau* / كُتَيِّب = *livret* ← شُجَيْرة

بنت ← أُقْصوصة = *historiette* / قِصّة = *fillette* ← بُنَيّة

بحر ← بُحَيْرة = *mer* ← *lac*

بعد ← قُبَيْل = *peu après* / قبل = *peu avant* ← بُعَيْد

8. Les noms-adjectifs

($\rightarrow$ exercices p. 92)

On trouvera ici un classement des noms à valeur qualificative (adjectifs) souvent utilisés aussi comme des substantifs.

8.1 Participes actif et passif

Cf. 3.8 et 6.

8.2 Nom-adjectif (الصِّفة المُشَبَّهة)

C'est un adjectif proche des participes, employé parfois comme substantif. Voici les schèmes les plus fréquents :

فَعَل / فُعْل / فَعْل

énorme ضَخْم / facile سَهْل / difficile صَعْب

dur صَلْب / amer مُرّ / doux, sucré حُلْو

héros بَطَل / beau حَسَن

فَعِل

éveillé يَقِظ / joyeux فَرِح

فَعيل (un des plus courants)

triste حَزين / petit, jeune صَغير / grand, âgé كَبير

lourd,... ثَقيل / avare بَخيل / malade مَريض

N.B. : si un adjectif de la forme فَعيل est dérivé d'un verbe transitif, il a le sens du participe passif :

prisonnier أَسير / blessé جَريح / tué قَتيل

فَعْلان

assoiffé عَطْشان / irrité غَضْبان / content فَرْحان

Signalons deux catégories de noms-adjectifs utiles à connaître :

. Intensif et nom de métier (اسم المُبالَغة)

Parmi les nombreux schèmes exprimant l'intensité, retenons particulièrement فَعّال (pluriel : فَعّالون) , qui est aussi utilisé

pour former bon nombre de noms de métier (à côté du participe
actif, *cf.*3.8 et 13.1) :

كَذَّاب *grand menteur* / خَبَّاز *boulanger* / فَلَّاح *paysan*

طَبَّاخ *cuisinier* / خَيَّاط *tailleur* / سَقَّاء *porteur d'eau*

. Couleur et difformité

Les principaux adjectifs de couleur sont construits sur le schème

أَفْعَل (féminin : فَعْلاء - pluriel : فُعْل)

masc. : أَصْفَر / أَخْضَر / أَزْرَق / أَحْمَر / أَسْوَد / أَبْيَض

fém. : صَفْراء / خَضْراء / زَرْقاء / حَمْراء / سَوْداء / بَيْضاء

blanc / noir / rouge / bleu / vert / jaune

Ces adjectifs sont à mettre en relation avec la forme verbale IX :

اِبْيَضَّ (*être blanc, blanchir*), etc. (*cf.* 4.5)

Sur ce même schème sont construits des adjectifs exprimant une
difformité physique ou psychique :

masc. : ...أَصَمّ / أَعْمى / أَطْرَش / أَبْلَه / أَحْمَق / أَعْوَر

fém. : ...صَمَّاء / عَمْياء / طَرْشاء / بَلْهاء / حَمْقاء / عَوْراء

borgne / idiot / abruti / sourd / aveugle / sourd...

8.3 Élatif (أَفْعَل التَّفْضيل)

Construit sur le même schème أَفْعَل que celui des couleurs
(mais avec un féminin en فُعْلى et un pluriel en فُعَل) à partir
d'adjectifs de racines trilitères, il exprime notre comparatif ou
notre superlatif :

كبير → أَكْبَر (*plus grand, plus vieux*) / حلو → أَحْلى (*plus doux*)

طويل → أَطْوَل (*plus long*) / شديد → أَشَدّ (*plus fort*)

On verra dans la partie syntaxe (*cf.* 33) comment sont rendus
les comparatifs des participes des formes dérivées ou des
adjectifs de couleur et de difformité (déjà construits sur le
schème أفعل).

8.4 Adjectif-nom de relation (النِّسْبة)

Il est formé par l'ajout d'un (يّ) يّة au féminin) à un nom (propre ou commun) pour exprimer l'origine, la matière ou la relation :

دينيّ *religieux* / وطنيّ *national* / تاريخيّ *historique*

تونسيّ *tunisien* / مركزيّ *central* / مسيحيّ *chrétien*

قضائي *judiciaire*

Notez que :

— si le nom dont est tiré l'adjectif de relation se termine par un ة ou commence par l'article, ceux-ci disparaissent :

مكّة ← مكّيّ *(Mecquois)* / الجزائر ← جزائريّ *(algérien)*

— la vocalisation interne peut être modifiée (notamment pour un certain nombre de mots ayant le son "i" en 2e syllabe) :

ملك ← ملَكيّ *(royal)* / مدينة ← مدنيّ *(civil, citadin)*

mais حقيقة ← حقيقيّ *(véritable)* / حديد ← حديديّ *(en fer)*

— cette modification passe parfois par l'ajout d'un ا :

البحرين ← بحرانيّ *(du Bahrein)*

اليمن ← يمانيّ ou يمنيّ *(Yéménite)*

— l'adjectif de relation peut être formé sur un pluriel :

قبائل ← قبائليّ *(kabyle)* / مغاربة ← مغاربيّ *(maghrébin)*

رجال ← رجاليّ *(masculin)* / نساء ← نسائيّ *(féminin)*

Il peut désigner dans ce cas aussi une profession :

صُحُفيّ *(livresque/libraire)* / كُتُبيّ *(journalistique/journaliste)*

Un même mot peut donner deux adjectifs de relation, l'un formé à partir du singulier et l'autre du pluriel : leurs sens diffèrent :

كتاب ← كتابيّ *(écrit)* / كُتُب ← كتبيّ *(libraire, livresque)*

— un و peut s'intercaler avant la finale يّ de certains mots composés de deux consonnes, ou se substituer à la hamza d'un nom féminin se terminant par اء , ou au ى ou ي final :

سنة ← سنويّ (annuel) / لغة ← لغويّ (linguistique)

سماء ← سماويّ (céleste) / صحراء ← صحراويّ (désertique)

معنى ← معنويّ (abstrait, moral) / عليّ ← علويّ (alaouite)

قرية ← قرويّ (villageois) / تربية ← تربويّ (pédagogique)

أميّة ← أمويّ (omeyyade) / نبيّ ← نبويّ (prophétique)

— d'autres lettres peuvent être placées avant le يّ :

سينما ← سينمائيّ (cinématographique)

مرو ← مَرْوَزيّ (habitant de Merv)

(pl. شِفاه) شفة ← شَفَهيّ ou شِفاهيّ ou شَفَويّ (labial, oral)

Remarques :

• Employé au féminin comme substantif, l'adjectif-nom de relation indique parfois un système, une théorie ou une collectivité :

اشتراكيّة (socialisme) / رأسماليّة (capitalisme)

عنصريّة (racisme) / إنسانيّة (humanité) / يهوديّة (judaïsme)

• Il existe aussi certains mots à partir desquels un deuxième adjectif de relation est formé avec le suffixe انيّ :

فوقيّ – فوقانيّ (supérieur) / تحتيّ – تحتانيّ (inférieur)

ناصريّ (nazaréen) - نصرانيّ (chrétien)

روحيّ (spirituel) - روحانيّ (sacré, spirituel)

نفسيّ (psychologique, psychique) - نفسانيّ (psychiatrique)

• Pour désigner les habitants d'un pays, si la formation de l'adjectif de relation pose problème, on préférera la tournure مِنْ أَهْلِ ... ou simplement la préposition مِنْ :

هو من أهل بنغازي = *c'est un habitant de Benghazi*

أنا من كوريا الجنوبيّة = *je suis Sud-Coréen*

9. Le genre des noms

(→ exercice p. 93)

Un nom est soit masculin (مذكّر) , soit féminin (مؤنّث) , soit de genre incertain (tantôt masculin, tantôt féminin).

9.1 Noms féminins par la forme

Ils portent l'une des trois marques du féminin :

— le ة (catégorie la plus nombreuse) :

خالة *(tante maternelle)* / ممرّضة *(infirmière)* / حياة *(vie)*

سمكة *(un poisson)* / ضربة *(coup)* / استطاعة *(pouvoir)*...

auxquels on peut ajouter بنت *(fille)* et أخت *(sœur)*.

N.B. : certains noms se terminant par ة désignent clairement une personne du sexe masculin. Ils sont alors masculins :

خليفة *(calife)* / أسامة *(Usâma -* prénom masculin*)*

راوية *(conteur)* / علّامة *(grand savant)*

— le ى (ou ا) si cette lettre n'appartient pas à la racine (marque d'un ي ou d'un و) :

ذكْرى *(mémoire)* / شكْوى *(plainte)* / دَعْوى *(plainte)*

رُؤْيا *(vision)* / حُمّى *(fièvre)* / الدُّنيا *(le monde d'ici-bas)*

Par contre مرسى *(racine* رسي*),* مستشفى *(racine* شفي*),*... sont masculins.

— le اء si cette terminaison n'appartient pas à la racine :

كبْرِياء *(gloire, fierté)* / صَحْراء *(désert)*

9.2 Autres noms féminins

Un grand nombre de noms sont féminins bien qu'ils ne portent pas l'une des marques du féminin. C'est le cas :

— de prénoms de femmes :

مَرْيَم *(Marie, Maryam)* / هنْد *(Hind)* / زَيْنَب *(Zaïnab)*

سُعاد *(Su'âd)* / نَوال *(Nawâl)* / etc.

— de noms ou adjectifs s'appliquant à des femmes :

أُمّ *(mère)* / حامل *(enceinte)* / طالِق *(répudiée)*
عاقِر *(stérile)* / عانِس *(vieille fille)* / حائِض *(ayant ses règles)*

— des noms de pays, de villes et de tribus :

مِصْر *Egypte* / تونِس *Tunis, Tunisie* / قُرَيْش *les Quraychites*

— de la majorité des parties du corps qui vont par paire :

يَد *main* / عَيْن *œil* / رِجْل *pied, jambe* / سِنّ *dent*
أُذُن *oreille* / كَتِف *épaule* / ساق *jambe*

Exceptions (sont au masculin) :

خَدّ *joue* / حاجِب *sourcil* / مِرْفَق *coude* / صُدْغ *tempe*

— des noms de vents et de différentes sortes de feu :

ريح *vent* / سَمُوم *simoun* / نار *feu* / جَهَنَّم – جَحيم *enfer*

— des collectifs d'animaux qui ne peuvent donner lieu à la formation de noms d'unité :

غَنَم *moutons* / إبِل *chameaux* / خَيْل *chevaux*

— d'autres noms dont voici les plus usuels :

bâton	عَصا	seau	دَلْو	terre	أَرْض
hache	فَأْس	maison	دار	derrière	اِسْت
verre	كَأْس	utérus	رَحِم	vipère	أَفْعى
ventre	كَرِش	moulin	رَحى	puits	بِئْر
sandale	نَعْل	soleil	شَمْس	guerre	حَرْب
âme	نَفْس	hyène	ضَبُع	vin	خَمْر

9.3 Noms au genre incertain

Un certain nombre de noms sont tantôt masculins, tantôt féminins. Cela varie suivant le locuteur, la région ou l'époque. Souvent, un des genres prédomine. C'est le cas :

— des noms des lettres de l'alphabet (plutôt féminins) :

التاء المربوطة / الألف المقصورة ...

— des collectifs de plantes et d'animaux à partir desquels on peut former un nom d'unité (plutôt masculins) :

شَجَر *arbres* / حَمام *pigeons* / جَراد *sauterelles...*

— des noms collectifs d'humains sans nom d'unité (plutôt masculin pluriel mais parfois féminin singulier) :

قَوْم *gens, peuple* / ناس *gens* / العَرَب *les Arabes,...*

— d'autres noms dont voici les plus usuels :

barque	فُلْك	*ciel*	سَماء	*aisselle*	إبْط
marmite	قِدْر	*marché*	سوق	*lièvre*	أرْنَب
pied	قَدَم	*voie*	صِراط	*doigt*	إصْبَع
nuque	قَفا	*paix*	صُلْح	*état*	حال
arc	قَوْس	*route*	طَريق	*boutique*	حانوت
foie	كَبِد	*aigle*	عُقاب	*cuirasse*	دِرْع
langue	لِسان	*scorpion*	عَقْرَب	*boutique*	دُكّان
bateau	مَرْكَب	*cou*	عُنْق	*chemin*	سَبيل
rasoir	مُوسى	*araignée*	عَنْكَبوت	*couteau*	سِكّين
voie droite	هُدى	*jument*	فَرَس	*échelle*	سُلّم

9.4 Passage du masculin au féminin

Le féminin de certains noms se rend par un mot d'une autre racine :

رَجُل - امْرَأة : *homme-femme* / أب - أُمّ : *père-mère*

وَلَد - بِنْت : *garçon-fille* / حِصان - فَرَس : *cheval-jument*

جَمَل - ناقة : *chameau-chamelle*

A l'exception de ce type de noms, on passe du masculin au

féminin en suffixant au nom-adjectif l'une des trois marques du féminin :

— ة (la plus courante) :

أميرة ← أمير / فَتاة ← فَتى / مُدَرِّسة ← مُدَرِّس

enseignant(e) / jeune homme, jeune fille / prince(sse)

— ى pour les élatifs et les adjectifs au masc. en فَعْلانُ :

غَضْبى ← غَضْبانُ / أُخْرى ← آخَر / أُولى ← أوَّل / كُبْرى ← أكْبَر

plus grand(e) ou plus âgée(e) / premier(ère) / autre / irrité(e)

N.B. : les adjectifs en فَعْلانُ ou فُعْلانُ (non diptotes) prennent un ة au féminin : عُريانة ← عُريانُ : *nu(e)*

— اء pour les couleurs et les difformités :

عَمْياء ← أعْمى / شَقْراء ← أشْقَر / بَيْضاء ← أبْيَض

blanc(he) / blond(e) / aveugle

N.B. : quelques noms-adjectifs se présentent de la même façon au masculin ou au féminin (sans prendre de marque du féminin). C'est le cas notamment :

• de noms-adjectifs en فَعول :

عَجوز : *vieil homme* ou *vieille femme* (plutôt féminin)

عَروس : *marié(e)* (plutôt féminin face à عَريس, masculin)

شَكور : *reconnaissant(e)* / صَبور : *patient(e)*

لَدود = *acharné, implacable*

Exception : عَدُوّ : *ennemi* / عَدُوَّة : *ennemie*

• de noms-adjectifs en فَعيل quand ils ont un sens passif :

أسير : *prisonnier(ère)* / قَتيل : *tué(e)* / جَريح : *blessé(e)*

Cependant, en cas de confusion possible, on précisera soit avec un nom, soit en ajoutant un ة :

رأيتُ المرأةَ القتيل ou رأيت القتيلة = *j'ai vu la (femme) tuée*

10. Déclinaisons du nom au singulier

(→ exercices p. 93)

Il existe en arabe une déclinaison des noms qui comporte trois cas : les cas sujet (الرَفْع), direct (النَصْب) et indirect (الجَرّ).

Suivant la fonction du nom dans la phrase, il se mettra à l'un de ces trois cas et portera en finale la marque de ce cas (*cf.* 23). Cette marque pourra de plus varier selon que :

- le nom est indéfini (*cf.* 24), c'est-à-dire sans article ni complément du nom,
- le nom est défini par l'article (*cf.* 25),
- le nom est défini par un complément (pronom ou nom, *cf.* 26).

Dans ce chapitre et les suivants (10 à 13), les différentes déclinaisons sont présentées.

10.1 Déclinaison de base à trois cas

La marque du cas sujet est la ḍamma, celle du cas direct est la fatḥa et celle du cas indirect est la kasra.

Quand le nom est indéfini, apparaît le tanwîn.

Au cas direct indéfini, un ا souligne le tanwîn [an] sauf si le nom se termine par ة ou par ءاء (N.B. : le nom شَيْء , *chose* , fait شَيْئًا au cas direct indéfini).

رَجُل = *homme* / كُرة = *ballon* / سَماء = *ciel*

Cas :	Indéfini	Défini *
Sujet	رجلٌ / كرةٌ / سماءٌ	الرجلُ / الكرةُ / السماءُ
Direct	رجلاً / كرةً / سماءً	الرجلَ / الكرةَ / السماءَ
Indirect	رجلٍ / كرةٍ / سماءٍ	الرجلِ / الكرةِ / السماءِ

* défini par l'article ou par un complément.

10.2 Déclinaison des diptotes

On appelle ainsi les noms qui, quand ils sont indéfinis grammaticalement, ne prennent pas de tanwîn et ont la même marque aux cas direct et indirect : la fatḥa (*cf.* 24.3). Par contre, définis, ils suivent la déclinaison de base à trois cas.

Au singulier, sont diptotes : les adjectifs en أفعل (qui font leur féminin en فعلاء ou en فُعلى), leur féminin en فعلاء, d'autres adjectifs et de nombreux noms propres (*cf.* 14).

أَبْيَض = *blanc* / تُونِس = *Tunis* ou *Tunisie*

Cas :	Indéfini	Défini *
Sujet	أبيضُ / تونسُ	الأبيضُ
Direct	أبيضَ / تونسَ	الأبيضَ
Indirect		الأبيضِ

* défini par l'article ou par un complément.

10.3 Déclinaison des cinq noms (الأسماء الخمسة)

Cinq noms bilitères prolongent leur voyelle finale quand ils sont définis par un complément. Ce sont :

- les 3 noms : أب = *père* / أخ = *frère* / حَم = *beau-père*,
- une variante de فَم = *bouche* : في / فا / فو ,
- le nom ذو = *possesseur* (= صاحب) : (ذو / ذا / ذي) (toujours suivi d'un nom complément - *cf.* 31.5).

Cas :	Indéfini	Défini par l'article	Défini par un complément
Sujet	أخٌ	الأخُ	أخو محمّد
Direct	أخًا	الأخَ	أخا محمّد
Indirect	أخٍ	الأخِ	أخي محمّد

10.4 Les noms de racine défectueuse

— Les participes actifs des verbes défectueux et les noms d'action des formes dérivées V et VI ne prennent la marque du cas qu'au cas direct : le ي (dernière lettre de la racine) est remplacé par le tanwîn [in] aux cas sujet et indirect indéfinis.

ماضٍ = *passé* (participe actif de مضى)

تَخَلٍّ = *abandon* (nom d'action de تخلّى).

Cas :	Indéfini	Défini *
Sujet	ماضٍ / تخلٍّ	الماضي / التخلّي
Direct	ماضياً / تخلّياً	الماضيَ / التخلّيَ
Indirect	ماضٍ / تخلٍّ	الماضي / التخلّي

* *défini par l'article ou par un complément.*

— Les participes passifs des formes dérivées des verbes défectueux (qui peuvent aussi servir de noms de lieu), des noms d'action de verbes simples défectueux et d'autres noms de racine défectueuse (qui se terminent par ى ou ا) perdent la marque du cas. Un tanwîn différencie le nom indéfini du nom défini.

هُدًى = *voie droite* (nom d'action de هَدى) / عَصًا = *bâton*

مُعْطًى = *donné* (participe passif de أعطى , forme IV)

	Indéfini	Défini *
3 cas	هدًى / عصًا / معطًى	الهدى / العصا / المعطى

* *défini par l'article ou par un complément.*

N.B. : les noms finissant par un ا ou un ى qui n'est pas la marque d'un و ou d'un ي de la racine, sont indéclinables et se présentent de la même façon à tous les cas, définis ou indéfinis :

ذِكْرى = *mémoire* / دَعْوى = *plainte* / سينما = *cinéma*, etc.

11. Déclinaison du nom au duel

(→ exercice p. 93)

Il existe en arabe le duel (المُثَنَّى) pour parler de deux choses ou de deux personnes. Il prend place entre le singulier (pour parler d'une chose ou d'une personne) et le pluriel (à partir de trois choses ou de trois personnes).

11.1 Déclinaison

Il s'agit d'une déclinaison à deux cas où la marque du cas sujet est le ا , et celle des cas direct et indirect est le ي . Pour former le duel d'un nom indéfini ou défini par l'article, on lui suffixe :

انِ au cas sujet et يْنِ aux cas direct et indirect.

Le ن disparaît quand le nom est défini par un complément.

مُهَنْدِس = *ingénieur*   (شَرِكة = *société*)

Cas :	Indéfini ou défini par l'article	Défini par un complément
Sujet	مهندسان	مهندسا الشركة
Direct et indirect	مهندسَيْن	مهندسَي الشركة (1)

مهندسا الشركة = *les deux ingénieurs de la société*

(1) la kasra à la fin de مهندسي est une voyelle de liaison.

Si le nom se termine au singulier par un ة , celui-ci se transforme en ت , auquel s'accroche le suffixe :

ابْنَة = *une fille* → ابنتَيْنِ / ابنتانِ = *deux filles.*

11.2 Modifications du nom

Dans certains cas (notamment pour les mots dont la racine est défectueuse ou qui se terminent par un ى , un و ou une hamza), la terminaison du nom se transforme devant le suffixe du duel :

— les noms se terminant au singulier par ىَ :

→ le ىَ se transforme en يَ :

فَتـًى (*un garçon*) → فَتَـيـان (*deux garçons*)

مَقْهـى (*café*) → مَقْهَيـان

— les noms se terminant au singulier par اء :

• si la terminaison اء est la marque du féminin, la hamza se transforme en و :

صَحْـراء (*un désert*) → صَحْـراوان (*deux déserts*)

عَيْن زَرْقاء (*un œil bleu*) → عَيْنـان زَرْقاوان (*deux yeux bleus*)

• si la terminaison اء est la marque d'une racine défectueuse, la hamza se maintient ou parfois se transforme en و :

كِساء (*vêtement*) → كِساءان ou كِساوان

لِقاء (*rencontre*) → لِقاءان (mais pas لِقاوان)

— les participes actifs des verbes défectueux et les noms d'action des verbes défectueux des formes 5 et 6 :

→ maintien du ي à tous les cas (défini ou indéfini) :

قاضٍ (*juge*) → قاضِيـان

— les trois noms أب (*père*) , أخ (*frère*) et حَم (*beau-père*) prennent un و à tous les cas (indéfini ou défini) :

أب / أبَوان → أخ / أخَوان → حَم / (أخان) (parfois) → حَمَوان

Par contre, le duel de فو (= فَم = *bouche*) sera فَمـان .

N.B. : الأبـوان peut signifier *le père et la mère,* de même الأخـوان *le frère et la sœur,* القمـران *le soleil et la lune,* etc.

12. Déclinaisons du nom au pluriel

(→ exercices p. 94)

Il existe deux grandes catégories de pluriel en arabe :

- les pluriels externes formés par l'ajout d'un suffixe au singulier sans changement de la structure du mot,

- les pluriels internes (ou brisés) formés par modification de la structure interne du mot, les lettres de base étant conservées.

Seuls les pluriels externes suivent des déclinaisons propres. Les pluriels internes se rattachent aux déclinaisons vues au singulier (déclinaison de base à trois cas et diptotes), à l'exception d'une catégorie (*cf.* 12.3) qui mélange les règles des déclinaisons des diptotes et des noms de racine défectueuse.

12.1 Le pluriel externe masculin

(جَمْع المُذَكَّر السالِم)

• **Déclinaison**

Il s'agit d'une déclinaison à deux cas où la marque du cas sujet est le و , celle des cas direct et indirect le ي . Pour former le pluriel externe masculin d'un nom indéfini ou défini par l'article, on lui suffixe :

ونَ au cas sujet et ـينَ aux cas direct et indirect.

Le ن disparaît quand le nom est défini par un complément.

(شَرِكة = *société*) مُهَنْدِس = *ingénieur*

Cas :	Indéfini ou défini par l'article	Défini par un complément
Sujet	مهندسونَ	مهندسو الشركة
Direct et indirect	مهندسينَ	مهندسي الشركة

مهندسو الشركة = *les ingénieurs de la société*

• Modifications du nom

- Pour les participes actifs des verbes défectueux, la kasra finale et le ي de la racine disparaissent :

باقِينَ / باقُونَ (*qui reste*) → باقٍ (الباقِي)

- Pour les mots se terminant par ى , ce 'alif disparaît mais la fatḥa qui précède se maintient :

مسمَّينَ / مسمَّونَ (*appelé*) → مُسَمًّى (المسمَّى)

- Pour les mots se terminant par اء , la hamza se maintient généralement (avec un support) :

بنّائِينَ / بنّاؤُونَ (*maçon*) → بنّاء

• Noms et adjectifs concernés

Seuls des noms masculins désignant des êtres doués de raison peuvent avoir un tel pluriel. C'est le cas :

- des participes : مَفْقُودون (*perdus*) / مُسْلِمون (*musulmans*)
- des noms-adjectifs de relation : جَزائرِيّون (*algériens*)
- des intensifs de type فَعّال :

فلّاحون (*paysans*) / فنّانون (*artistes*) / كذّابونْ (*menteurs*)

- d'autres adjectifs et de leurs élatifs dans certains usages :

الأكْثَرون = الكَثِيرونَ (*la majorité, un très grand nombre*)

A ces mots, on peut ajouter quelques noms communs qui ont un pluriel externe souvent remplacé par un autre pluriel :

ابْن (*fils*) → بَنونَ (أبْناء) / سنَة (*année*) → سنونَ (سنَوات)

C'est aussi le cas du mot ذو (*cf.* 31.5) et des dizaines de 20 à 90 (*cf.* 20.2).

12.2 Le pluriel externe féminin

(جَمْع المُؤَنَّث السالِم)

• Déclinaison

Il s'agit aussi d'une déclinaison à deux cas où la marque du cas sujet est la ḍamma, celle des cas direct et indirect la kasra. Pour former le pluriel externe féminin, on suffixe ات au singulier (en retirant le ة si le mot se termine ainsi). Quand le nom est indéfini, le tanwîn final apparaît.

ساعَة = *heure* / إعْلان = *affiche, avis, annonce*

Cas :	Indéfini	Défini *
Sujet	ساعاتٌ / إعلاناتٌ	الساعاتُ / الإعلاناتُ
Direct et indirect	ساعاتٍ / إعلاناتٍ	الساعاتِ / الإعلاناتِ

* défini par l'article ou par un complément

• **Modifications du nom**

- Pour les noms se terminant au singulier par اء ou ى , اة (marques du féminin), cette terminaison est remplacée par un و ou un ي (suivant la racine du mot) :

فتَيات → (jeune fille) فَتاة / كُبْرَيات → (majeure) كُبْرى

صلَوات → (prière) صلاة / قنَوات → (canal) قَناة

سماوات (سموات) → (ciel) سَماء

- Un و apparaît dans les deux mots suivants :

(شفاه ou) شفَوات → (lèvre) شفَة / سنوات → (année) سَنة

- Pour les noms dont le schème au singulier est فعْل ou فعْلة , et dont la 2ᵉ lettre n'est ni un ي ni un و , le soukoun a tendance à se transformer en voyelle dans le cas d'un pluriel externe (soit la même voyelle que la 1ʳᵉ lettre, soit une fatḥa).

ظلُمات → (obscurité) ظلْمة / طعَنات → (coup) طعْنة

جلَسات → (séance, session) جلْسة / خطُوات → (pas) خطْوة

نظَرات → (regard) نظْرة / ضرَبات → (coup) ضرْبة

لعَنات → (malédiction) لعْنة

Par contre : بَيْضة (œuf) → بَيْضات (ي en 2ᵉ lettre).

Cette règle n'est pas valable pour les adjectifs :

ضَخْمات ← (*énorme*) ضَخْمة

- Notez enfin les pluriels des trois mots suivants :

بَنات ← (*fille*) بِنْت / أخَوات ← (*sœur*) أُخْت

أمَّهات ← (*mère*) أُمّ

• Noms et adjectifs concernés

Ont un pluriel externe féminin :

— les participes et adjectifs féminins correspondant à ceux qui ont au masculin un pluriel externe masculin :

مُسْلِمات (*musulmanes*) / مَفْقودات (*perdues*)

فنّانات (*artistes*) / كذّابات (*menteuses*) / سوريّات (*syriennes*)

كُبْرى (*majeure*) ← كبريات

— de nombreux noms se terminant au singulier par ة :

كرات ← (*ballon*) كُرة / سيّارات ← (*voiture*) سَيّارة

— les noms d'action féminins et ceux des formes dérivées, ainsi que quelques noms d'action de forme simple :

سَرِقة (*vol*) ← سرقات / امْتِحان (*examen*) ← امتحانات

تَعْليم (*instruction*) ← تعليمات / بَيان (*déclaration*) ← بيانات

— certains noms se terminant au singulier par ى ou اء :

مُسْتَشْفىً (*hôpital*) ← مستشفَيات

ذِكْرى (*mémoire*) ← ذكرَيات / سَماء (*ciel*) ← سماوات

— quelques noms masculins (parfois d'origine étrangère) :

حَمّام ← (*bain maure*) حَيَوان / حمّامات ← (*animal*) حيوانات

عَقار ← (*bien immeuble*) باشا / عقارات ← (*Pacha*) باشَوات

— des participes utilisés au pluriel comme noms :

كائِن ← (*la création*) مَخْلوق / مخلوقات ← (*créatures*) الكائِنات

مُفْرَد ← (*lexique*) مُجلَّد / مفردات ← (*tome, volume*) مجلّدات

— les noms formés à partir des dizaines (de 20 à 90) pour indiquer une époque :

الأَرْبَعِينات *(les années 40)* / السَّبْعِينات *(les années 70)*

12.3 Les pluriels internes (ou brisés)

(جَمْع التَّكْسِير)

• Déclinaisons

Les pluriels brisés sont formés sur de très nombreux schèmes que nous verrons dans le chapitre suivant. Suivant le schème, la déclinaison suit l'un des modèles déjà étudiés pour le nom au singulier (déclinaison de base à trois cas ou diptotes). A ces modèles, il faut ajouter une autre déclinaison propre à certains pluriels (mélange des diptotes et des racines défectueuses).

لَيْل *(nuit)* لَيال / يَد *(main)* → أَيْدٍ

Cas :	Indéfini	Défini *
Sujet	ليالٍ / أيدٍ	الليالي / الأيدي
Direct	لياليَ / أيديَ	اللياليَ / الأيديَ
Indirect	ليالٍ / أيدٍ	الليالي / الأيدي

* défini par l'article ou un complément

• Noms et adjectifs concernés

Ce sont les noms et adjectifs n'ayant pas de pluriel externe, et tous ceux qui ont, à côté d'un pluriel externe, un pluriel interne avec le même sens ou un sens différent :

تَعْلِيم *(enseignements)* ou تعاليم *(instructions)* → تعليمات

ساكِن *(habitants)* ou ساكنون *(qui habitent)* → سُكّان

13. Les pluriel internes
(جَمْع التَّكْسير)

(→ exercices p. 94)

Il existe de très nombreux schèmes de pluriels internes. Les grammairiens arabes ont formulé des distinctions entre pluriels de petit nombre et pluriels collectifs qui sont délaissées aujourd'hui sauf pour certains mots comme :

شَهر *(mois)* a 2 pluriels : أَشْهُر *(moins de 12)* et شُهور *(au-delà)*

نَفس *(âme, être)* : أَنْفُس *(petit nombre)* et نُفوس *(grand nombre)*

Quant aux règles de formation, elles sont si complexes qu'elles ne facilitent pas vraiment la tâche de l'étudiant. On présentera ici les schèmes les plus courants accompagnés d'exemples. Se familiariser avec ces schèmes permet de repérer rapidement la structure d'un pluriel dans un texte, et d'en trouver la racine.

La plupart des pluriels internes suivent la déclinaison de base à trois cas. Un nombre important (notamment parmi ceux de quatre syllabes) sont diptotes, quelques-uns suivent la déclinaison diptote-défectueuse (*cf.* 12.3), enfin d'autres, peu nombreux, sont indéclinables (finale en ى) : chaque fois ces particularités seront mentionnées. De plus, entre le singulier et le pluriel, on trouvera l'abréviation ج de جمع (= *pluriel*).

13.1 Racines trilitères

أَفْعال	

عَمَل ج أعمال *(travail)* / وَلَد ج أولاد *(garçon)*

وَقْت ج أوقات *(temps)* / اسْم ج أسماء *(nom)*

فُعول	

رَأْس ج رؤوس *(tête)* / بَيْت ج بيوت *(maison)*

مَلِك ج ملوك *(roi)* / عِلْم ج علوم *(science)*

فِعال	

pluriel de nombreux adjectifs en فَعيل

كَبير ج كبار *(grand, âgé)* / رَجُل ج رجال *(homme)*

ثَوب ج ثياب *(vêtement)* / طَويل ج طوال *(long)*

فُعَّال : pluriel de participes actifs à valeur nominale

(commerçant) تاجِر ج تجّار / (habitant) ساكِن ج سكّان

(ouvrier, travailleur) عامِل ج عمّال / (étudiant) طالِب ج طلّاب

فَعَلة : variante du précédent

(ouvrier, travailleur) عامِل ج عملة / (étudiant) طالِب ج طلبة

(adorateur) عابِد ج عبدة / (meurtrier) قاتِل ج قتلة

فَعِيل

(esclave) عَبْد ج عبيد / (âne) حِمار ج حمير

فُعُل

(ville) مَدينة ج مدن / (livre) كِتاب ج كتب

(route) طَريق ج طرق / (envoyé, messager) رَسول ج رسل

فُعَل

(état) دَولة ج دول / (nation) أُمّة ج أمم

(village) قَرْية ج قرى / (chambre) غُرفة ج غرف

فِعَل

(chat) قِطّ ج قطط / (histoire) قِصّة ج قصص

أَفْعُل

(mois) شَهْر ج أشهر / (esprit) نَفْس ج أنفس

أَفْعِلة

(langue) لِسان ج ألسنة / (question) سُؤال ج أسئلة

(lieu, endroit) مَكان ج أمكنة

فِعْلان

(garçon) فَتًى ج فتيان / (frère) أخ ج إخوان

(mur) حائِط ج حيطان / (voisin) جار ج جيران

فُعْلان

(jeune homme) شابّ ج شبّان / (pays) بلاد ج بلدان

(cavalier) فارِس ج فرسان / (moine) راهِب ج رهبان

فُعَلاء (diptote)

(ministre) وَزير ج وزراء / (pauvre) فَقير ج فقراء

(poète) شاعِر ج شعراء / (président) رَئيس ج رؤساء

أَفْعِلاء (diptote)

(médecin) طَبيب ج أطبّاء / (ami) صَديق ج أصدقاء

(prophète) نَبيّ ج أنبياء / (riche) غَنيّ ج أغنياء

فَعْلى (indéclinable)

(malade) مَريض ج مرضى / (assassiné) قَتيل ج قتلى

(blessé) جَريح ج جرحى / (mort) مَيِّت ج موتى

فَعالى ou فُعالى (indéclinable)

(allégation) دَعْوى ج دَعاوى / (désert) صَحْراء ج صَحارى

(ivre) سكْران ج سكارى / (chrétien) نَصْرانيّ ج نَصارى

N.B. : on trouve parfois فَعال à côté de فَعالى :

(allégation) دَعْوى ج دَعاوٍ / (désert) صَحْراء ج صَحارٍ

فَعالا (indéclinable)

(angle) زاوية ج زوايا / (faute, péché) خَطيئَة ج خطايا

مَفاعِل (diptote) : pluriel des noms de lieu et de temps

(école) مَدْرَسة ج مدارس / (maison) مَنْزِل ج منازل

(usine) مَصْنَع ج مصانع / (bureau) مكْتَب ج مكاتب

مَفاعيل (diptote)

(lampe) مِصْباح ج مصابيح / (clé) مِفْتاح ج مفاتيح

فَعائِل (diptote)

(lettre) رِسالة ج رسائِل / (crime) جَريمة ج جرائِم

(vieillard) عَجوز ج عجائِز / (affaire) حاجة ج حوائِج

فَواعيل ou فَواعِل (diptote)

(côte) ساحِل ج سواحِل / (conséquence) عاقِبة ج عواقِب

(espion) جاسوس ج جواسيس / (moustache) شارِب ج شوارِب

أفاعيل ou أفاعِل (diptote)

(étranger) أجْنَبيّ ج أجانب / (proche parent) (أَقْرَب) ج أقارِب

(semaine) أُسْبوع ج أسابيع / (mensonge) أُكْذوبة ج أكاذيب

تَفاعيل ou تَفاعِل (diptote)

(expérience) تَجْرِبة ج تجارِب

(statue) تِمْثال ج تماثيل / (instruction) تَعْليم ج تعاليم

N.B. : quelques mots au pluriel n'ont pas de correspondant singulier utilisé : مَخاوِف = *dangers, périls*

13.2 Racines quadrilitères

فَعاليل ou فَعالِل (diptote)

(dirham) دِرْهَم ج دراهِم / (astre) كَوْكَب ج كواكِب

(couteau) سِكّين ج سكاكين / (oiseau) عُصْفور ج عصافير

فَعاللة

(pharaon) فِرْعون ج فراعنة / (philosophe) فَيلَسوف ج فلاسفة

(marocain) مَغْرِبيّ ج مغاربة / (professeur) أُسْتاذ ج أساتذة

N.B. : les mots de racines cinq lettres (souvent d'origine étrangère) perdent une de leurs radicales au pluriel :

(rossignol) عَنْدَليب ج عَنادِل / (programme) بَرْنامَج ج بَرامِج

14. Les noms propres

En dehors d'un exercice académique, ces noms sont devenus à l'usage indéclinables et ne prennent donc plus de tanwîn.

14.1 Les lieux

Si le français accorde à la majorité des pays du monde l'article défini, l'arabe y recourt moins souvent. Quant au genre, c'est le féminin qui est de règle, aussi bien pour les villes que pour les pays. Une certaine ambiguïté quant au genre subsiste cependant à propos de certains pays arabes :

العراق – لبنان – الأردنّ – اليمن – السودان – المغرب

N.B. : notons que les noms au pluriel exigent un accord au singulier féminin (comme les objets inanimés) :

... أعلنت الولايات المتّحدة = *les États-Unis ont annoncé...*

14.2 Les personnes

• **le nom** : le nom de famille proprement dit n'existe pas de façon systématique dans le monde arabe. Dans certains pays, il a même été purement et simplement abandonné : la personne est identifiée par une chaîne de trois prénoms : ceux de l'intéressé, de son père et de son grand-père, sans aucun mot de liaison (contrairement à l'usage classique de بن - *fils de*) :

محمّد عبد الحليم عبد اللّه

On retiendra pour l'usage courant les deux premiers prénoms.

Cependant, dans la plupart des pays arabes, on trouve l'équivalent du nom de famille en vigueur en Occident. Il s'agit d'un nom qui rappelle l'origine de l'intéressé : tribu, ancêtre, ville, pays, métier... Il s'agira souvent d'une construction sur le modèle de l'adjectif de relation (nisba) :

بن سليمان ← سليمان : ancêtre / التميميّ ← تميم : tribu

المغربيّ ← المغرب / pays : القيروانيّ ← القيروان : ville

النجّار ← نجّار : métier

Aujourd'hui on cumule rarement plusieurs noms. Par défaut, on retient le prénom du grand-père comme nom de famille.

• les prénoms simples

De plus en plus usités, ils sont construits sur des schèmes

d'adjectifs : ... نَبيل – سَليم – سَعيد – كَريم -

de participes actifs : ... مُنْقِذ – قاسِم – ناصِر – حامِد -

de participes passifs : ... مَسْعود – محمّد – مَحْمود -

de noms : ... انْتِصار – إحْسان – سَناء – كَمال – جَمال -

Remarques :

- de nombreux prénoms musulmans se réfèrent :

• au Prophète de l'islam : محمّد / بَشير / مُصْطَفى / أحْمَد ...

• à des grands hommes (ou femmes) de l'islam :

... عَبّاس / بِلال / حُسَيْن / حَسَن / عَليّ / عُثْمان / عُمَر / أبو بَكْر

... أمّ كُلْثوم / فاطِمة / حَفْصة / عائِشة / خَديجة

• à des personnages cités dans le Coran :

... يَحيى / زَكَرِيّا / مَرْيَم / عيسى / يوسُف / موسى / إبْراهيم

• à des noms de sourates du Coran : طَهَ / ياسين

• au mois sacré du Ramadhan : رَمَضان

- chez les chrétiens (Liban, Syrie...) on rencontre de nombreux prénoms qui apparaissent sous une prononciation double : à consonance arabe, notamment chez les anciens, et, depuis deux générations, à consonance occidentale :

ميشال أو ميشيل = ميخائيل = *Michel*

جان أو جون = يوحَنّا = *Jean*

بول = بولُص = *Paul* / بيار أو بيير = بُطْرُس = *Pierre*

- certains noms masculins se terminent par ة :

سلامة – حَمادة – حَسّونة – خَليفة – مُعاوِية – أُسامة ...

- certains prénoms s'emploient aussi bien pour les hommes que pour les femmes : ... رَجاء – عَلاء – صَباح

- en Egypte, surtout, on trouve des prénoms masculins se terminant par un ت . C'est la trace de la présence dans le pays, durant des siècles, de dynasties turques :

مِدْحت – حِكْمت – رِفْعت – رَأفت – نَصْرت ...

- quelques prénoms sont composés d'un nom suivi de la lettre ي :

حُسْني – مَجْدي – حَمدي – حِلْمي – فَتْحي – قَدْري ...

• **les prénoms composés**

Les plus courants sont ceux qui comprennent un des 99 attributs de Dieu précédé de عبد (= *adorateur*) :

عبد اللّه – عبد الكريم – عبد القادر – عبد الحقّ – عبد الناصر

عبد الحكيم – عبد النور – عبد الحليم – عبد الوهّاب ...

Une autre association, de tradition turque, consiste à faire précéder le mot الدين (= *la religion*) par un nom :

خير الدين – نور الدين – بدر الدين – علاء الدين

جمال الدين – صلاح الدين ...

Autres prénoms composés (à titre d'exemples) :

محمّد ناصر – محمّد طارق – محمّد عليّ – محمّد حسن ...

• **le surnom**

Il évoque un lien de parenté, indiquant soit :

- la filiation (courant au Maghreb) : ابْن فُلان = *le fils d'Untel*

- la paternité ou la maternité par rapport au fils aîné (courant au Machreq) : أُمّ فلان ou أبو فلان = *le père (ou la mère) d'Untel*.

14.3 Autres noms propres

Les autres noms propres (montagnes, fleuves, déserts, journaux, partis, salles de spectacles, etc.) prennent le genre du mot sous-entendu :

... أعلن [حزب] البعث = le [Parti] Baath à annoncé...

... ذكرت [مجلّة] البعث = la [revue] al-Baath a rapporté...

14.4 Noms propres d'origine étrangère

Pour transcrire un nom d'origine étrangère en arabe, on rend :

- les voyelles par des voyelles longues,

- les consonnes n'ayant pas d'équivalent en arabe (ex. : p, g, v) par la lettre arabe dont le son est le plus proche (ب pour "p"...), ou par de nouvelles lettres (ڤ / پ / etc. - cf. 1.1) :

Clermont-Ferrand = كليرمون فران / *Panama* = باناما

Quand on doit transcrire un nom commençant par 2 consonnes, la règle qui consistait à ajouter une hamza (pour éviter la rencontre de 2 soukouns) tend à disparaître :

Platon = إفلاطون / *Sparte* = إسبارطة (transcr. anciennes)

Les Francs = الإفرنج

stratégique = إستراتيجيّ (mot moderne)

mais : *Strasbourg* = ستراسبورغ (transcr. contemporaine)

En règle générale, l'arabe imite la façon dont le nom d'origine étrangère se prononce dans sa langue d'origine :

Londres (London) = لُنْدُن / *Rome (Roma)* = روما

Buenos-Aires = بوينس أيريس

15. Les noms composés

Les noms composés en arabe sont peu nombreux. On distingue deux catégories principales :

• association entre deux mots

Chacun des mots garde son aspect initial. La déclinaison peut être figée au cas direct, pour les deux termes, ou régulière.

- noms de personnes (*cf.* 14.2) : les voyelles de déclinaison des noms propres ne sont presque plus prononcées.

عبد الكريم – عبد اللّه – نور الدين – صلاح الدين

- noms de villes ou de régions :

حضرَ موتَ = *Hadramaout* / بيتَ لحمَ = *Bethléem*

بئرَ سبعَ = *Beer Scheva*

- les nombres cardinaux et ordinaux de 11 à 19 (*cf.* 20) :

أحدَ عشرَ ... تسعةَ عشرَ (11 à 19, masculin), etc.

- autres :

ليلَ نهارَ = *nuit et jour* / صباحَ مساءَ = *matin et soir*

• fusion entre deux mots

C'est surtout le cas des mots (noms ou adjectifs) composés avec la négation لا :

اللا نهاية = *l'infini* / اللا شيء = *le néant*

اللا شعور = *l'inconscient* / اللا مركزيّة = *la décentralisation*

لا دينيّ = *irréligieux, athée* / لا مادّيّ = *immatériel*

N.B. : pour traduire le substantif *capital*, l'arabe a eu recours à l'association de deux mots : رأس et مال . Le résultat est assez instable. On peut trouver الرأسمال ou رأس المال . La fusion sera de règle pour l'adjectf رأسماليّ ainsi que pour le substantif الرأسماليّة = *le capitalisme*.

EXERCICES (7 à 13)

7. Les noms (corrigé p. 312-313)

A. (7.2) - Cherchez dans le dictionnaire le nom d'action des verbes suivants et indiquer leur schème :

۱. قتل (tuer) / ۲. شكر (remercier) / ۳. فصل (séparer) /
٤. جلس (s'asseoir) / ٥. زرع (planter) / ٦. مرّ (passer) /
۷. عرض (présenter) / ۸. سهر (veiller) / ۹. دلّ (montrer) /
۱۰. رأس (présider)

B. (7.3) - Trouvez le "nom d'une fois" des verbes suivants :

۱. أكل (manger) : .. (repas, plat) / ۲. قفز (sauter) : .. (saut) /
۳. ركض (courir) : ... (course) / ٤. تظاهر (manifester) : ...
(manifestation) / ٥. فعل (faire) : ... (action, acte) / ٦. نظر
(regarder) : ... (regard, coup d'œil)

C. (7.4) - Trouvez le "nom d'unité" de chacun des noms génériques suivants et traduisez-le :

۱. خَشَب (bois) / ۲. حَديد (fer) / ۳. غَيْم (nuages) / ٤. لَيْل
(nuit) / ٥. خُبْز (pain) / ٦. بَيْض (œufs) / ۷. قَمح (blé)

D. (7.6) - Traduisez les "noms de lieux" suivants (après avoir cherché le sens de la racine) :

۱. مسكَن / ۲. مجزرة / ۳. معمَل / ٤. موقف / ٥. ملعَب /
٦. مجلِس / ۷. مخبزة / ۸. مرسى / ۹. مسبَح / ۱۰. مركَب

8. Les noms-adjectifs (corrigé p. 313)

A. Indiquez le schème des adjectifs suivants, puis mettez au masculin ceux qui sont au féminin et cherchez leur sens dans le dictionnaire :

۱. حكيم / ۲. خفيف / ۳. رسّام / ٤. شريف / ٥. جلّاد /
٦. بديع / ۷. نظيف / ۸. خطّاط / ۹. عريض / ۱۰. خطير /
۱۱. عميق / ۱۲. زبّال / ۱۳. أحول / ۱٤. أعرج / ۱٥. حديث /

١٦. حــدّاد / ١٧. أعــوج / ١٨. قــديم / ١٩. أعــســر /
٢٠. طيّار /٢١. ســوداء / ٢٢. مــسرحيّ / ٢٣. عــرجــاء /
٢٤. رياضيّ / ٢٥. طبّيّ / ٢٦. جامعيّة / ٢٧. شقراء .

B. (8.3) - Formez l'élatif de chacun des adjectifs suivants :

١. خفيف (léger) / ٢. بسيط (simple) / ٣. لذيذ (délicieux) /
٤. حسن (beau, bon) / ٥. سعيد (heureux) / ٦. قــويّ (fort) /
٧. رديء (mauvais) / ٨. حــبيب (bien aimé) / ٩. قـديم
(ancien) / ١٠. قليل (peu nombreux) .

9. Le genre des noms (corrigé p. 313)

A. (9.4) - Quel est le féminin des noms-adjectifs suivants ?

١. أسـود (noir) / ٢. مَلِك (roi) / ٣. كَسْلان (paresseux) /
٤. طالِب (étudiant) / ٥. رَجُــل (homme) / ٦. أصغــر
(plus petit) / ٧. أخير (dernier) / ٨. أحدب (bossu) .

10. Déclinaisons du nom au singulier (corrigé p. 314)

A. Mettez ces noms aux trois cas (sujet, direct et indirect) en indiquant clairement la voyelle finale.

١. الكتــاب / ٢. دار / ٣. الوادي / ٤. أكبــر / ٥. راع /
٦. المقهى / ٧. معنى / ٨. أسود / ٩. صفراء / ١٠. ماء .

B. (10.3) - Complétez avec le nom أب :

١. جاء ...كامل / ٢. سلّمت المعلّمة على ... التلميــذ /
٣. رأينا ... كامل / ٤. جاء معه ...٥ / ٥. رأيت ...ك معهم .

11. Déclinaison du nom au duel (corrigé p. 314)

A. Mettez le nom souligné au duel :

١. اشتريت لك كتاباً / ٢. تكلّمت مع المعلّمة / ٣. أخو محمّد
في الخارج / ٤. سافرت مع والدِ مريم / ٥. له عينٌ خضراءُ .

12. Déclinaisons du nom au pluriel (corrigé p. 314)

A. Mettez le nom souligné au pluriel :

١. وصل <u>معلّم</u> التلميذ / ٢. تكلّمت مع <u>المعلّمة</u> / ٣. أين <u>البنّاء</u> ؟ / ٤. سأقدّم لك <u>فتاة تونسيّة</u> / ٥. جئت مع <u>مهندس</u> المصنع .

B. Mettez le nom souligné masculin au féminin et vice-versa :

١. أين <u>الفرنسيّون</u> ؟ / ٢. يفتّش عن <u>مسلمات الحيّ</u> / ٣. تكلّمت مع <u>المدرّسين المصريّين</u> / ٤. هذا مكتب <u>المفتّشات</u> / ٥. <u>مُضيفونا</u> في الطائرة .

13. Les pluriels internes (corrigé p. 314-315)

A. Après avoir donné le schème de chacun de ces pluriels internes, précisez quel est son singulier (à l'aide du dictionnaire si nécessaire) et traduisez :

١. صِغار / ٢. ضُيوف / ٣. أعْراس / ٤. أعْيُن / ٥. كُتّاب / ٦. أحْذِية / ٧. قَتَلَة / ٨. أقْوال / ٩. فِثْران / ١٠. أمَراء / ١١. هَدايا / ١٢. أعِزّاء / ١٣. مَطابع / ١٤. مَساكِن / ١٥. مَساكين / ١٦. قَوافِل / ١٧. قَياصِرة / ١٨. قَناديل / ١٩. ضَرائِب .

B. Formez le pluriel interne de chacun des mots suivants (on vous donne pour chaque groupe le schème entre parenthèses) :

– (أفْعال) ١. عَدَد / ٢. فكْرة / ٣. صَوْت / ٤. عام / ٥. عَمّ

– (فُعول) ٦. فَلْس / ٧. خَيْل / ٨. قَصْر / ٩. بَنْك / ١٠. بَذْر

– (مَفاعل) ١١. مَرْكَب / ١٢. مَقْبَرة / ١٣. مَوْضِع / ١٤. مَدْخَل

– (فَعائِل) ١٥. كَنيسة / ١٦. عَروس / ١٧. دَلالة / ١٨. فَطيرة

– (فَواعِل) ١٩. عاطفة / ٢٠. ظاهِرة / ٢١. طابِق / ٢٢. عاصِمة

16. Les pronoms personnels

(→ exercices p. 124)

Il existe deux catégories de pronoms personnels :

- les pronoms isolés (الضَّمير المُنْفَصِل)
- les pronoms suffixes (الضَّمير المُتَّصِل)

Cf. aussi la partie *syntaxe* (29).

16.1 Les pronoms isolés

الضمير المنفصل		3e personne الغائب	2e personne المخاطب	1re personne المتكلّم
singulier	masc.	هُوَ	أَنْتَ	أَنا
	fém.	هِيَ	أَنْتِ	
duel masc./fém.		هُما	أَنْتُما	
pluriel	masc.	هُمْ	أَنْتُمْ	نَحْنُ
	fém.	هُنَّ	أَنْتُنَّ	

Remarques :

- il n'y a pas de distinction entre le masculin et le féminin à la 1re personne ni au duel,

- un même pronom est utilisé pour le duel et le pluriel à la 1re personne,

- deux pronoms finissent par un soukoun : هُمْ et أَنتُمْ . Quand le mot qui suit est un article (ou un relatif), la voyelle de liaison sera une ḍamma :

ها هُمُ الوزراء = *voici les ministres !*

- contrairement au français, l'ordre de préséance sera le suivant : 1re, puis 2e, puis 3e personne :

أَنا وأَنتَ = *toi et moi*

16.2 Les pronoms suffixes

الضمير المتّصل		3e personne الغائب	2e personne المخاطب	1re personne المتكلّم
singulier	masc.	٩ .. ه ou .. ٥	كَ ..	ي ..
	fém.	ها ..	كِ ..	
duel	masc./fém.	هُما .. ou .. هِما	كُما ..	
pluriel	masc.	هُمْ .. ou .. هِمْ	كُمْ ..	نا ..
	fém.	هُنَّ .. ou .. هِنَّ	كُنَّ ..	

Remarques :

— les remarques faites pour les pronoms isolés sont valables pour les pronoms suffixes,

— un pronom suffixe peut s'accrocher :

- à un nom (en annexion) : كتابها = *son livre (à elle)*

- à une préposition (ou quasi-préposition) : مَعَهُ = *avec lui*

- à un verbe (le pronom est complément direct) :

ضرَبَنا = *il nous a frappés*

— à la 1re personne du singulier, le pronom suffixe est ني quand il complète un verbe : ضرَبَني = *il m'a frappé*

Il en est de même après les prépositions عَنْ et مِنْ (finissant par un soukoun) et le plus souvent après أنَّ , لكنَّ , لأنَّ :

عَنّي = عَنْ + ي / مِنّي = مِنْ + ي

لأنّني = *parce que je...* (on peut dire aussi لأنّي).

Sinon, le pronom ي efface la voyelle finale du nom ou de la préposition (sauf s'il s'agit d'une voyelle longue) :

كتابي (*mon livre*) = كتابُ + ي / مَعي (*avec moi*) = مَعَ + ي

Dans le cas où le nom ou la préposition se termine par une

voyelle longue, le pronom ي porte une faṭḥa :

والداي َ = والدا + ي (*mes deux parents*)

عليَّ = علَيْ + ي (*sur moi*)

- à la 3e personne (sauf au féminin singulier), la voyelle du ه est en principe une ḍamma, sauf si le pronom est précédé d'une kasra ou d'un ي portant soukoun : on a alors une kasra :

ضربتَهُ = *tu (masc.) l'as frappé* / ضربتِهِ = *tu (fém.) l'as frappé*

بيتُهُم = *leur maison* / في بيتِهِم = *dans leur maison*

فكّرتُ فيه = *j'ai pensé à cela (j'y ai pensé)*

سلّمتُ علَيْهِما = *je les ai salués (eux deux)*

- quant à la préposition لِ , elle devient لَ quand elle est suivie d'un pronom suffixe (sauf devant le ي où l'on a لِي , ce qui est conforme aux règles précédentes) :

لَهُ = لِ + هُ (*à lui*) / لمحمّد = لِ + محمّد (*à Mohammed*)

... لَكُنَّ / لَكُمْ / لَنا / لَها / لَهُ / لَكِ / لَكَ / لِي ...

- après un verbe se terminant par وا (3e personne du masculin pluriel), le ا final du verbe disparaît :

كتبوها = كتبوا + ها = *ils l'ont écrite*

- après un verbe à la 2e personne du masculin pluriel du passé, on ajoute un و pour la liaison :

كتبتُمُوه = كتبتُمْ + ه = *vous l'avez écrit*

- le pronom suffixe complète aussi la particule إيّا (, إيّايَ / إيّاكَ / إيّاكِ / إيّاهُ / إيّاها / إيّانا ...) surtout utilisée avec les verbes ayant deux compléments (comme le verbe يعطي ، أعطى = *donner* - cf. 38.2) ou dans le sens de *prendre garde* :

أعطتْكَ إيّاها = *elle te l'a donnée*

أنا وأنتَ = *toi et moi* (courant en dialecte) أنا وإيّاكَ

إيّاكَ أنْ تخرجَ = *gare-toi de sortir !* إيّاكَ = *gare à toi*

17. Les démonstratifs

(اسْم الإشارة)

(→ exercices p. 125)

Il existe deux catégories de démonstratifs (*cf.* aussi 30) :
- les démonstratifs de proximité (*cf. celui-ci* ou *ce ...-ci*),
- les démonstratifs d'éloignement (*cf. celui-là* ou *ce ...-là*).

اسم الإشارة	Proximité		Éloignement	
	Masc.	Fém.	Masc.	Fém.
Singulier	هذا	هذه	ذلِكَ	تِلْكَ
Duel Cas Sujet	هذانِ	هاتانِ	ذانِكَ	تانِكَ
Cas direct et Indirect	هذَيْنِ	هاتَيْنِ	ذَيْنِكَ	تَيْنِكَ
Pluriel	هؤُلاءِ		أُولائِكَ	

Remarques :

— tous les démonstratifs de proximité commencent par la syllabe longue هـا . Par convention, le ا ne s'écrit pas sauf au duel féminin. Si l'on voulait mettre tous les signes vocaliques, il faudrait ajouter sur le هـ un 'alif suscrit (هٰذا - *cf.* 1.7).

Il en va de même pour le ذ de ذلك. Il faut prononcer comme s'il était écrit :

ذالِكَ / هاؤُلاءِ / ... / هاذِه / هاذا

Cela s'explique par l'origine de ces mots, formés d'un démonstratif de base (que l'on retrouve parfois tel quel) précédé de هـا . Les formes les plus usitées encore aujourd'hui de ce démonstratif de base sont :

ذا ou ذاكَ (masc. sing.) / ذي (fém. sing.) / أُولاءِ (plur.)

— on trouve parfois هاتِه ou هاتي au lieu de هذه

— il faut noter aussi que l'article الـ peut avoir une valeur démonstrative : اليوم = *ce jour-ci, aujourd'hui.*

18. Les relatifs

(الاسْم المَوْصول)

(→ exercices p. 125)

Il ne s'agit pas d'un *pronom* mais d'un mot de liaison dans lequel on peut reconnaître l'équivalent de l'article الـ suivi d'un mot rappelant le démonstratif de base (*cf.* aussi 46).

الاسـم الموصول	*Masculin*	*Féminin*
Singulier	الَّذي	الَّتي
Duel — *Cas Sujet*	اللَّذانِ	اللَّتانِ
Cas Direct et Indirect	اللَّذَيْنِ	اللَّتَيْنِ
Pluriel	الَّذينَ	اللاتي ou اللَّواتي

Remarques :

— comme l'article, le relatif commence par une hamza instable : elle ne se prononcera donc qu'après une pause (ou en début de phrase). Sinon, on fera la liaison (*cf.* 1.5 et 25.2) :

هو الذي جاء [huwa lladî jâ'a] = *c'est lui qui est venu*

— le relatif n'est déclinable qu'au duel, comme le démonstratif,

— outre ces relatifs qui s'accordent avec l'antécédent, il existe trois mots pouvant être utilisés comme interrogatifs ou comme relatifs indéfinis :

مَنْ = *qui, celui qui, ceux qui* (renvoyant à des personnes)

ما = *que, ce qui, ce que* (renvoyant à des choses)

أيّ = *lequel, quel, quel... que ce soit* (renvoyant aux deux)

مِن et ما sont invariables. Par contre, أيّ se comporte comme un nom déclinable , dont أيّة est une variante au féminin.

N.B. : le ـ de مَن et de ما assimilent le ن final des prépositions : عَن et مِن . Ex. : ما + مِن → مِمّا , etc. (*cf.* 19).

19. Les interrogatifs

(→ exercice p. 126)

On peut distinguer formellement les pronoms interrogatifs (أَسْماءُ الاسْتِفْهام : au nombre de trois : مَنْ , ما et أَيّ) et les particules interrogatives (أَدَوات الاسْتِفْهام).

Voici la liste des principaux interrogatifs :

- avec quoi ?	– بِمَ ؟	est-ce que ?	هَلْ ؟
quel... ?	أَيَّ ... ؟	est-ce que ?	أ ... ؟
où ?	أَيْنَ ؟	qui ?	مَنْ ؟
- vers où ?	– إلى أَيْنَ ؟	- avec qui ?	– مَعَ مَنْ ؟
- d'où ?	– مِنْ أَيْنَ ؟	- à qui ?	– لِمَنْ ؟
quand ?	مَتى ؟	- de qui ?	– عَمَّنْ ؟
comment ?	كَيْفَ ؟	quoi ? que ?	ما / ماذا ؟
combien ?	كَمْ ... ؟ بِكَمْ ؟	- pourquoi ?	– لِماذا ؟ لِمَ ؟
		- de quoi ?	– مِمَّ ؟

Remarques :

— l'interrogatif أ (qui s'accroche au mot qui suit) sera utilisé devant une négation (أما ؟ / أَلَمْ ؟ / أَلا ؟ / أَلَيْسَ ؟) ainsi qu'en corrélation avec la particule أَمْ (et parfois أَوْ) :

أَلَيْسَ كذلك ؟ = *n'est-ce pas ainsi ?*

أهو هنا أَمْ في البيت ؟ = *est-il ici ou à la maison ?*

— suffixé à certaines prépositions, l'interrogatif ما perd son
'alif :

$$فيمَ = في + ما \ / \ بِمَ = بِ + ما$$

et aussi : مِمَّ / إلامَ / عَمَّ / علامَ / حَتَّامَ

(on peut aussi trouver : حتَّى مَ et على مَ)

— de même, précédés d'une préposition, les interrogatifs مَن
et ما s'y accrochent la plupart du temps. Avec les prépositions
عَنْ et مِنْ , le ن final de la préposition est assimilé par le م
initial de l'interrogatif :

$$عَمَّنْ = عَنْ + مَنْ \ / \ مِمَّ = مِنْ + ما$$

— l'interrogatif أيّ (toujours au singulier) se décline et est
généralement complété par un nom au singulier dont il peut
prendre le genre (de plus en plus fréquemment, أيّ reste au
masculin, même complété par un nom féminin) :

أيُّ شَيْءٍ تريد ؟ = *(quelle chose) que veux-tu ?*

في أيِّ ساعةٍ ؟ = في أيَّةٍ ساعةٍ ؟ = *à quelle heure ?*

— l'interrogatif كم peut être :

• suivi d'un nom indéfini au singulier et au cas direct dont la
fonction s'appelle *spécificatif* (تمييز) :

كَمْ مَرَّةً جاء ؟ = *combien de fois est-il venu ?*

• suivi de la préposition مِنْ avec un nom au pluriel ou au
singulier (quantité ou volume important ou difficile à
dénombrer) :

كَمْ مِنْ الناس رأيتَ ؟ = *combien de personnes as-tu vues ?*

كَمْ مِنْ الوقت ... ؟ = *combien de temps... ?*

• précédé de la préposition بِ :

بِكَمْ اشتريتَها ؟ = *combien l'as-tu achetée ?*

20. Les nombres

(→ exercices p. 127)

20.1 Chiffres "arabes", chiffres "indiens"

On emploie deux catégories de chiffres dans le monde arabe :

- les chiffres dits *arabes* (= ceux dont nous nous servons en Occident) utilisés au Maghreb, et transmis à l'Europe par les Arabes à l'époque médiévale,

- les chiffres dits *indiens*, utilisés au Moyen-Orient et en Egypte. Ils sont postérieurs aux premiers et fonctionnent exactement de la même façon.

arabes	0	1	2	3	4	5	6	7	8	9
indiens	.	١	٢	٣	٤	٥	٦	٧	٨	٩

Ex. : 1645 = ١٦٤٥ / 8032 = ٨٠٣٢

Le chiffre des unités est situé à droite comme en français. De même pour les nombres décimaux, le chiffre des unités est situé à gauche de la virgule : 18,97 = ١٨,٩٧ . On ne peut pas commencer par un zéro (comme en français : 01).

20.2 Nombres cardinaux

Les nombres constituent un chapitre complexe de la grammaire arabe ; d'ailleurs on entendra souvent les nombres prononcés en dialecte (avec simplification des règles).

• De 0 à 19 :

- 0 se dit صِفْر (d'où vient le français *chiffre*). C'est un substantif qui ne varie pas en genre.

- 1 (واحد) est un adjectif (déclinaison à 3 cas et fém. en ة).

- 2 (اثنان) est un adjectif qui suit la déclinaison du duel (cas direct et indirect : اثنين , féminin : اثنتان / اثنتين).

- de 3 à 10, on a des substantifs qui se déclinent aux trois cas. C'est au masculin qu'ils prennent un ة . Attention : ثمان (8) suit la déclinaison des noms de racine défectueuse :

ثماني بنات mais ثمانٍ = *huit filles*

- de 11 à 19, les noms sont figés avec une fatḥa en finale. Le
nom d'unité est suivi sans coordination de la dizaine (qui suit la
règle traditionnelle du féminin : ة au féminin).

Féminin	Masculin	de 0 à 19
صِفْر		٠ / 0
واحدة	واحد	١ / 1
اِثْنَتان	اِثْنان	٢ / 2
ثَلاث	ثَلاثة	٣ / 3
أرْبَع	أرْبَعة	٤ / 4
خَمْس	خَمْسة	٥ / 5
ستّ	ستّة	٦ / 6
سَبْع	سَبْعة	٧ / 7
ثَمانٍ	ثَمانية	٨ / 8
تِسْع	تِسْعة	٩ / 9
عَشْر	عَشْرة ou عَشَرة	١٠ / 10
إحْدَى عَشْرَةَ	أحَدَ عَشَرَ	١١ / 11
اِثْنَتا عَشْرَةَ	اِثْنا عَشَرَ	١٢ / 12
ثَلاثَ عَشْرَةَ	ثَلاثةَ عَشَرَ	١٣ / 13
أرْبَعَ عَشْرَةَ	أرْبَعةَ عَشَرَ	١٤ / 14
خَمْسَ عَشْرَةَ	خَمْسةَ عَشَرَ	١٥ / 15
ستَّ عَشْرَةَ	ستّةَ عَشَرَ	١٦ / 16
سَبْعَ عَشْرَةَ	سَبْعةَ عَشَرَ	١٧ / 17
ثَمانيَ عَشْرَةَ	ثَمانية عَشَرَ	١٨ / 18
تِسْعَ عَشْرَةَ	تِسْعةَ عَشَرَ	١٩ / 19

• Les dizaines :

Ce sont les pluriels sains masculins des noms de nombre de 3 à 9, sauf عِشْرونَ (20) qui est inattendu.

سِتّونَ	٦. / 60	عِشْرونَ	٢. / 20
سَبْعونَ	٧. / 70	ثَلاثونَ	٣. / 30
ثَمانونَ	٨. / 80	أرْبَعونَ	٤. / 40
تِسْعونَ	٩. / 90	خَمْسونَ	٥. / 50

Les nombres intermédiaires sont formés du nom d'unité suivi de la dizaine (l'arabe donne le chiffre des unités avant celui des dizaines). Ces deux noms sont coordonnés par وَ et se déclinent normalement. Seules les unités changent entre le masculin et le féminin.

Féminin	Masculin	de 20 à 23
عِشْرونَ		٢. / 20
واحِدةٌ وَعِشْرونَ	واحِدٌ وَعِشْرونَ	٢١ / 21
اثْنَتان وَعِشْرونَ	اثْنان وَعِشْرونَ	٢٢ / 22
ثَلاثٌ وَعِشْرونَ ...	ثَلاثةٌ وَعِشْرونَ ...	٢٣ / 23

N.B. : pour 21 (31, etc...) on peut encore trouver :

إحدى وعشرون et أحد وعشرون .

Hors contexte, on utilisera plutôt pour les dizaines la déclinaison en ين : سبعة وعشرين = 27.

• Les centaines :

100 s'écrit مائة ou parfois مئة mais se prononce toujours [mi'a]. Pour 200, on utilise le duel. De 300 à 900, le mot مائة est annexé (singulier et cas indirect) au nombre de centaines. Celui-ci est dépourvu de ة et se décline.

Les centaines sont parfois écrites en deux mots : ثَلاثُ مائةٍ .

سِتُّمائةٍ	٦.. / 600	مائَتانِ	٢.. / 200
سَبْعُمائةٍ	٧.. / 700	ثَلاثُمائةٍ	٣.. / 300
ثَمانمائةٍ	٨.. / 800	أرْبَعُمائةٍ	٤.. / 400
تِسْعُمائةٍ	٩.. / 900	خَمْسُمائةٍ	٥.. / 500

L'ordre est : centaines - unités - dizaines.

564 se dira donc : خمسمائة وأربعة وستّون

• **Les milliers** : 1 000 s'écrit أَلْف (pluriel : آلاف).

Pour 2 000, on utilisera le duel : أَلْفانِ

أَحَدَ عَشَرَ أَلْفاً / 11 000 ... ثَلاثَةُ آلافٍ = 3 000

خَمْسُمائة أَلْفٍ = 500 000 / ثَلاثون أَلْفاً = 30 000

L'ordre est : milliers - centaines - unités - dizaines.

3721 se dira donc : ثلاثة آلاف وسبعمائة وواحد وعشرون

N.B. : anciennement, l'ordre était : unités - dizaines - centaines - milliers -..., conformément au sens de la lecture :

واحد وعشرون وسبعمائة وثلاثة آلاف = 3721

• **Les millions et les milliards** :

million = مَلْيُونٌ (pl. : مَلايِين)

milliard = مِلْيار (pl. : مِلْيارات)

• **Accord et déclinaison - récapitulation** :

- les dizaines, les centaines et les milliers ne s'accordent pas en genre avec le nom compté, contrairement aux nombres de 1 à 19 et aux unités,

- les nombres de 11 à 19 sont indéclinables, sauf اثنا (عشر) et اثنَيْ (عشر) qui se déclinent et peuvent devenir اثنتا (عشرة) et اثنتَيْ (عشرة) aux cas direct et indirect,

- les autres nombres se mettent au cas voulu par leur fonction,
- pour les nombres composés comme ثلاث , ثلاثمائة se mettra
au cas voulu, مائة restant au cas indirect (complément de ثلاث).

20.3 Nombres ordinaux

• De 1 à 10 :

- *premier* est bâti sur le schème أفـعل : أوّل (أُولى au
féminin).

- *deuxième* est bâti sur le schème d'un participe actif de racine
défectueuse : الثاني - ثانٍ) féminin : ثانية).

- de *troisième* à *dixième*, l'ordinal est bâti sur le schème فاعل à
partir de la racine du cardinal. Une exception pour ستّة qui
donne سادس.

Tous ces ordinaux se déclinent et s'accordent en genre. Pour les
définir, on les fait précéder de l'article :

السيّارةُ الثالثةُ = *la troisième voiture*

في الكتاب الخامس = *dans le cinquième livre*

Féminin	Masculin	de 1 à 10
أولى	أوّل	*premier*
ثانية	ثانٍ (الثاني)	*deuxième*
ثالثة	ثالث	*troisième*
رابعة	رابع	*quatrième*
خامسة	خامس	*cinquième*
سادسة	سادس	*sixième*
سابعة	سابع	*septième*
ثامنة	ثامن	*huitième*
تاسعة	تاسع	*neuvième*
عاشرة	عاشر	*dixième*

Utilisés au cas indirect indéfini, ils signifient *premièrement,*
deuxièmement, etc. :

أَوَّلاً = *premièrement* / سادِساً = *sixièmement...*

• De 11 à 19 :

De 12 à 19, ils sont composés des ordinaux précédents que l'on
fait suivre de عَشَر pour le masculin et de عَشْرة pour le
féminin. Pour 11, on utilise le mot الحادي / حادٍ au lieu de أوَّل.
Ils sont indéclinables (chaque mot se termine par une fatḥa).
Pour les définir, seul le premier mot prend l'article :

المجلّدُ الخامسَ عشرَ = *le quinzième tome*

Féminin	Masculin	de 11 à 19
حاديةَ عَشْرةَ	حادِيَ عَشَرَ	onzième
ثانيةَ عَشْرةَ	ثانِيَ عَشَرَ	douzième
ثالثةَ عَشْرةَ ...	ثالثَ عَشَرَ ...	treizième...

• De 20 à 99 :

Les ordinaux des dizaines sont semblables aux cardinaux :

الليلةُ العِشرونَ = *la vingtième nuit*

Pour les nombres intermédiaires, on fait précéder la dizaine de
l'ordinal de l'unité (les deux mots sont coordonnés par و). Les
deux mots s'accordent en cas et prennent l'article si nécessaire,
mais seul le nom d'unité s'accorde en genre :

في الليلةِ الحاديةِ والخمسينَ = *dans la 51e nuit*

• 100 et plus : on utilise les constructions suivantes :

المائة = *le centième* / الواحد بعد المائة = *le cent-unième*

الثالث والسبعون بعد المائة = *le 173 e*

الخامس بعد الألف = *le 1005 e*

20.4 Fractions

• De 1/2 à 1/10 :

- *demi* se dit نِصْف (pluriel : أنْصاف),

- du *tiers* au *dixième*, on bâtit la fraction à partir de l'ordinal sur le schème فُعْل (pluriel : أفْعال).

demi	نِصْف ج أنْصاف	quart	رُبْع ج أرْباع
tiers	ثُلْث ج أثْلاث	cinquième	... خُمْس ج أخْماس

• Au-delà de 10 :

On utilise la périphrase : ... واحد مِنْ ou parfois ... جُزْء مِن :

واحد من ألف = جزء من ألف = *un millième*

20.5 Multiples

• On utilise le nom ضِعْف (pl. : أضْعاف) qui signifie *fois, double* en combinaison avec un cardinal :

ضِعْف = *double* / ثلاثة أضعاف = *triple* / etc.

N.B. : le duel de ضِعْف n'est pas utilisé. De plus, أضعاف, seul, signifie *bien plus*...

• Pour rendre les préfixes *uni-..., bi-..., tri-..., quadri-...,* on utilise le schème فُعاليّ : أُحاديّ, ثُنائيّ, ثُلاثيّ, رُباعيّ ...

20.6 Approximations

- Pour une approximation *(une douzaine, une trentaine,...)*, on se sert des quasi-prépositions نحو ou حوالي = *environ* :

نَحْوَ ثلاثين = *une trentaine* / حوالَيْ اثني عشر = *une douzaine*

نحو الثلاثين من الدفاتر = نحو ثلاثين دفترًا

= *une trentaine de livres*

- A noter l'usage courant des dizaines (avec un pluriel externe féminin) pour rendre notre expression *les années...* :

الثمانينات = *les années 80* / الثلاثينات = *les années 30*

21. Les prépositions

(→ exercices p. 128)

La grammaire arabe distingue formellement deux catégories :

- les *prépositions proprement dites* (حروف الجرّ) : une dizaine sont vraiment usitées,

- les *quasi-prépositions* (ظروف). Ce sont des noms généralement au cas direct qui, complétés par des substantifs au cas indirect, jouent le même rôle que les prépositions. Elles indiquent notamment le lieu ou le temps. Elles peuvent presque toutes être précédées d'une préposition (essentiellement من , لـ , بـ) et se mettent alors au cas indirect.

21.1 Principales prépositions (proprement dites)

| بـ |

Mot d'une lettre : il s'accroche au mot qui suit.

• *avec, au moyen de* (instrument) :

يكتب بقلم = *il écrit avec un stylo*

اشتراه بدينار = *il l'a acheté pour un dinar*

• *à, dans, pendant* (contiguïté temporelle ou spatiale) :

بالمدينة = *dans la ville* / بالليل = *pendant la nuit*

• particule du serment :

باللّه = *par Dieu !* / بحياتي = *par ma vie !*

• en combinaison avec d'autres mots :

- groupes prépositionnels : بغَيْرِ , بدونِ , بلا = *sans*

- interrogatifs : بكَمْ ؟ = *combien ?* / بمَ ؟ = *avec quoi ?*

- conjonctifs : بما أنّ ... = *étant donné que...*

- expressions adverbiales : بسُرْعة = *rapidement*

ببُطْء = *lentement* / بهدوء = *doucement*

بالضَّبْط = *exactement* / بصَراحة = *franchement*

• modifie le sens de certains verbes (de mouvement,

notamment) :

قام = *se lever* / قام بِـ = *entreprendre, accomplir*

سمع = *entendre* / سمع بِـ = *entendre parler de*

جاء = *venir* / جاء بِـ = *apporter qqch, amener qqn*

De même pour les autres verbes de mouvement :

ذهب بِـ = *emporter, emmener* / رجع بِـ = *rapporter, ramener*

• précédé de ما (interrogatif) :

ما بِكَ ؟ = *qu'as-tu ?*

• précédé de إذا (= *et voici que, soudain*) :

إذا بِه أمامي = *le voici soudain devant moi*

• précédé de ليس (construction peu usitée aujourd'hui) :

لَستَ بِطِفل = لَستَ طِفلاً = *tu n'es pas un enfant*

Voici quelques verbes usuels se construisant avec بِـ :

أمسك بِـ = *saisir* / اتّصل بِـ = *communiquer avec*

التقى بِـ = *rencontrer* / أمر بِـ = *ordonner*

تعلّق بِـ = *concerner, dépendre de* / التصق بِـ = *être collé à*

رحّب بِـ = *bien accueillir qqn* / أحسّ بِـ = *sentir, ressentir*

سمح بِـ = *permettre qqch* / اهتمّ بِـ = *prendre soin de*

في

• *dans, à* (lieu où l'on est), *dans, à, lors, durant* (temps) :

هو في السينما = *il est au cinéma*

في الساعة الرابعة = *à 4 h* / في اليوم التالي = *le jour suivant*

• *au sujet de, sur...* :

ماذا تقول في ذلك ؟ = *que dis-tu (au sujet) de cela ?*

• en combinaison avec d'autres mots :

- interrogatifs : فيمَ ؟ = *dans quoi ? à quoi ?*

- conjonctifs : ... فيما = *alors que...*

Cf. aussi les expressions :

فيما مَضى = *autrefois* / فيما يَلي = *ensuite, par la suite*

فيما يتعلّق بـ = *en ce qui concerne...*

Quelques verbes usuels se construisant avec في :

رغب في = *désirer* / فكّر في = *réfléchir, penser à*

شرع في = *se mettre à* / شكّ في = *douter de*

| إلى | Devient إِلَيْ devant un pronom suffixe.

• *à, vers, jusqu'à* (lieu où l'on va ou temps) :

ذهب إلى السينما = *il est allé au cinéma*

مِنَ الخَليج إلى المُحيط = *du Golfe (jusqu') à l'Océan*

• en combinaison avec d'autres mots :

- inter. : إلى أين ؟ = *(vers) où ?* / إلى متى ؟ = *jusqu'à quand ?*

- conjonctifs : ... إلى أنْ = *jusqu'à ce que*

• notez aussi les expressions suivantes :

هو أحَبُّ إلَيْها = *il lui est très cher*

... إلَيْكم الآن = *et voici (pour vous) maintenant*

Voici quelques verbes usuels se construisant avec إلى :

تطلّع إلى = *observer, examiner* / نظر إلى = *regarder*

أشار إلى = *montrer, indiquer* / تحوّل إلى = *se changer en*

أضاف إلى = *ajouter à* / احتاج إلى = *avoir besoin de*

دعا إلى = *appeler, inviter à* / اشتاق إلى = *désirer ardemment*

| مِنْ | Devient مِنَ devant un article et مِنِ devant des noms commençant par une hamza instable (comme ابن).

• *de, depuis, à partir de* (lieu d'où l'on vient ou temps) :

رجع مِنَ السينما = *il est revenu du cinéma*

مِنَ البِداية حتّى النهاية = *depuis le début jusqu'à la fin*

• marque l'origine, la cause ou la matière :

هي مِنْ لُبْنان = *elle est (originaire) du Liban*

خاف مِنّي / أنا مِنْكُم = *je suis des vôtres / il eut peur de moi*

سُتْرة مِنَ الصوف = *une veste de laine*

• marque le lieu du passage ou le moyen :

خرج مِنَ النافذة = *il sortit par la fenêtre*

• introduit le deuxième terme d'une comparaison :

هو أكبر مِنّي = *il est plus vieux que moi*

هو أصغر مِن أن يدخل = *il est trop jeune pour entrer*

• en combinaison avec d'autres mots :

  - gr. prép. : مِن فَوْقِ ... = *du haut de* / ... مِن عِنْدِ = *de chez*

    مِن أجْلِ = *pour, dans le but de...* etc.

  - interrogatifs : مِن أين ؟ = *d'où ?* / مِمَّنْ ؟ = *de qui ?*

    مِمَّ ؟ = *de quoi ?*

• en combinaison avec les relatifs مَنْ et ما (*cf.* 46.3).

• notez aussi les expressions suivantes bâties avec des adjectifs
ou des participes et suivies de أنْ ou de أنَّ :

... مِنَ المُمْكِن أنْ = *il est possible que...*

مِنَ المَعْروف (الغَريب / المُسْتَحيل) أن ...

= *il est connu (étrange, impossible) que...*

Voici quelques verbes usuels se construisant avec مِن :

تعجّب مِن = *s'étonner de* / اقترب مِن = *s'approcher de*

طلب مِن = *demander à* / انتهى مِن = *finir, achever de*

خاف مِن = *avoir peur de* / فرغ مِن = *achever de*

| عَلَى | Devient عَلَيْـ devant un pronom suffixe. |

• *sur, au-dessus de, près de* (lieu), *à* (temps) :

على الطريق = *sur la route* / على مَتْن طائرة = *en avion*

انتظر على الباب = *il attendit à la porte*

على عهد الملك = *à l'époque du Roi*

السلام عليكم = *que le salut soit sur vous !*

• *contre* : غضب علينا = *il s'est fâché contre nous*

• *selon, conformément à* :

على قوله = *selon sa parole* / على هذا النَحْو = *de cette façon*

• exprime l'obligation (*cf.* annexe A.1) :

(يَجِبُ) عَلَيْه أن يسكت = *il doit se taire*

• en combinaison avec d'autres mots :

- gr. prépositionnels : على حَسَب ... = *conformément à...*

- interrogatifs : علامَ ؟ = *pourquoi ? dans quel but ?*

- conjonctifs : على أنْ ... = *à condition que...*

على أنَّ ... = *cependant...*

- expressions adverbiales : على الإطلاق = *absolument*

• notez aussi les expressions suivantes :

ما لَهُ وعَلَيْه = *le pour et le contre*

على كُلِّ حال = *de toute façon*

• modifie le sens de certains verbes :

دخل = *entrer* / دخل على = *se présenter devant qqn*

حكم = *juger* / حكم على = *condamner qqn*

ضحك = *rire* / ضحك على = *se moquer de*

Voici quelques verbes usuels se construisant avec على :

اعتمد على = s'appuyer sur / دلّ على = montrer à, guider qqn

انتصر على = vaincre qqn / حصل على = obtenir

عثر على = découvrir / سلّم على = saluer qqn

قبض على = arrêter qqn / قصّ على = raconter à qqn

عَنْ   Devient عَنِ devant une hamza instable.

• marque l'éloignement, la séparation ou le détachement :

يَبْتَعِدُ عَنّا = il s'éloigne de nous

غاب عن أبصارنا = il a disparu de notre vue (= nos regards)

كفّ عَنِ الصَمْت = il renonça au silence (= il rompit le silence)

• introduit la chose cherchée ou découverte :

فتّش عَنِ الكَنْز = il a cherché le trésor

كشفت عن وجهها = elle a dévoilé (montré) son visage

سألْتُ عن طريقي = j'ai demandé mon chemin

• marque la défense et la préservation :

يُدافِع عَنْ حُقوقه = il défend ses droits

• marque l'origine :

عن طه حسين = d'après Taha Hussayn

عن المُدير = pour le Directeur = au nom du... (signature)

• en combinaison avec d'autres mots :

- interrogatifs : عَمَّ ؟ = de quoi ? / عَمَّنْ ؟ = de qui ?

- exp. adverbiales : عمّا قليل = عن قريب = sous peu

Quelques verbes usuels se construisant avec عن :

بحث عن = être satisfait de / رضي عن = chercher

انقطع عن = parler de / تحدّث عن = cesser de

نتج عن = être incapable de / عجز عن = résulter de

ـِلَ Mot d'une lettre : il s'accroche au mot qui suit. Devient لَ devant un pronom suffixe. Devant un nom précédé de l'article, le ا disparaît : لِلولد = لِـ + الولد .

• *pour, à cause de, du fait de...* (marque le but et la cause) :

لِذلك = *à cause de cela* = *c'est pourquoi...*

كتبتُ لِحبيبي = *je l'ai écrit pour mon bien-aimé*

• *en faveur de...* (s'oppose à على) :

دعا لَه = *il pria pour lui* ≠ دعا عليه = *il le maudit*

ما لَه وما عليه = *le pour et le contre, l'actif et le passif*

• marque la dépendance ou la relation (quand l'annexion est impossible ou lourde) :

المعهد الفرنسيّ لِلدراسات العربيّة

= *l'Institut français des études arabes*

• sert à exprimer la possession :

لي قميصٌ جديد = *à moi une nouvelle chemise* = *j'ai une...*

• introduit le destinataire (notamment après le verbe قال) :

قال لَهم = *il leur dit*

• marque la possibilité (suivi de أن) :

لَنا أن نرجع = *nous pouvons revenir, nous avons le droit de...*

• en combinaison avec d'autres mots :

- interrogatifs : لماذا / لِمَ ؟ = *pourquoi ?* / لِمَنْ ؟ = *à qui ?*
- gr. prépositionnel : لأَجْل ... = *à cause de, pour*
- conjonctif : لأَنّ = *parce que*

N.B. : cette préposition a aussi une valeur de conjonction (*cf.* 49.1).

كَ Mot d'une lettre : il s'accroche au mot qui suit. Il ne peut pas être suivi d'un pronom.

• *comme...* (équivalent de مِثْل qui, lui, peut avoir un pronom suffixe) :

كان وجهُها كَالقمر = *son visage était (beau) comme la lune*

• *en tant que...* :

قال لي كَمدير ... = *il me dit, en tant que directeur,...*

• en combinaison avec d'autres mots :

 - relatif : كَمَنْ = *comme quelqu'un qui...*

 - conjonctif : كَما = *comme, de même que* / كَأنْ = *comme si*

 - exp. adverbiale : كَذلك = *aussi, également, même*

| حَتّى | Ne peut pas être suivi d'un pronom suffixe, mais peut être suivi d'un pronom isolé (حتّى أنا). |

• *jusqu'à...* :

نام حتّى الصباحِ = *il dormit jusqu'au matin*

• *même, aussi, y compris*. Dans ce cas, حتّى n'a pas d'influence sur la fonction ni le cas du mot qui suit :

يعرف .. حتّى الصينيّة = *il connaît... même le chinois*

حتّى هو جاء معنا = *même lui est venu avec nous = lui aussi...*

N.B. : cette préposition a aussi une valeur de conjonction (*cf.* 49).

| مُنْذُ | Ne peut pas être suivi d'un pronom. Se présente parfois sous la forme مُذْ (archaïque). |

• *depuis, il y a, dès* :

يلعبون مُنْذُ ساعة = *ils jouent depuis une heure*

التقيتُ به مُنْذُ سنتين = *je l'ai rencontré il y a deux ans*

مُنْذُ الآن = *dès maintenant, désormais*

N.B. : cette préposition a aussi une valeur de conjonction, utilisée seule ou suivie de أنْ (*cf.* 49.4).

21.2 Les quasi-prépositions

Trois d'entre elles sont très proches des prépositions "proprement dites" par le sens et la morphologie :

مَعَ

• *avec, en compagnie de...* :

رجع مَعِي = *il est revenu avec moi*

• *au moment de...* (équivalent alors de عند) :

مع الصباح = عند الصباح = *au matin*

• sert à exprimer le fait d'avoir qqch sur soi, avec soi :

معها قلم = *elle a (avec elle) un stylo*

• *malgré, en dépit de...* : مع ذلك = *malgré cela*

C'est ce sens qui prévaut dans la locution مع أنّ = *bien que...*

Au cas direct indéfini مَعًا fonctionne comme un adverbe avec le sens de *ensemble, conjointement, simultanément*.

عِنْدَ

• *chez, auprès de...* : عنْدَ الطبيب = *chez le médecin*

• *au moment de...* : عند الصباح = *au matin*

C'est ce sens qui prévaut dans la locution عندما = *lorsque, au moment où, dès que* et dans la construction adverbiale عِنْدَئِذٍ = *alors, à ce moment-là*.

• sert à exprimer la possession :

عنده خِبْرة = *il a de l'expérience*

• *de l'avis de, pour (qqn), aux yeux de...* :

هذا العمل مُفيد عندي = *ce travail est utile à mes yeux*

لَدى   Devient لَدَيْ devant un pronom suffixe.

• équivalent de عند , mais beaucoup moins fréquent :

لدى وصوله = *lors de son arrivée*

• sert à exprimer la possession :

ليس لدَيْنا ثقة فيه = *nous n'avons pas confiance en lui*

N.B. : on peut trouver لَدُنْ (arabe classique) à la place de لدى .

Principales autres quasi-prépositions :

malgré	رَغْمَ [1]	*au cours de, pendant*	أَثْناءَ
contre	ضدَّ	*face à, en présence de*	إزاءَ
d'après, selon	طِبْقَ [1]	*devant, face à*	أَمامَ
à travers	عَبْرَ	*au lieu de*	بَدَلَ [1]
au lieu de	عِوَضَ [1]	*après*	بَعْدَ
dès, sitôt	فَوْرَ	*entre*	بَيْنَ
au-dessus de	فَوْقَ	*en face de*	تُجاهَ
en face de	قُبالةَ	*sous*	تَحْتَ
avant	قَبْلَ	*dès, lors de*	حالَ
aux environs de	قُرابةَ	*en face de*	حِذاءَ
près de	قُرْبَ	*autour de*	حَوْلَ
comme	مِثْلَ [2]	*lors, au moment de*	حِينَ
vers, environ	نَحْوَ	*à côté de*	جَنْبَ
derrière	وَراءَ	*à l'extérieur de*	خارِجَ
au milieu de	وَسْطَ	*pendant, à travers*	خِلالَ
conformément à	وَفْقَ [1]	*derrière*	خَلْفَ
à gauche de	يَسارَ	*à l'intérieur de*	داخِلَ
à droite de	يَمِينَ	*en deçà de, sans*	دُونَ

(1) on trouve aussi avec le même sens :

وَفْقًا لِـ / طِبْقًا لِـ / عِوَضًا عَنْ / رَغْمًا عَنْ / بَدَلاً عَنْ

(2) مثل s'accorde parfois suivant sa fonction dans la phrase :

أنتَ مثلُ أخي = *tu es comme mon frère*

(= *tu ressembles à mon frère en tout*)

أنتَ مثلَ أخي = *tu es comme mon frère (sur un certain point)*

Remarques :

• Ces "quasi-prépositions" peuvent être précédées d'une préposition proprement dite (alors que celle-ci ne peut être précédée d'une autre préposition). Dans ce cas, elles se mettent au cas indirect :

خرج مِنْ عِنْدِ الحَلاّق = *il sortit de chez le coiffeur*

نظرت مِنْ وَراءِ السِتارة = *elle regarda de derrière le rideau*

• Certaines peuvent aussi être utilisées comme des adverbes construits au cas sujet défini, sans complément, précédées ou non de la préposition مِن. C'est le cas notamment de :

بعد / قبل / تحت / فوق / أمام / وراء

Ex. : قد جاء مِنْ قَبْلُ = *il est venu auparavant* (= *il est déjà venu*)

• Il existe aussi un grand nombre de "groupes prépositionnels" dont voici quelques exemples :

بِجانِب ou إلى جانِب = *près de* / بِجِوارِ = *à côté de*

بالرَغْمِ مِنْ (عَنْ) = *malgré* / في أثْناءِ = *pendant*

On en trouvera un tableau plus complet en Annexe I.

22. Autres particules

(→ exercices p. 130)

Dans ce chapitre sont présentés tous les autres mots qui ne sont ni des verbes ni des noms et que l'arabe range dans la catégorie حروف = *particules*. Certains mots de cette catégorie ont déjà été présentés dans les chapitres précédents (les prépositions, les interrogatifs). Voici les autres :

22.1 Affirmations

نَعَمْ = *oui* / أَجَلْ = *oui* / أَيْ نَعَمْ = *bien entendu, mais oui*

بَلَى = *oui, si* (après une interro-négative)

Ex. : ألم تأكل ؟ = *Tu n'as pas mangé ?*

نعم (لم أكل) = *non* ≠ بَلى (أكلت) = *si (j'ai mangé)*

22.2 Négations

لا = *non* / كَلاّ = *non, pas du tout, certainement pas*

- du verbe (*cf.* 37.5 et 43) :

• *ne... pas...* : لا (présent) / لَمْ et ما (passé) / لَنْ (futur)

• *ne... pas encore* : لَم ... بَعْدُ / لَمّا

• *ne... jamais* : لَنْ ... أَبَداً / لَمْ ... قَطُّ

• *ne... que, seulement* : لا ... غَيْر / لا ... سِوى / لا ... إلاّ / فَحَسْبُ/فَقَطْ

- du nom (*cf.* 34.1) :

لا : négation absolue du nom : لا بُدَّ = *pas d'échappatoire*

ما عدا = سِوى = إلاّ = *sauf, excepté*

22.3 Particules modifiant le sens du verbe

• سَوْفَ ou سَـ : marques du futur (سَأَدرس = *j'étudierai*)

• قَدْ : devant un passé, قد (ou لَقَدْ) renforce le sens du passé.

Devant un muḍāriᶜ, قد marque la probabilité (= *peut-être - cf.* Annexe A.3).

22.4 Coordinations *(cf. 45)*

وَ ou فَـ = *et* / ثُمَّ = *puis* / أَوْ ou أَمْ = *ou* / بَلْ = *mais*

22.5 Les particules du manṣûb

Ces particules (subordonnantes) exigent presque toujours d'être suivies d'un verbe au manṣûb :

- أَنْ (= *que* , أَلاَّ pour une négative) et ses dérivés :

  قبل أَنْ (= *avant que*) / إلى أَنْ (= *jusqu'à ce que*) / ...

- لِـ ou كَيْ ou لِكَيْ (= *pour, pour que*)

- حَتَّى et فَـ (= *afin que*)

N.B. : فَـ est aussi une coordination et حَتَّى une préposition.

22.6 Les particules du cas direct *(cf. 36.4)*

Ces particules exigent d'être suivies d'un nom au cas direct (ou d'un pronom suffixe) :

- إِنَّ , أَنَّ (= *que*) et leurs dérivés :

  لأَنَّ (= *parce que*) / كَأَنَّ (= *comme si*) / فَإِنَّ (= *car*)

  على أَنَّ ou إِلاَّ أَنَّ ou غَيْرَ أَنَّ (= *cependant, mais*)

  ذلكَ أَنَّ (= *car*)

- لكِنَّ (= *mais*). NB. : on trouve parfois la forme allégée لكِنْ qui peut être suivie d'un nom ou d'un verbe.

- لَعَلَّ (= *peut-être, pourvu que*)

- لَيْتَ (= *ah si...!, pourvu que*)

22.7 La particule ما (seule et en combinaison)

La particule ما (déjà signalée comme négation) existe aussi comme subordonnant avec le sens de *tant que* :

سأبقى ما لم يخرج = *je resterai tant qu'il ne sera pas sorti*

On la trouve aussi en combinaison avec d'autres mots :

بَيْنَما (= *tandis que*) / عِنْدَما (= *lorsque*) / بَعْدَ ما (= *après que*)

رُبَّما (= *peut-être que*) / إنَّما (= *mais, seulement*)

لا سِيَّما (= *surtout*) / كَما (= *comme*) / دونَ ما (= *sans que*)

حالَما (= *dès que*) / حينَما (= *lorsque*)

لَمَّا (suivi d'un verbe au passé = *lorsque*)

غالبًا ما = طالَما = كَثيراً ما (= *souvent*)

نادِراً ما = قَلَّما (= *rarement*)

Voici enfin deux constructions très fréquentes avec ما :

- أمَّا .. فَـ .. (= *quant à...*) :

  أمَّا هو فهرب = *quant à lui, il a fui*

- ما أنْ .. حتَّى .. ou ما إنْ .. حتَّى .. (= *à peine... que*) :

  ما إنْ رأه حتَّى هرب = *à peine l'eut-il vu qu'il s'enfuit*

22.8 Les particules de la condition (*cf.* 50)

إذا (= *si, lorsque*) / إنْ (= *si*) / لَوْ (= *si*)

Particules formées avec :

- وإنْ : إنْ (= *même si*) / إلاَّ (لا + إنْ) (*sauf, excepté*)

  إمَّا (= *soit...*) / وإلاَّ = *sinon*

- ولَوْ : لَوْ (= *même si*) / لَوْلا (= *sans, si ce n'était...*)

Notons ici d'autres mots formés avec ما , qui ne sont pas des particules mais fonctionnent de la même façon :

أيْنَما (= *où que*) / حَيْثُما (= *partout où*)

كُلَّما (= *chaque fois que*) / مَهْما (= *quoique*)

De même, il faut noter ici les particules utilisées pour les *réponses* des phrases conditionnelles (*cf.* 50) que sont فَـ et لَـ .

22.9 Divers

- يا : particule du vocatif suivie d'un nom sans article (*cf.* 41). N.B. : يا , associé à لَـ , sert aussi à l'exclamation (*cf.* 42) :

  يا لَلحظّ ! = *quelle chance !*

• أَيُّها : particule du vocatif suivie d'un nom avec article (*cf.* 41).

• أَيْ = *c'est-à-dire* (*cf.* 45.6).

• ها : suivi d'un pronom suffixe de 2ᵉ personne, ce mot signifie *tiens !* (هاكُم / هاك / هاكِ).

Suivi d'un pronom isolé, il signifie : *voici* (aucune influence sur le reste de la phrase) :

ها هو المدير = *voici le directeur*

• هات (fém. : هاتي - pluriel : هاتُوا) : sorte de faux verbe à l'impératif qui se traduira par *donne ! (donnez !)*.

• إيّا : sert à accrocher un pronom suffixe (*cf.* 16.2 et 38.2).

• إذْ = *car, puisque* (*cf.* 45.6).

Notez aussi ces expressions adverbiales :

عنْدَئذٍ = وَقْتَئذٍ = حينَئذٍ = ساعَتَئذٍ = *à ce moment-là*

يَوْمَئذٍ = *ce jour-là*

Ces expressions formées à partir de إذ ont des synonymes construits avec le démonstratif ذاك : حينَذاك / عنْدَذاك

• إذا : cette particule de la condition (*cf.* 50) sert aussi à marquer la surprise : *et voici que, soudain*. On l'utilisera devant une phrase nominale, et elle sera souvent suivie de بـ :

كنّا نتكلّم وإذا بالمدير يفتح الباب

= *nous parlions et voici que le directeur ouvre la porte*

• إذَنْ (ou إذًا) = *donc, en conséquence* (*cf.* 45.6).

• لَـ : cette particule, appelée لام التَّوْكِيد (= *le lâm de corroboration*), peut précéder un nom ou un verbe pour lui donner plus de force dans le propos. Elle est notamment utilisée dans les phrases nominales :

إنّ قائدَنا لَبَطل = *notre chef est vraiment un héros*

EXERCICES (16 à 22)

16. Les pronoms personnels (corrigé p. 315)

A. Remplacez le nom souligné par le pronom qui convient :

۱. كتاب <u>الرجل</u> / ۲. <u>الدار</u> كبيرة /۳. دار <u>الفتاة</u> / ٤. سيّارة <u>الطالبات</u> / ٥. باب <u>الدار</u> / ٦. بنت أحمد و<u>فاطمة</u> / ۷. صاحب <u>الحيوانات</u> / ۸. <u>أبي</u> فيلسوف / ۹. باب <u>المدرسة</u> / ۱۰. أمام <u>الدارين</u> / ۱۱. مـع <u>المهندسَيْن</u> / ۱۲. عند <u>المعلّمين</u> / ۱۳. سكّان <u>المدن</u> / ۱٤. قرب <u>المسجد</u> / ۱٥. غروب <u>الشمس</u> / ۱٦. <u>الرجل</u> مريض / ۱۷. مكتب <u>المهندسينَ</u> / ۱۸. <u>الفتاة</u> حزينة / ۱۹. <u>المهندسون</u> في الشركة / ۲۰. طلّاب <u>المدارس</u> / ۲۱. <u>الطالبات</u> في المكتبة / ۲۲. <u>الحيوانات</u> في المزرعة / ۲۳. <u>المدارس</u> كثيرة / ۲٤. <u>الباصات</u> جديدة .

B. Remplacez tous les noms par les pronoms (isolés ou suffixes) qui conviennent. Ex. :

أحمد مع يوسف = هو معه

۱. فاطمة عند الطبيب / ۲. الطبيب في الدار / ۳. الدار قرب المسجد / ٤. المسجد أمام المحطّة / ٥. المسافرون في المحطّة / ٦. الطالبات في المكتبة / ۷. السيّارة عند البنات / ۸. أحمد وفاطمة في السينما / ۹. المهندس مع والديه / ۱۰. سيّاراتنا في الكراج (garage) .

C. Supprimez les noms en les remplaçant, si nécessaire par un pronom. Ex. :

يتكلّم المهندس العربيّة = يتكلّمها

۱. يعرف الطبيب فاطمة / ۲. يفهم يوسف كلامي / ۳. يسكن أخي في دمشق / ٤. يذهب عمّي إلى السينما / ٥. يكتب أبي رسالة / ٦. تقرأ أمّي الرسائل / ۷. تأكل البنت في المطعم / ۸. يذهب المهندس إلى الشركة / ۹. يسكن يوسف عند أمّه / ۱۰. يلعب ابني مع أولاد يوسف .

D. Traduisez en arabe (cf. exemple) :

Entre toi et moi = بيني وبينك

1. Entre elle et toi. 2. Entre elle et vous. 3. Entre vous et nous.
4. Entre elle et moi. 5. Entre lui et toi.

17. Les démonstratifs (corrigé p. 315-316)

A. Compléter avec le démonstratif qui convient :

هذا ou هذه ؟

١. لمن ... الكرة ؟ / ٢. ... بنتي سـمـيـرة / ٣. ... القلم
جميل / ٤. ... باب المدينة / ٥. سـأسـافـر إلى الهند ...
العام / ٦. ... أعلى جبل في بلادنا / ٧. ... الجمل لسمير /
٨. ... الناقة لعمّي / ٩. لا أعرف اسم ... البحر / ١٠. متى
عاش ... الخليفة ؟

B. Mettez au pluriel :

١. تلك الطبيبة ذكيّة / ٢. هذا الرجل من اليونان / ٣. هذه
البنت من تونس / ٤. ذلك الشيخ جاري / ٥. هذه بنتي /
٦. هذا ابن يوسف .

18. Les relatifs (corrigé p. 316)

A. Complétez avec le relatif qui convient :

١. هذه هي الفتاة ... تتعلّم العربيّة / ٢. هؤلاء هم ... يعملون
في الشركة / ٣. هذا هو الرجل ... يتكلّم العربيّة / ٤. هؤلاء
هنّ الطالبات ... يدرسن الفلسفة / ٥. هذان هما الطالبان ...
يتعلّمان الفرنسيّة / ٦. هاتان هما البنتان ... تدرسان
الهندسة .

B. Traduisez en arabe :

1. Voici l'homme qui étudie la philosophie. 2. Voici la fille qui
travaille dans l'entreprise. 3. Voici les ingénieurs qui

apprennent l'arabe. 4. Voici les étudiantes qui parlent arabe. 5. Voici les deux filles qui étudient l'ingénierie. 6. Voici les deux étudiants qui étudient la philosophie.

C. Comment traduiriez-vous en arabe le relatif français dans chacune des phrases suivantes :

مَن ou الذي ou ما ؟

1. J'ai vu l'homme *qui...* 2. Voici ce *que...* 3. C'est le livre *qui...* 4. C'est le stylo *que...* 5. C'est le chien *qui...* 6. Il me faudrait quelqu'un *qui...* 7. Il me faudrait quelque chose *qui...* 8. Je ne sais pas de *quoi...* 9. Je ne sais pas *qui...* 10. J'ai vu l'ami *qui...* 11. Je cherche quelqu'un *qui...* 12. Je ne sais pas ce *que...*

19. Les interrogatifs (corrigé p. 316)

A. Complétez avec l'interrogatif qui convient :

١. – ... تأتي إلينا ؟ – صباح غد / ٢. – ... أنت مستعدّ ؟ – نعم / ٣. – ... معك ؟ – ابن المدير /٤. – ... تسافـر ؟ – إلى عمـان /٥. – ... يسكن عليّ ؟ – مع أهله / ٦. – ... هي المشكلة ؟ – السيّارة عاطلة / ٧. – ... نذهب إلى هناك ؟ – بالسيّارة / ٨. – ... السيّارة ؟ – في الكراج / ٩. – ... ثمن هذا الكتاب ؟ – خمسون درهما / ١٠. – ... تبحثين ؟ – عن صاحب السيّارة / ١١. – ... جاؤوا ؟ – من الشمـال / ١٢. – ... اشتـريتَ هذه الزهور ؟ – لأمّي / ١٣. – ... تشربين ؟ – قهوة ، من فضلك ! / ١٤. – ... اشتريت هذا الحذاء ؟ – بعشرين دينارًا / ١٥. – ... تفكّرين ؟ – في الامتحان / ١٦. – ... لم تعمل أمس ؟ – لأنّي كنت مريضا / ١٧. – ... تبكين ؟ – لأنّي نسـيت رقم تلفـونه ! / ١٨. – ... لون تفضّلين ؟ – الأحمر .

20. Les nombres (corrigé p. 316-317)

A. (20.1) - Ecrivez en chiffres arabes les dates suivantes :

/ ١٢٥١ (٥) / ١١٨٧ (٤) / ١.٩٩ (٣) / ٨.. (٢) / ٦٢٢ (١)

/ ١٨٤٨ (١.) / ١٧٨٩ (٩) / ١٦١. (٨) / ١٤٥٣ (٧) / ١٥١٥ (٦)

/ ١٩٤٥-١٩٣٩ (١٣) / ١٩١٨-١٩١٤ (١٢) / ١٨٧. (١١)

١٩٦٨ (١٦) / ١٩٦٢ (١٥) / ١٩٥٨ (١٤)

B. Effectuez les opérations suivantes, mentalement, sans passer par les chiffres :

١. خمسة وعشرون + سبعة وثمانون / ٢. ثلاثة وتسعون + أحد عشر / ٣. تسعة وسبعون – ثلاثة وأربعون / ٤. مائة وواحد وخمسون – تسعة وستّون / ٥. ألف وخمسمائة – واحد وستّون / ٦. سبعة وعشرون × ثلاثة / ٧. خمسة وعشرون × عشرة .

C. Ecrivez en chiffres arabes les nombres suivants :

١. تسعة وأربعون / ٢. ثمانية وسبعون / ٣. ستّة وثلاثون / ٤. خمسة وتسعون / ٥. سبعة وخمسون / ٦. سبعمائة وخمسة وثمانون / ٧. تسعمائة وثلاثة وأربعون / ٨. ثمانمائة وسبعون / ٩. تسعة آلاف وثلاثمائة وتسعة وسبعون / ١٠. عشرون ألف وخمسمائة وستّة وستّون / ١١. سبعة وثمانون ألفا وأربعمائة وثلاثة وثمانون / ١٢. مليون وتسعمائة وثمانية وثلاثون ألفا وأربعمائة وسبعة وسبعون .

D. (20.3) - Traduisez en arabe :

1. Le 3ème homme. 2. Le 6ème jour. 3. Le 7ème ciel (سماء, féminin). 4. Le 15ème volume. 5. Le 20ème siècle. 6. Le 21ème siècle. 7. La 95ème année. 8. La 110ème page.

E. (20.4) - Traduisez en français :

١. ثلاثة كيلوات ونصف / ٢. الساعة الرابعة والربع /

٣. الساعة الحادية عشرة والثلث صباحًا / ٤. الساعة التاسعة والنصف مساءً / ٥. هذه ألف دينار ، لك نصفها ولي النصف الآخر / ٦. لي خمس هذه الأرض (terrain).

F. (20.6) - Traduisez en arabe :

1. Les années 60 du 18ème siècle. 2. Les années 90 du 20ème siècle. 3. Environ 120 étudiants. 4. Environ un million et demi.

21. Les prépositions (corrigé p. 317-318)

A. (21.1) - Remplacez le nom par le pronom suffixe qui convient (attention à l'écriture de la préposition) :

١. في المدينة / ٢. إلى المدينة / ٣. في الطائرة / ٤. إلى اليوم / ٥. على الباب / ٦. على النافذة / ٧. من المحيط / ٨. عن المدينة / ٩. من الملكة / ١٠. من المسجد / ١١. للناس / ١٢. للطفل / ١٣. بالساعة / ١٤. بالليل .

B. (21.1) - Complétez les phrases suivantes en choisissant, à chaque fois, entre les deux prépositions proposées :

١. يكتب الولد (بـ / لـ) قلم أسود / ٢. ذهبنا (على / إلى) المدينة / ٣. ينظر الرجل (إلى / من) القمر / ٤. نفكّر (في / على) مشاكلنا / ٥. حصلنا (على / لـ) دينار واحد .

C. (21.1) - Complétez les phrases suivantes en choisissant la préposition qui convient dans la liste ci-après (n'utilisez chaque préposition qu'une fois) :

في – من – إلى – على – بـ – لـ – كـ – منذ – عن – حتّى

١. أشارت ... الطائرة / ٢. عثرنا ... الكنز / ٣. رجعوا ... المعهد / ٤. سألت ... الساعة / ٥. أشكّ ... الحكاية / ٦. تحدّث ... صراحة / ٧. خرجوا ... ساعة / ٨. اشترى قميصا ... ابنه / ٩. سأنام ... الصباح / ١٠. أنتم تمشون ... الأطفال

D. (20.1) - Complétez avec la préposition qui convient (attention au verbe !) :

١. اتّصلنا ... هم / ٢. نحتاج ... سيّارة / ٣. سلّمت جارتنا ... أبي / ٤. بحثنا ... الكنز / ٥. بقينا في الشركة ... الليل .

E. Complétez chacune des phrases suivantes en choisissant la préposition ou la quasi-préposition qui convient :

مع ou بـ ؟

١. نذهب إلى المدرسة ... الباص / ٢. أدرس العربيّة ... أخي / ٣. أكتب ... قلم جديد / ٤. أنا .... أهلي / ٥. نحن ... المدير / ٦. أتكلّم ... صديقي ... العربيّة .

لـ ou إلى ؟

٧. نذهب اليوم ... السينما / ٨. اشتريت قلما جديدا ... ابني / ٩. سأسافر غدا ... دمشق / ١٠. هذا الكتاب ... يوسف / ١١. تعال معي ... داري / ١٢. هذه هديّة ... خطيبتي .

في ou إلى ؟

١٣. يدرس ابني التاريخ ... وهران / ١٤. سنذهب ... الشركة / ١٥. يدرس عمّي الهندسة ... دمشق / ١٦. يسكن أهلي ... تونس / ١٧. سيرحلون ... بلادهم / ١٨. سنسافر ... مكّة .

في ou عند ؟

١٩. الكتاب ... أخي / ٢٠. الكتاب ... البيت / ٢١. البيت ... المدينة القديمة / ٢٢. المهندسون ... المدير / ٢٣. المهندسون ... مكتب المدير / ٢٤. القلم .... الولد / ٢٥. قميص الولد ... الخزانة / ٢٦. القميص ... خزانة الولد .

من ou عن ؟

٢٧. تحدّث الملك ... الأزمة / ٢٨. أ رجع الرئيس ... الخارج / ٢٩. بحثنا جميعا ... الكنز / ٣٠. اشتريت الكتاب ...

السـوق / ٣١. سندافع ... حقـوقنا / ٣٢. خـرج الولد ... المعهد .

F. Traduisez en français :

1. Il habite à Bagdad. 2. Elle pense à toi. 3. Cette voiture appartient à mon père. 4. Nous allons au marché. 5. Je reviendrai à 5 heures. 6. Un ami m'a invité au cinéma. 7. Je suis avec le directeur. 8. Il écrit avec mon stylo. 9. Nous sommes avec vous. 10. Ils parlent avec calme. 11. Je pars aujourd'hui pour Beyrouth. 12. J'ai acheté cette chemise pour mon fils. 13. Voici 80 pour cent de la somme (المبلغ). 14. Il est venu pour te saluer.

22. Autres particules (corrigé p. 318)

A. (22.3) - Traduisez en français :

١. قد ننتهي اليـوم من هذا العمل / ٢. لقد وصل الزائـرون / ٣. سوف تنجحين / ٤. سنصل قريبا / ٥. قد نصل قبلهم / ٦. لقد فاتنا القطار / ٧. قد يأتي قطار آخر / ٨. سوف أسافر يومًا إلى الصحراء .

B. (22.4) - Complétez avec la coordination qui convient :

١. سأسافر أوّلًا إلى دمشق .... إلى القاهرة / ٢. زارني اليوم سميـر .... كامل / ٣. سأنام قليلا ... أتفرّج على التلفزيون / ٤. لا أدري أين هو ، في السينما ... في المكتبـة ! / ٥. ليس هذا الرجل فقيرًا ... هو مليونير / ٦. أأنت الذي صلّح السيّارة ... هو ؟

23. Déclinaison des noms : les trois cas

(→ exercices p. 150)

Il existe trois cas de déclinaison pour les noms en arabe :

- le *cas sujet* (الرَفْع),
- le *cas direct* (النَصْب),
- et le *cas indirect* (الجَرّ).

Presque tous les noms sont *déclinables* (مُعْرَب) et se mettent à l'un des trois cas suivant leur fonction dans la phrase, sauf les pronoms, les démonstratifs, les relatifs (excepté au duel), les interrogatifs et certaines quasi-prépositions qui sont *indéclinables* (مَبْنيّ).

• La marque d'un nom *au cas sujet* (مَرْفوع) est généralement la ḍamma finale, mais cela peut être aussi :

- un و (pour des mots comme أخو ou pour le pluriel externe masculin),
- ou un ا (pour le duel).

• La marque d'un nom *au cas direct* (مَنْصوب) est généralement la fatḥa finale, mais cela peut être aussi :

- un ا (pour des mots comme أخو),
- un ي (pour le pluriel externe masculin ou le duel),
- ou une kasra (pour le pluriel externe féminin).

• La marque d'un nom *au cas indirect* (مَجْرور) est généralement la kasra finale, mais cela peut être aussi :

- un ي (pour des mots comme أخو , pour le pluriel externe masculin ou le duel),
- une kasra (pour le pluriel externe féminin),
- ou une fatḥa (pour les diptotes indéfinis).

Cette marque de déclinaison est sous-entendue dans les noms qui se terminent par un ا ou un ى , ou qui sont suivis du pronom suffixe ي , ou qui sont de racine défectueuse (sauf au cas direct).

24. Indéfinition du nom et diptotes

(→ exercices p. 150)

Il n'existe pas en arabe d'article indéfini. Pour dire *un homme*, on utilisera le mot nu sans article et sans complément : رجل .

Cette indéfinition sera notée par la présence d'un tanwîn final, sauf dans le cas d'un nom diptote (*cf.* infra), d'un duel ou d'un pluriel externe masculin.

24.1 Le tanwîn

C'est la prononciation d'un ن à la fin du mot. Ce ن ne s'écrit pas mais se note par un doublement de la voyelle finale. De plus, si cette voyelle finale est une faṭḥa, on note le tanwîn par un ١ , sauf si le nom se termine par ة , أ ou اء :

جاءَ رجلٌ = *un homme est venu*

رأيتُ رجلاً = *j'ai vu un homme* (mais : رأيتُ امرأةً)

ذهب مع رجلٍ = *il est parti avec un homme*

N.B. : le tanwîn "un" peut s'écrire aussi ainsi : رجلٌ

Normalement, on devrait prononcer respectivement : rajulun / rajulan (imra'atan) / rajulin. En réalité, l'usage moderne le plus fréquent est de ne pas prononcer ce tanwîn, sauf :

- dans un discours très formel ou classique,
- lorsqu'il s'agit d'une forme adverbiale en "an" :

دائماً [dâ'iman] = *toujours* / عادةً [ʿâdatan] = *d'habitude*...

Dans un texte sans voyelle, la marque de l'indéfinition n'apparaît que quand il y a un ١ :

ذهب مع رجل / رأيت رجلا / جاء رجل

24.2 Indéfinition grammaticale et sens

Un nom peut être indéfini grammaticalement et défini du point de vue du sens. C'est le cas notamment de tous les noms propres qui n'ont pas d'article :

محمّدٌ = *Mohammed* / كريمٌ = *Karim*

24.3 Les diptotes

Ce sont des noms qui, quand ils sont indéfinis, ne prennent pas de tanwîn et ont une fatḥa au cas indirect comme au cas direct (*cf.* 10.2). Voici les principaux noms diptotes :

- les adjectifs de couleur et de difformité (schèmes : أَفْعَل au masculin et فَعْلاء au féminin : أخضر م خضراء = *vert*)

N.B. : م est l'abréviation de مـؤنَّث = *féminin* et ج est l'abréviation de جمع = *pluriel*.

- les élatifs (schèmes : أَفْعَل au masculin et فُعْلى au féminin : أكبر م كبرى = *plus grand*)

- la plupart des adjectifs bâtis sur le schème فَعْلان (qui ont un féminin en فَعْلى : سكران م سكرى = *saoûl*)

- les pluriels أشْياء (de شيء = *chose* - qui est une exception), أُوَل (de أوَّل = *premier*) et أُخَر (de آخَر = *autre*).

- les pluriels internes bâtis sur les schèmes suivants :

- فُعَلاء (فقير ج فقراء = *pauvre*)
- أفْعلاء (صديق ج أصدقاء = *ami*)
- مَفاعيل et مَفاعِل
  (مفتاح ج مفاتيح = *clé* / منزل ج منازل = *maison*)
- فَعائِل (جريمة ج جرائم = *crime*)
- فَواعيل et فَواعِل (عاقبة ج عواقب = *conséquence*)
- أفاعيل et أفاعِل (أجنبيّ ج أجانب = *étranger*)
- تَفاعيل et تَفاعِل (تجربة ج تجارب = *expérience*)
- فَعاليل et فَعالِل (كوكب ج كواكب = *astre*)

- les noms propres qui se terminent par ة comme فاطمة , مكّة (= *La Mecque*), etc.

- de nombreux noms propres tels : إبراهيم , يوسُف , عُثْمان ,

مِصْر , هِنْد , سُعاد , زَيْنَب , يَزيد , أَحْمَد , سُلَيْمان , عُمَر = (l'Egypte), تونِس (= Tunis, la Tunisie), etc.

- les noms propres d'origine étrangère

- les noms composés comme :

بَعْلَبَك = Baalbek / حَضْرَمَوْت = Hadramaout

24.4 Autres expressions de l'indéfinition

Différentes constructions expriment l'indéfinition avec des nuances de sens :

• أَحَد (ou إحْدى au féminin) complété par un nom au pluriel défini (par l'article ou un complément). On parle alors d'un élément faisant partie d'un groupe bien défini (= partitif) :

قال أحدُ الوزراءِ .. = un ministre (un des ministres) a dit...

قالت إحدى البناتِ .. = une fille (une des filles) a dit...

Au pluriel, on utilisera avec la même construction le mot بَعْض (= certains, des, quelques...) :

لاقيتُ بعضَ الوزراءِ = j'ai rencontré des (quelques) ministres

• Nom au singulier indéfini suivi de مِن et du même nom au pluriel défini :

في يومٍ مِن الأيّامِ = un jour (un jour parmi les jours)

• Nom au singulier indéfini suivi de ما . Cette construction renforce réellement l'indéfinition et peut se traduire par *un quelconque...* :

في مكانٍ ما = *dans un lieu (quelconque)* ou *dans un certain lieu*

• Enfin, avec des noms indiquant le temps, on trouve la construction avec le mot ذاتَ complété par le nom au singulier indéfini. Cette construction renforce aussi l'indéfinition :

ذاتَ يومٍ = un jour / ذاتَ صباحٍ = un matin

ذاتَ مرّةٍ = une fois / ذاتَ مساءٍ = un soir

25. Définition du nom : l'article

(→ exercices p. 151)

Il n'y a qu'un seul article en arabe correspondant à notre article défini : الـ . L'article invariable (masculin et féminin, singulier, duel et pluriel) *définit* le nom auquel il s'accroche.

الرجل = *l'homme*   البنت = *la fille*   الناس = *les gens*

25.1 Assimilation du ل

Quand le ل de l'article est suivi d'une des 14 lettres *solaires*, il est *assimilé* par cette lettre qui est redoublée et prend sa place pour fermer la syllabe qui précède. Les autres lettres, dites *lunaires*, n'assimilent pas le ل de l'article. Ces noms de *solaire* et *lunaire* viennent des deux exemples traditionnels de la grammaire arabe : les noms *soleil* (شمس) et *lune* (قمر).

الشّمس ['aš-šams], *le soleil* / القمر ['al-qamar], *la lune*

Lettres *solaires*	Lettres *lunaires*
ت – ث – د – ذ – ر – ز	ء – ب – ج – ح – خ
س – ش – ص – ض	ع – غ – ف – ق – ك
ط – ظ – ل – ن	م – ه – و – ي

25.2 La liaison (الوَصْل)

Le 'alif de l'article est le support d'une hamza instable portant une fatḥa. Cette hamza et sa voyelle ne se prononcent qu'en début de phrase ou après une pause. Autrement, la liaison est obligatoire et le ل de l'article (ou la consonne qui a pris sa place en cas d'assimilation) vient fermer la dernière syllabe du mot précédent. Cette liaison est marquée par la waṣla.

المعلّم مع ٱلمدير ['al-muʿallimu maʿa l-mudîr]

= *l'enseignant est avec le directeur*

Si le mot qui précède l'article se termine par une consonne portant un soukoun, on remplacera alors ce dernier par une *voyelle de liaison* (pour éviter la rencontre de 2 soukouns).

Cette voyelle de liaison sera :

— une ḍamma après les pronoms : كُمْ / أنتمْ / همْ et après le suffixe تُمْ du passé,

هل وجدتُمْٱلكتاب ؟ = *Avez-vous trouvé le livre ?*

— une fatḥa après la préposition مِنْ,

متى خرج مِنَٱلمدرسة ؟ = *Quand est-il sorti de l'école ?*

— une kasra dans la plupart des autres cas : suffixe تْ du passé, majzûm et impératif, différentes particules (.. عن , بل , هل)

ابتعدتِٱلملكة عن البلاد = *La reine s'est éloignée du pays*

افتحِٱلباب ! = *Ouvre la porte !*

N.B. : si le mot qui précède l'article se termine par une voyelle prolongée (ا / و / ي / ى), la voyelle est abrégée dans la prononciation :

في المدينة se prononcera [fi l-madîna] au lieu de [fî]

Si le mot qui suit l'article commence par une hamza instable, celle-ci se prononce souvent comme une hamza stable avec une kasra : الاسم = *le nom* / الاجتماع = *la réunion*

25.3 Disparition du 'alif

Quand un nom défini par l'article est précédé de la préposition لـ , le ا de l'article disparaît :

للطبيب = لـ + الطبيب = *au médecin*

De plus, dans ce cas, si le nom commence lui-même par un لـ , on supprime alors un لـ (pour ne pas en avoir trois de suite).

للّواء = لـ + اللواء = *au général* لله = لـ + الله = *à Dieu*

25.4 Sens particulier de l'article

Il a parfois une nuance démonstrative, notamment dans un certain nombre d'expressions temporelles comme :

اليوم = *aujourd'hui (ce jour)* / الآن = *maintenant (ce moment)*

الليلة = *cette nuit, ...*

26. Définition du nom : l'annexion

الإضافة المَعْنَويّة

(→ exercices p. 152)

L'annexion logique (ou *de dépendance*) est l'équivalent du groupe *nom + complément du nom*.

Chaque annexion est composée du 1er terme (المُضاف) qui est complété et défini par le 2e terme (المُضاف إليه), sans recours à une préposition.

• **Le 1er terme** de l'annexion logique est toujours un nom *défini* par le 2e terme. Comme un nom ne peut être défini que d'une seule façon (article ou annexion), il n'a jamais ni article, ni tanwîn, ni ن final (pour les pluriels externes masculins et les duels). Ce nom se met au cas voulu par sa fonction dans la phrase :

فتح بابَ الدار = *il a ouvert la porte de la maison*

مدرّسو المدرسة هنا = *les enseignants de l'école sont ici*

• **Le 2e terme** est soit :

— un nom, avec ou sans l'article suivant le sens, au *cas indirect* :

قصر الملك = *le château du roi*

قصر ملك = *un château de roi* ou *le château d'un roi*

Dans ce dernier exemple (*un château de roi*), même si le 1er terme est indéfini du point de vue du sens, il est par contre défini grammaticalement (et donc ne prend pas de tanwîn).

— un pronom suffixe (que l'on rendra en français par le possessif) :

كتابي = *mon livre* / مدرستنا = *notre école*

سيّارتهم = *leur voiture* / أولادهما = *leurs enfants*

— et parfois (mais rarement) une proposition :

أخيرا جاء يومُ نلتقي

= *enfin vint le jour de notre rencontre (nous nous rencontrons)*

Dans ce dernier exemple, toute la proposition qui suit le mot يوم est le 2ᵉ terme de l'annexion.

• **Rien ne peut séparer** les deux termes de l'annexion (sauf le démonstratif employé comme adjectif). Conséquences :

— L'épithète du 1ᵉʳ nom sera renvoyée après le complément (*cf.* 27) :

وزير التربية السابق = *le précédent Ministre de l'Education*

— Complément commun à deux noms coordonnés :

Là où le français dit : *le frère et la sœur de Karima*, l'arabe dit :

أخو كريمة وأختها = *le frère de Karima et sa sœur*

Cependant, cette règle est de moins en moins appliquée, et l'on trouve couramment des constructions comme :

أخو وأخت كريمة

• **Une annexion comporte rarement plus de trois termes.** Seul le dernier terme peut avoir l'article (si c'est un nom) ou être un pronom suffixe. Ils se mettent tous (sauf le premier) au cas indirect. Là encore, rien ne peut s'intercaler entre les noms (sauf le démonstratif devant le 3ᵉ nom).

باب غرفة النوم = *la porte de la chambre à coucher*

ابن عمّ هذه البنت = *le fils de l'oncle de cette fille*

= *le cousin de cette fille*

• **Remarques :**

— Le 1ᵉʳ terme d'une annexion peut être un nom propre : pour différencier les deux villes arabes du nom de *Tripoli* :

(Libye) طرابلس الغرب / (Liban) طرابلس الشام

— Si le 1ᵉʳ terme d'une annexion est précisé par un démonstratif, on doit mettre ce dernier en *apposition* après le dernier terme :

موقف الحافلات هذا = *cet arrêt de bus*

— Dans un petit nombre de cas, le 2e terme est un adjectif (notamment un ordinal) qui suit les règles de l'annexion :

صلاة الأُولى = *la 1re prière* / ربيعُ الأوّل = *le 1er mois de Rabi'*

— Nous avons dit que le 1er terme devait toujours être un nom. Il faut ici se rappeler que la catégorie *nom* en arabe est beaucoup plus extensive qu'en français. Ainsi, on peut trouver comme 1er terme d'une annexion :

• les noms de nombre de 3 à 10 : ستّةُ رجالٍ = *six hommes*

• les superlatifs :

أفضلُ النَّاس = *le meilleur des hommes*

• أوّل (sorte de superlatif) : أوّلُ يومٍ = *le premier jour*

• les mots désignant la totalité ou la partie, la ressemblance ou la différence, comme عامّة , كافّة , سائر , جميع , كلّ , سوى , نحو ,... (*cf.* 31) : بعض , كلا , مثل , شبه , غير , سوى , نحو ,...

كلاهُما = *tous les deux* / كلُّ البلدان = *tous les pays*

• l'interrogatif أيّ : ؟ أيُّ رجلٍ = *quel homme ?*

27. L'adjectif épithète

(→ exercices p. 153)

L'épithète s'accorde avec le nom auquel elle se rapporte en cas ainsi qu'en genre et en nombre (sauf si ce nom est un *pluriel inanimé*). Si le nom est défini (par l'article ou par une annexion), l'épithète prend l'article. Enfin, l'épithète se place toujours après le nom :

يسكن في قرية صغيرة = *il habite dans un petit village*

هذه أختُهم الصغيرة = *c'est leur petite (jeune) sœur*

المدرّسون الفرنسيّون = *les enseignants français*

27.1 Accord de l'épithète

• **Pluriels *inanimés*** : l'épithète qui se rapporte à des noms au pluriel renvoyant à des choses ou à des animaux non personnifiés s'accorde au *féminin singulier*. On parlera de pluriel *inanimé* (bien que cette appellation consacrée n'exprime pas exactement la nuance voulue). Cette règle n'est valable que pour le pluriel (et pas pour le duel) :

الإمارات المتَّحدة = *les Emirats Unis*

كُتُب جميلة = *des beaux livres*

mais : كتابان جميلان = *deux beaux livres*

On trouve parfois (mais rarement) un adjectif épithète au pluriel se rapportant à un pluriel *inanimé*. Il s'agit alors d'insister sur la valeur de l'épithète :

ساعات طِوال = *des heures interminables*

au lieu de : ساعات طويلة = *de longues heures*

• **Collectifs** :

— Certains collectifs ont toujours une épithète au singulier :

شعب حرّ = *un peuple libre* / أمّة متّحدة = *une nation unie*

— D'autres ont une épithète toujours au pluriel :

قوم شجعان = *un peuple courageux*

— Enfin, d'autres peuvent avoir une épithète au féminin singulier ou (le plus souvent) au pluriel :

ناس حائرون ou ناس حائرة = *des gens perplexes*

الأهالي الثائرون ou الأهالي الثائرة = *les habitants révoltés*

• **Genre** : si une même épithète se rapporte à deux noms de genres différents, elle s'accorde au masculin :

أختي وأخي المريضان = *ma sœur et mon frère malades*

27.2 L'épithète et l'annexion de dépendance

Nous savons (*cf.* 26) que rien ne peut séparer les deux termes de l'annexion (sauf le démonstratif employé comme adjectif).

Conséquences :

— Si le 1er terme a une épithète, elle se place après le 2e terme et est définie par l'article (puisque le nom auquel elle se rapporte est défini par l'annexion) :

مطرب العرب الحزين = *le chanteur triste des Arabes*

بنتها الكُبرى = *sa fille aînée*

— Comme le 2e terme peut aussi avoir une épithète, c'est le genre ou la vocalisation finale qui peuvent permettre alors de savoir lequel des 2 termes est qualifié.

رئيس الولايات المتّحدة = *le Président des Etats-Unis*

مكتبُ العملِ الدوليُّ = *le Bureau International du Travail*

Sinon, seul le sens ou le contexte permet de trancher :

في جامعةِ الدولِ العربيّةِ

Cet énoncé peut (d'après la grammaire) se traduire par : *à la Ligue des Etats arabes* ou par *à la Ligue arabe des Etats*. Nous savons par ailleurs que c'est la 1re traduction qui est correcte.

— Si chacun des termes a une épithète, celle qui qualifie le 1er terme se met en dernier.

صندوق الأمم المتّحدة الدوليّ

= *le Fonds International des Nations-Unies*

En cas d'ambiguïté, on a recours à la tournure *analytique* avec la préposition لـ ou مِن (*cf.* 28).

27.3 L'annexion qualificative

Il s'agit là d'une construction propre aux adjectifs (qu'ils soient épithètes ou attributs), qui rappelle l'annexion de dépendance. Le 1er terme de l'annexion qualificative est un adjectif. A la différence de l'annexion de dépendance, l'adjectif, 1er terme de l'annexion, prendra l'article s'il est épithète d'un nom défini. C'est la seule exception possible à la règle qui précise qu'un nom ne peut être défini que d'une seule façon (par l'article ou par l'annexion). De plus, il sera toujours défini (par l'annexion) même si le nom auquel il se rapporte est indéfini. Quant au 2e terme, il sera toujours défini au cas indirect. Les autres règles de l'annexion de dépendance s'appliquent :

رجلٌ طويلُ القامةِ = *un homme de grande taille*

mot à mot : *un homme grand de taille*

الفيلسوفُ الغريبُ الأفكارِ = *le philosophe aux idées étranges*

رجلان طويلا القامةِ = *deux hommes de grande taille*

27.4 Deux variantes à l'annexion qualificative

• **Utilisation du *spécificatif*** : le groupe nominal est composé normalement du nom et de l'épithète, suivi d'un nom au cas direct indéfini qui *spécifie* la nature de la qualification (ce nom s'appelle تمييز) :

رجلٌ قبيحٌ وجهاً = *un homme laid de visage*

(= رجلٌ قبيحُ الوجهِ)

• **Autre variante** : dans cette construction peu courante aujourd'hui, l'épithète (alors toujours au singulier) s'accorde :

- en cas et en définition avec le nom auquel elle se rapporte

- en genre avec le nom qui suit. Ce nom se met au cas sujet et est suivi d'un pronom suffixe renvoyant au 1er nom :

في البلدانِ المتطوّرةِ صناعاتُها

= *dans les pays aux industries avancées (= développées)*

27.5 Participe passif (verbes transitifs indirects)

Employé comme épithète, le participe passif d'un verbe transitif indirect s'accorde en cas et en définition avec le nom auquel il se rapporte, mais reste toujours au masculin singulier. Il est suivi de la préposition (propre à la construction du verbe) à laquelle on accroche un pronom suffixe accordé en genre et en nombre avec le nom :

دخلت المرأةُ المحكومُ عليها = *la femme condamnée est entrée*

وصلت البضاعةُ المرغوبُ فيها

= *la marchandise désirée est arrivée*

28. Substitut à l'annexion : la tournure analytique

(→ exercice p. 155)

Parfois, il est impossible d'utiliser l'annexion pour rendre notre complément du nom. On lui substitue alors la tournure *analytique* construite avec la préposition لـ (ou parfois مِن). C'est notamment le cas :

— si, dans une double annexion, le 1er terme doit avoir un pronom suffixe :

كتابي = *mon livre* / كتاب النحو = *le livre de grammaire*

mais : كتابي للنحو = *mon livre de grammaire*

N.B. : le français a tendance parfois à mettre le possessif au premier nom alors que la logique voudrait qu'il soit au 2e : *ma date de naissance* est plus logiquement *la date de ma naissance*. C'est ce qu'on dira en arabe : تاريخ ولادتي

— si on veut lever une ambiguïté quant aux épithètes :

المساكن القديمة من المدينة

= *les maisons anciennes de la ville*

car مساكن المدينة القديمة pourrait aussi se comprendre *les maisons de la ville ancienne.*

— si on veut éviter une annexion avec trop de termes. Le nombre de termes ne doit pas en principe dépasser trois, mais, parfois, c'est inévitable comme dans l'exemple suivant :

بنت ابن عمّ أبي = *la fille du fils de l'oncle de mon père*
= *ma cousine issue de germain*

— si le 1er terme doit rester indéfini, le 2e terme restant défini :

حفيد من أحفاد الشيخ = *un petit-fils du cheikh* = حفيد للشيخ

حفيد الشيخ = *le petit-fils du cheikh* ≠

صديق من أصدقاء كريم = صديق لكريم

= *un ami de Karim* ≠ صديق كريم = *l'ami de Karim*

29. Emploi des pronoms personnels

(→ exercices p. 155)

29.1 Règles générales d'accord

Tout comme les adjectifs, le pronom s'accorde en genre et en nombre avec le nom qu'il remplace, sauf si ce nom est un pluriel inanimé : le pronom est alors au féminin singulier :

أين الكُتُب ؟ هي هنا = *Où sont les livres ? Ils sont ici.*

هل قرأتَ الكُتُب ؟ نعم ، قرأتُها .

= *As-tu lu les livres ? Oui je les ai lus.*

Si les pronoms sont tous *indéclinables* (مَبْنِي), les pronoms isolés sont virtuellement au cas sujet, tandis que les pronoms suffixes sont virtuellement au cas direct ou au cas indirect.

29.2 Les pronoms isolés

• Ils peuvent **remplacer** un nom comme mubtada' (ou ḫabar) dans une phrase nominale (*cf.* 36) :

هي في البيت = *elle [est] à la maison*

المسؤول هو = *le responsable, c'est lui*

• Ils servent à marquer la **rupture** entre le mubtada' et le ḫabar dans une phrase nominale quand il peut y avoir confusion (c'est notamment le cas quand le sujet est un démonstratif) :

هذا هو العدوُّ = *c'est lui l'ennemi*

car هذا العدوُّ pourrait se comprendre soit *c'est lui l'ennemi,* soit *cet ennemi* (*cf.* 30).

• Avant ou après un verbe, comme après un pronom suffixe, ils marquent **l'insistance** sur la personne concernée :

كتبتَه أنتَ = *tu l'as écrit, toi = c'est toi qui l'as écrit*

في بيتي أنا = *dans ma maison (à moi)*

N.B. : quand un pronom isolé est précisé par un nom, celui-ci se met au cas direct :

نحن الفلّاحين ... = *nous, les paysans,...*

29.3 Les pronoms suffixes

• Ils peuvent être **compléments directs** d'un verbe :

ينتظرُهُ = *il l'attend /* رأيتُكُمْ = *je vous ai vus*

— à la 1re personne du singulier, on ajoute un ـنـ de *protection* entre la finale du verbe et le pronom ي :

ينتظرُني = *il m'attend*

— quand on accroche un pronom suffixe à la 2e personne du masculin pluriel du passé d'un verbe, la terminaison du verbe devient تُمو au lieu de تُمْ :

سرقتُموه = *vous l'avez volé*

— le ا de la terminaison وا du verbe (3e personne du masculin pluriel) disparaît devant un pronom suffixe :

انتظروهُ = *ils l'ont attendu /* افتحوها = *ouvrez-la !*

لم ينتظروني = *ils ne m'ont pas attendu*

N.B. 1 : le pronom peut remplacer un nom, mais pas une proposition. Dans ce cas, là où le français emploiera un pronom personnel, l'arabe aura plutôt recours au démonstratif :

أظنّ أنّه ذهب أمس = *je pense qu'il est parti hier*

أظنّ ذلك (أظنّه) = *je le pense* (et non *)*

N.B. 2 : pour les constructions avec deux compléments directs et l'usage de إيّا , *cf.* 38.2.

• Il peuvent être **compléments indirects** (accrochés à une préposition ou une quasi-préposition) :

ذهب معي = *il est parti avec moi*

• Il peuvent être **compléments d'un nom** (2e terme d'une annexion) et se traduiront alors par le possessif :

أين كتابُك ؟ = *où est ton livre ?*

• Il peuvent s'accrocher aux **particules du cas direct.**

Ces particules sont (*cf.* 36.4) :

ليت / لعلّ / كأنّ / لأنّ / لكنّ / أنّ / إنّ

أظنّ أنّها خرجت باكرا
 = *je pense qu'elle est sortie tôt*

29.4 Constructions avec le pronom suffixe

• Avec وَحْدَ = *seul.* Ce mot n'existe jamais seul mais toujours complété par un pronom suffixe :

هم وَحْدَهُم = *ils sont seuls* / أنا وَحْدي = *je suis seul*

هم وَحْدَهم يعرفون ذلك = *eux seuls le savent (= savent cela)*

• Beaucoup d'autres *noms-outils* (*cf.* 31) se construisent avec le pronom suffixe avec des sens précis :

كلّ / جميع / أجمع / بعض / أحد / نفس / عين / ذات ...

30. Emploi des démonstratifs

(→ exercice p. 155)

30.1 Règles générales d'accord

Comme les adjectifs, le démonstratif s'accorde en genre et en nombre avec le nom auquel il se rapporte, sauf si ce nom est un pluriel inanimé : le démonstratif est alors au féminin singulier :

لِمَنْ هذه الكُتُب ؟ = *A qui sont ces livres ?*

Seuls les démonstratifs au duel se déclinent.

30.2 Les deux catégories de démonstratifs

Les deux catégories de démonstratifs arabes (proximité et éloignement) recouvrent sensiblement la même différence qui existe en français entre *celui-ci* et *celui-là* :

هذه البنت = *cette fille(-ci)* / تلك البنت = *cette fille(-là)*

30.3 Le démonstratif comme adjectif

• Mis en apposition (بَدَل) devant le nom défini par l'article, il se traduit par un adjectif démonstratif. Ce n'est pas une annexion : le démonstratif n'a pas d'influence sur le cas du nom qui suit mais s'accorde avec lui en genre et en nombre (*cf.* 30.1) :

مَن هؤلاء الرجالُ ؟ = *qui sont ces hommes ?*

تلك السنة = *cette-année-là*

• Si le nom est défini par une annexion (complément du nom ou pronom), ou bien s'il s'agit d'un nom propre, le démonstratif est mis en apposition après l'annexion ou le nom propre. C'est alors uniquement le démonstratif de proximité que l'on utilise :

كتاب النحو هذا = *ce livre de grammaire*

إلى أيّامِنا هذه = *jusqu'à ces jours (qui sont les nôtres)*

زينب هذه = *cette Zaynab*

• Le démonstratif peut précéder le dernier terme d'une annexion (seule exception à la règle "rien ne peut séparer les deux termes d'une annexion") :

زوج هذه المرأة = *le mari de cette femme*

30.4 Le démonstratif comme pronom

• Employé de façon isolée, le démonstratif équivaut à notre pronom démonstratif :

مَن هذا ؟ = *qui est-ce ? (qui est celui-ci ?)*

Dans une phrase nominale, le démonstratif mubtada' s'accordera avec le ḫabar :

هذه كتبي = *ce sont mes livres*

On utilisera souvent le pronom personnel isolé après un démonstratif sujet d'une phrase nominale, notamment si le ḫabar commence par un article, pour éviter une confusion :

هذا هو المدير = *celui-ci est le directeur (c'est le directeur)*

Car هذا المدير pourrait aussi signifier *ce directeur*.

• Au masculin singulier, le démonstratif هذا ou ذلك (et parfois la forme archaïque ذاك) pourra aussi avoir une valeur de *neutre* (= *ceci* ou *cela*). C'est le cas quand il renvoie à toute une proposition. D'où les expressions courantes que voici :

مع ذلك = *malgré cela (cependant)* / مُنْذُ ذلك = *depuis lors*

في ذلك = *à ce propos* / إلى ذلك = *en outre*

لذلك (ou لهذا) = *c'est pourquoi* / كَذلك = *aussi*

ذلك أنَّ ... = *car...* / بما في ذلك = *y compris*

يوم ذاك = إذذاك = حينَذاك = وَقْتَذاك = عِنْدَذاك = عِنْدَ ذلك
= *alors, à ce moment-là*

زِدْ على ذلك أنَّ ... = *sans oublier que...*

رغم ذلك = *malgré cela* / نتيجةً لذلك = *en conséquence*

وذلك (هذا) يعني أنَّ ... = معنى ذلك أنَّ ...
= *c'est-à-dire que...*

هذا من جهة ومن جهة أُخرى ... = *ceci, d'une part et d'autre part..*

• On trouve dans les textes anciens هذا avec un sens quelque peu péjoratif. *Cf.* l'expression :

يا هذا ! = *eh ! l'homme ! (eh ! toi !)*

EXERCICES (23 à 30)

23. Déclinaison des noms (corrigé p. 318)

A. Réécrivez les phrases suivantes en mettant le mot souligné au pluriel (attention : le verbe reste au singulier quand le sujet est placé après lui) :

١. قرأت <u>كتابا</u> / ٢. جاء <u>المعلّم</u> / ٣. سلّمنا على <u>المعلّم</u> /
٤. رجعت <u>البنت</u> / ٥. رأينا <u>البنت</u> / ٦. تكلّمت مع
<u>المهندس</u> / ٧. وصل <u>المهندس</u> مع <u>مساعده</u> / ٨. زار <u>المدرّس</u>
<u>زميلته</u> / ٩. تعمل <u>الفتاة</u> مع <u>زميلتها</u> .

B. Mettez la voyelle finale aux mots soulignés :

١. لي <u>دار كبيرة</u> / ٢. عنده <u>مشكلة</u> / ٣. <u>مدرستنا بعيدة</u> /
٤. أريد <u>سيّارة جديدة</u> / ٥. أحبّ هذه <u>الأغنية</u> / ٦. هذه <u>بنت</u>
<u>الملك</u> / ٧. أذهب <u>اليوم</u> إلى <u>السوق</u> / ٨. أعمل عند هذا
<u>التاجر</u> / ٩. أسكن في هذا <u>البيت</u> / ١٠. سأقرأ هذه <u>القصّة</u> /
١١. <u>عاصمة البلاد بعيدة</u> / ١٢. جاء <u>صاحب السيّارة</u> /
١٣. جاءت <u>أمّ</u> أحمد / ١٤. رجعنا مع <u>أمّ</u> أحمد / ١٥. سأكتب
<u>رسالة</u> إلى <u>المدير</u> .

24. Indéfinition du nom et diptotes (corrigé p. 318-319)

A. Mettez les mots suivants au cas sujet, puis au cas direct puis au cas indirect.

١. حمراء / ٢. مساء / ٣. أطرش / ٤. جميل / ٥. مَعامِل /
٦. إعلان / ٧. مقادير / ٨. أشياء / ٩. بعيد / ١٠. فقراء /
١١. فتاة / ١٢. راع / ١٣. شيء / ١٤. فاطمة / ١٥. جامعات .

B. Mettez la voyelle finale aux mots soulignés :

١. تكلّمت مع <u>مهندس مصريّ</u> / ٢. جاء <u>مهندس</u> الشركة
المصريّة / ٣. قرأت <u>الصحيفة</u> / ٤. قرأت <u>صحيفة</u> أبي /
٥. قرأت <u>صحيفة</u> أخرى / ٦. كان عندي <u>دينار</u> .

C. (24.3) - Mettez la voyelle finale aux mots soulignés :

١. أَكتب بقلم أَسود ، لا بالقلم الأحمر / ٢. أُريد سيّارة حمراء جديدة / ٣. في المدينة فقراء عديدون / ٤. تبحث فاطمة عن مفاتيح الدار / ٥. وجد محمّد مفاتيح في الشارع / ٦. سأشتري كتابا آخر / ٧. سنقوم بتجارب أخرى / ٨. في السماء كواكب كثيرة .

D. (24.4) - Traduisez en arabe en utilisant une construction avec أحد ou avec إحدى :

1. Un ami à moi. 2. Une amie à lui. 3. Un ingénieur. 4. Une enseignante. 5. Un médecin-femme. 6. Une voisine à nous. 7. Un voisin à toi.

E. (24.4) - Traduisez en français :

١. ذهبنا ذات مرّة إلى الجبل / ٢. كنتُ ذات سنة في الدار البيضاء / ٣. سهرت ذات ليلة حتّى الصباح / ٤. التقيتُ به ذات مساء في السينما / ٥. قرأت ذات يوم هذه القصّة .

25. Définition du nom : l'article (corrigé p. 319-320)

A. (25.1) - Mettez une chadda sur la 1re lettre du nom ou un soukoun sur le ل de l'article et prononcer le mot :

١. الثورة / ٢. الغرب / ٣. الراعي / ٤. الصديق / ٥. الفقير / ٦. الليل / ٧. العربيّة/ ٨. الأدب / ٩. النار / ١٠. الحكمة / ١١. الماء / ١٢. الهواء / ١٣. الضوء / ١٤. التعليم / ١٥. الدليل / ١٦. الجبل / ١٧. الزرافة / ١٨. البلد / ١٩. القهوة / ٢٠. الظهر / ٢١. الكلام / ٢٢. الطير / ٢٣. الخبّاز / ٢٤. الشرق / ٢٥. الوادي / ٢٦. اليمين .

B. (25.2) - Mettez la voyelle de liaison qui convient à la fin des mots soulignés :

١. اشرب الدواء ! / ٢. داركم الجديدة جميلة / ٣. هل الأولاد نائمون ؟ / ٤. سافرت المديرة / ٥. اكتب الدرس !

٦. لنخرج الآن ! / ٧. أنتم الخاسرون / ٨. سمعت عن الخبر / ٩. لا تتكلّم بل اكتب ! / ١٠. لم يصل الضيوف بعد / ١١. ليدفع الثمن سلفا / ١٢. هذه دارهم الأولى / ١٣. سمعت الخبر من الخبّاز / ١٤. هل تريد هذه أو الأخرى ؟ / ١٥. سأساعدهم اليوم .

26. Définition du nom : l'annexion (corrigé p. 320)

A. S'agit-il d'une annexion ou d'un nom avec une épithète ?

١. دار كبيرة / ٢. دار يوسف / ٣. ابن يوسف / ٤. الابن الأكبر / ٥. باب المدينة / ٦. طالب أجنبيّ / ٧. معلّمون فرنسيّون / ٨. مدرسة فرنسيّة / ٩. مدرسة ابن سينا / ١٠. دول أوربّا / ١١. أوربّا الغربيّة / ١٢. الأمم المتّحدة / ١٣. مقهى تونس / ١٤. مقهى تونسيّ / ١٥. مجلّة الفلسفة / ١٦. المجلّة الفلسفيّة / ١٧. رئيس فرنسا / ١٨. الرئيس الفرنسيّ / ١٩. البيت الأبيض / ٢٠. نهر النيل .

B. Réécrivez les phrases suivantes en annexant le dernier nom au nom entre parenthèses. Ex. :

فتح الرجل الباب (الدار) = فتح الرجل باب الدار .

١. رأيت المدرّسين (المدرسة) / ٢. وصل المهندسون (الشركة) / ٣. جاء الوالدان (التلميذ) / ٤. تكلّمت مع الوالدين (التلميذ) / ٥. اشتريت الجزأين (الكتاب) / ٦. ها هي كلّ الأجزاء (الكتاب) .

C. Réécrivez les phrases suivantes en annexant le dernier nom au pronom entre parenthèses. Ex. :

العينان سوداوان (هي) = عيناها سوداوان

١. الكتفان عريضتان (هو) / ٢. الداران جميلتان (أنتم) / ٣. الذراعان قويّتان (هو) / ٤. الوالدان حيّان (نحن) .

D. Complétez la phrase sans changer le sens initial. Ex. :

هذا أبو كريم . يقول كريم : هذا أبي .

١. هذا قصر الملك . يقول الملك : ... / ٢. هذه مدرسـة أولادي . يقول أولادي : ... / ٣. هذه دار المديرة وزوجها . هما يقولان : ... / ٤. هذه بنت جارتنا . تقول الجارة : ... .

E. Traduisez en arabe :

1. Le livre et le stylo de Karîm. 2. Les grands-parents (le grand-père et la grand-mère) de l'élève. 3. Les enseignants et les élèves de cette école. 4. Le fils et le fille de mon cousin paternel (ابن عمٌّ). 5. Ce professeur d'arabe.

F. Réécrivez chaque énoncé selon le modèle :

للشيخ بنتان جميلتان = بنتا الشيخ جميلتان

١. للمدينة مسجدان عظيمان / ٢. للقصر برجان عاليان / ٣. للعاصمة مطاران كبيران / ٤. للطبيب سيّارتان جديدتان / ٥. للشركة مهندسون عديدون / ٦. للمدرسة معلّمون بارعون / ٧. للمدير مستشارون مخلصون .

G. Composez une annexion à 3 termes à partir de chaque paire de phrases, selon le modèle :

هذه دار المدير + هذا مدير الشركة
= هذه دار مدير الشركة

١. هذه سيّارة المهندسين + هؤلاء مهندسو الشركة / ٢. هذه دار الوالدين + هذان والدا يوسف / ٣. هذا صديق الأب + هذا أبو المعلّم / ٤. هذا ابن الأخ + هذا أخو الطبيب .

27. L'adjectif épithète (corrigé p. 320-321)

A. (27.1) - Ajoutez l'épithète "كبير" aux noms :

١. هذا رجل .... / ٢. هذه امرأة .... / ٣. هؤلاء نساء .... / ٤. هؤلاء رجال .... / ٥. هذه دور .... / ٦. هذه مدينة .... /

٧. هذان شارعان .... / ٨. أسكن قرب المدرستين .... /
٩. أعرف الولدين .... / ١٠. رأيت كلبا .... .

B. Les mots de chacune des phrases suivantes ont été mis dans le désordre. Reconstituez celles-ci :

١. في / الشركة / مكتب / أنا / مدير

٢. الجمهوريّة / وصلت / رئيس / سيّارة

٣. هو / الجديد / البنك / هذا / لمدير / المكتب

٤. تكلّمت / ومهندسيها / الشركة / مدير / مع

٥. وتلاميذها / المدرسة / اجتمع / معلّمو

C. Ajoutez l'épithète جديد dans les phrases suivantes en l'accordant au nom souligné :

١. هذه <u>سيّارة</u> مدير البنك / ٢. هذه <u>أشجار</u> بستان جدّي /
٣. هذا <u>شارع</u> حيّنا / ٤. هذه زوجة <u>جارنا</u> / ٥. هذا ابن
<u>معلّمنا</u> / ٦. هؤلاء مساعدو <u>مدير</u> الشركة / ٧. في حيّنا <u>بائع</u>
حلوى / ٨. سأشتري <u>سيّارة</u> نقل / ٩. لديّ فكرة <u>مشروع</u> .

D. (27.3) - Traduisez :

1. Une fille de grande taille. 2. Des hommes de grande taille.
3. Deux garçons de grande taille. 4. La femme aux idées étranges. 5. Les philosophes aux idées étranges.

E. (27.5) - Réécrivez la phrase ci-après en remplaçant le mot souligné par les mots de la liste suivante :

دخلت <u>المرأة</u> المحكوم عليها

١. ... الرجل ... / ٢. ... الرجـال ... / ٣. ...البنات ... /
٤. ... الفـتاتان ... / ٥. ... الشابّان ... / ٦. ... رجل ... /
٧. ... رجال ... .

وصلت <u>البضاعة</u> المرغوب فيها

٨. ... البضائع ... / ٩. ... بضاعة ... / ١٠. ... الكتب ... /
١١. ... كتاب ... / ١٢. ... الكتابان ... .

28. Substitut à l'annexion (corrigé p. 321)

A. Réécrivez les énoncés suivants selon le modèle ci-après :

صديق لمحمّد = صديق من أصدقاء محمّد

۱. سيّارة للمدير / ۲. دار للأمـير / ۳. كتاب للمعلّم /
٤. صورة للفنّان / ٥. أغنية لأمّ كلثوم .

29. Emploi des pronoms personnels

(corrigé p. 321-322)

A. Remplacez le nom souligné par le pronom qui convient :

۱. كتبتم الرسالة / ۲. قـرأتُ الكُتُب / ۳. أغلقـوا الباب ! /
٤. والداك في البيـت / ٥. يلعب مع أخواته / ٦. ذهب إلى
المدرسة / ۷. لا تضـربي أبنائي ! / ٨. أين سيّـارة أبي ؟ /
۹. أعرف المشاكل / ۱۰. هدموا القصور .

B. Traduisez ces phrases :

1. Ils m'ont attendu. / 2. Où sont leurs livres ? Ils sont ici. /
3. Elle est seule avec sa mère. / 4. C'est elle qui l'a écrit. / 5. Il
est parti avec vous.

30. Emploi des démonstratifs

(corrigé p. 322)

A. Traduisez ces phrases :

1. Ce livre-ci. / 2. Ce livre-là. / 3. C'est un livre. / 4. Ce sont
les livres de mon frère. / 5. Cet homme-ci. / 6. Ces
hommes-là. / 7. Ce sont mes frères (إخوان). / 8. Ces livres de
mon frère. / 9. Cette fille-ci. / 10. Cette fille-là. / 11. C'est la
fille de mon frère.

31. Construction de certains noms-outils

(→ exercices p. 175)

Sont présentés ici différents noms qui, combinés avec d'autres noms ou des pronoms suffixes, expriment la totalité, la partie, l'identité, le réfléchi, etc. Suivant la construction (annexion ou apposition), ils peuvent avoir des sens différents.

31.1 la totalité

كُلّ Ce nom signifie *totalité*. C'est le plus courant ; il peut se construire de nombreuses façons :

• comme 1er terme d'une annexion :

  - complété par un nom indéfini au singulier = *chaque* :

استقبل كلَّ ضيفٍ = *il accueillit chaque invité*

كلّ واحدٍ = *chacun* / كلّ واحدةٍ = *chacune*

كلّ شهرٍ = *chaque mois (tous les mois)*

  - complété par un nom indéfini quantifié au pluriel = *tous les..., chaque...* :

كلّ ستّة أشهر = *tous les 6 mois, chaque semestre*

  - complété par un nom défini ou un pronom suffixe = *tout(e), tous, toutes* :

استقبل كلَّ الضيوف = *il accueillit tous les invités*

كلّ الشهر = *tout le mois* / كلّكم = *vous tous*

• en apposition après un nom défini = *tout, tous, toutes, en entier.* كلّ est alors complété par un pronom suffixe qui reprend le nom :

جاء الضيوف كلُّهُم = *tous les invités sont venus*

فرح الشعبُ كلُّهُ = *le peuple tout entier s'est réjoui*

احتفلت المدينة كلّها بالعيد

= *la ville entière a célébré la fête*

• seul, indéfini, suivi de la préposition مِن = *chacun de...* :

كلّ منهم = كلّ من الضيوف

= chacun des invités / chacun d'entre eux

• seul, défini par l'article : الكلّ = *le tout, la totalité, tout le monde* :

الكلّ يعرف الخبر = *tout le monde connaît la nouvelle*

| جَميع | Nom synonyme de كلّ . Il peut se substituer à lui dans les constructions suivantes : |

• seul, défini par l'article : الجميع = *tous, tout le monde*

A noter la forme adverbiale جميعًا = *entièrement, en totalité* :

جاء الناس جميعًا = *tous les gens sont venus (en totalité)*

• comme 1er terme d'une annexion complété par un nom défini ou un pronom suffixe = *tout(e), tous, toutes* :

جميعكم = *vous tous* / جميع الناس = *tous les gens*

• en apposition après un nom défini (= *tout, tous, toutes, en entier*), complété par un pronom suffixe :

فرح الشعبُ جميعُهُ = *le peuple tout entier s'est réjoui*

احتفلت المدينةُ جميعُها بالعيد
= *la ville entière a célébré la fête*

| مَجْموع et كامِل | Ces mots sont précédés de la préposition بـ avec un sens identique aux exemples précédents : |

جاء الناس بكامِلِهِمْ (بمَجْموعِهِمْ) = *tous les gens sont venus*

| أجْمَع | C'est l'élatif de جميع . Il s'emploie surtout en apposition, complété par le pronom suffixe (= *tout, toute(s), tous, en entier*) : |

احتفلت المدينةُ أجمعُها (بأجمعِها) بالعيد
= *la ville entière a célébré la fête*

Il est plus fréquent de faire précéder أجمع de la préposition بـ .

| كافّة | Ce nom s'emploie surtout comme 1er terme d'une annexion ou en apposition (= *la totalité sans* |

exception) :

كافّة أنْحاء الأرْض = *toutes les régions de la terre*

احتفل الناسُ كافتُهم بالعيد

= *tous les gens (sans exception) ont célébré la fête*

On a aussi les formes adverbiales كافّةً = *totalement, en totalité* et عامّةً = *dans l'ensemble, en général* :

أتحدّث إليكم كافّةً = *je parle à chacun d'entre vous*

أتحدّث عن الناس عامّةً = *je parle des gens en général*

N.B. : on peut aussi exprimer la totalité en répétant deux fois (au cas direct indéfini) un nom qui en représente une partie :

أعرفهم رَجُلاً رَجُلاً = *je les connais tous (un à un)*

أعرف المدينة رُكْنًا رُكْنًا

= *je connais toute la ville (coin par coin)*

31.2 les deux : كلا (féminin : كِلْتا)

Ce duel (= *tous les deux*) se construit soit :

- comme 1er terme d'une annexion. Il s'accorde en genre mais reste figé au cas sujet s'il est complété par un nom :

بِكِلْتا يديه = *avec ses deux mains*

تكلّمتُ مع كلَيْهما = *j'ai parlé avec tous les deux*

- en apposition complété par un pronom suffixe :

لِلجنسَيْنِ كلَيْهِما = *pour les deux sexes (les deux genres)*

31.3 la partie

بَعْض Ce nom (= *partie*) peut se trouver :

- seul avec l'article et signifie alors *certains* :

يظنّ البعض أنّ ... = *certains pensent que...*

- comme 1er terme d'une annexion. Si son complément est un singulier, on traduira par *quelque, un peu de, une partie de...* Complété par un pluriel, il a le sens de *certains, quelques* :

بعض الراحة = *quelque tranquillité, un peu de tranquillité*

يقول بعضُهم ... = *certains disent...*

يظنّ بعضُ العلماءِ أنّ ... = *certains savants pensent que...*

- répété. Il exprime alors la réciprocité (= *les uns les autres*) :

ينتقد بعضُهم بعضاً = ينتقد بعضُهم البعضَ
= *ils se critiquent les uns les autres*

| سائر / مُعْظَم | معظم = *la plupart de...*

سائر = *l'ensemble de, la quasi-totalité* (sens moderne) / *le reste de, tous les autres* (sens classique)

Ces deux noms sont utilisés comme 1ᵉʳ terme d'une annexion :

في معظمِ الأوقاتِ = *la plupart du temps*

سائر دول العالمِ الثالث = *l'ensemble des pays du tiers-monde*

| أحَد | Ce nom (au féminin : إحْدى) se construit comme 1ᵉʳ terme d'une annexion (= *un des...*).

A la différence de tous les mots vus précédemment dans ce chapitre, أحَد s'accordera en genre avec le nom (ou le pronom) qui le complète :

أحدهم = *l'un d'eux* / إحدى البنات = *une des filles*

| واحِد | Ce nom (au féminin : واحدة) se construit comme 1ᵉʳ terme d'une annexion ou est défini par l'article et suivi de la préposition مِن (= *chaque, chacun de...*).

Il s'accorde en genre avec le nom (ou le pronom) qui suit :

كان واحدهم يعمل كلَّ النهار

= كان الواحد منهم يعمل كلَّ النهار
= *chacun d'entre eux travaillait toute la journée*

31.4 le même

| نَفْس | Ce nom (au pluriel : أنْفُس) signifie *être*, *âme*, *essence*. Constructions possibles :

- en apposition à un nom (avec un pronom de renvoi) ou comme

1er terme d'une annexion = *le même* :

فاز اللاعبُ نفسُهُ = *le même joueur a gagné*

في الوقت نفسِه = *au même moment*

الشيء نفسه = *la même chose*

نفس الشيء = *la même chose* (cette construction, de plus en plus fréquente aujourd'hui, était autrefois jugée incorrecte)

- en apposition à un pronom isolé (avec un pronom de renvoi) ou précédé de la préposition بـ , elle-même suivie d'un pronom de renvoi (= *moi /toi,... -même, en personne*) :

جاء الملك بنفسه = *le roi est venu lui-même (en personne)*

هو نفسُهُ = *lui-même*

N.B. : dans ces deux constructions, نفس peut être parfois remplacé par ذات ou par عين :

رأيتُ الملك بعينه = *j'ai vu le roi en personne*

رأيتُ الرجلَ ذاتَه = *j'ai vu le même homme*

- comme complément d'un verbe (avec un pronom suffixe renvoyant au sujet de ce verbe), ce nom sert à exprimer certains réfléchis (ou formes pronominales) :

قالت لنفسها = *elle se dit (à elle-même)*

ضحّوا بأَنْفُسِهِم = *ils se sont sacrifiés*

31.5 l'appartenance : ذو ..

Ce nom (à rapprocher du démonstratif ذا) s'emploie toujours comme 1er terme d'une annexion. Il signifie *possesseur de*. Le groupe formé par l'ensemble de l'annexion a une valeur d'adjectif qualificatif. Qualifiant un nom défini par l'article, ce groupe sera aussi défini par la présence de l'article entre les deux termes de l'annexion :

رجلٌ ذو مالٍ = *un homme riche (possesseur d'argent)*

الرجلُ ذو المالِ = *l'homme riche (possesseur d'argent)*

Cf. : ذو بال = ذو شأن = *important* / ذو سُمعة = *bien réputé*

ذو خِبْرة = *expérimenté* / ذو مَعْرِفة = *expert, cultivé*

ذو سوابِق = *récidiviste* (= qui a des antécédents)

ذو مَقْدِرة = *capable* / ذو عَقْل = *raisonnable*

Bien sûr, il s'accorde en cas, genre et nombre avec le nom auquel il se rapporte (qu'il soit en apposition ou ḫabar). Voici la déclinaison de ce mot (qui fait partie des *cinq noms* - cf. 10.3) nécessairement défini par un nom complément (annexion) :

Cas :	Singulier		Duel		Pluriel	
	Masculin	*Féminin*	*Masculin*	*Féminin*	*Masculin*	*Féminin*
Sujet	ذو	ذاتُ	ذَوا	ذَواتا	ذَوُو	ذَواتُ
Direct	ذا	ذاتَ	ذَوَيْ	ذَواتَيْ	ذَوِي	ذَواتِ
Indirect	ذي	ذاتِ				

Ex. : الرِجال ذوو القُبَّعات السَّوداء

= *les hommes au chapeau noir*

البِنت ذات الوَجْه الجَميل = *la fille au beau visage*

البَنات ذوات المَلابِس الحَمراء

= *les filles aux vêtements rouges*

D'autres mots jouent le même rôle. C'est le cas de أخو et أبو (deux des *cinq noms,* donnés ici sous cette forme car ils seront dans cet usage définis par l'annexion), et de صاحِب et ابن .

Ces mots signifient (hors de cet usage) : *père, frère, fils* et *ami* :

أبو مَشاكِل = *qui crée des problèmes* (fém. : أمّ مَشاكِل)

ابن الحَلال = *quelqu'un de bien* (fém. : بِنت الحَلال)

صاحِب الفِكْرة = *qui a (eu) l'idée* / *fortuné* / صاحِب ثَرْوة

32. Syntaxe de l'objet compté

(→ exercices p. 176)

Avant d'étudier cette partie, *cf.* chapitre 20.

32.1 Avec un objet compté indéfini

• **1 et 2** : le nom seul (au singulier ou au duel) suffit. Si on veut insister, on ajoute comme épithète : pour 1 واحـد (féminin : واحدة) et pour 2 اثنان (féminin : اثنتان) :

وَلدٌ = *un garçon* / بنتٌ = *une fille*

ولدان = *deux garçons* / بنتان = *deux filles*

ولدٌ واحدٌ = *un (seul) garçon* / بنتان اثنتان = *deux filles*

• **de 3 à 10** : le nom se met au pluriel et au cas indirect indéfini (2e terme d'une annexion) :

خمسُ بناتٍ = *cinq filles* / أربعةُ أولادٍ = *quatre garçons*

• **de 11 à 99** : le nom se met au singulier et au cas direct indéfini. On appelle cette fonction *spécificatif* (تَمْييز) :

خَمْسةَ عَشَرَ ولدًا = *15 garçons* / ثمانيَ عَشْرةَ بنتًا = *18 filles*

ثلاثةٌ وعشرونَ ولدًا = *23 garçons*

• **au-delà de 100** : après les centaines et les milliers, le nom se met au singulier et au cas indirect indéfini (2e terme d'une annexion) :

مائةُ ولدٍ = *100 garçons* / ألفُ بنتٍ = *1000 filles*

Attention !

• Dans un nombre complexe, le nom compté suivra les règles propres au chiffre qui le précède immédiatement :

ألفٌ ومائتان وثلاثةَ عشرَ ولدًا = *1213 garçons*

ألفان وأربعُمائة وخمسٌ وعشرونَ بنتًا = *2425 filles*

سبعةُ آلافٍ وخمسةُ أولادٍ = *7005 garçons*

ستةُ آلافٍ وأربعُمائة بنتٍ = *6400 filles*

• Pour tout nombre supérieur à 100 et dont les deux derniers

chiffres sont 01 ou 02 (101, 102, 201,... 1001,... 1202, etc.),
on aura recours à des périphrases comme :

ألف ليلة وليلة = *mille nuits et une nuit = 1001 nuits*

ألف ليلة وليلتان = *mille nuits et deux nuits = 1002 nuits*

Après un chiffre	Le nom compté se met au :	
	Cas :	Nombre :
• de 3 à 10	indirect	pluriel
• de 11 à 19	direct	singulier
• de dizaine	"	"
• de centaine	indirect	"
• de millier	"	"

32.2 Avec un objet compté défini

Si on veut pouvoir dire *les* 40 garçons ou *les* 5 filles, plusieurs
possibilités existent. Signalons l'une des façons les plus
simples, très courante aujourd'hui : le nom de nombre précédé de
l'article suit le nom compté (en apposition). Il n'y a plus alors
de difficultés : le nom se met au pluriel et le nombre s'accorde en
cas (et en genre si nécessaire) avec le nom. Ex :

الأولادُ الأربعونَ = *les 40 garçons*

البناتُ الخمسُ = *les 5 filles*

Cette construction est obligatoire si le nom est défini par
l'annexion (complété par un pronom ou par un autre nom) :

بناتي الخمس = *mes cinq filles*

أبناء الطبيب الثلاثة = *les trois fils du médecin*

Si le nom a des épithètes, le nombre se placera en premier, avant
les autres qualificatifs :

الأحياء الأربعة القديمة = *les quatre quartiers anciens*

Entre 11 et 19 (indéclinable), on construira plutôt ainsi :

الثلاثَ عشرةَ بنتًا = *les 14 filles*

Aujourd'hui, cette construction est parfois utilisée en dehors de cet intervalle (11/19).

32.3 Syntaxe des ordinaux

On construit le plus souvent l'ordinal comme une épithète qui s'accorde en genre et en cas (sauf de 11 à 19 où l'ordinal est indéclinable : il reste au cas direct) :

الولدُ الخامسُ = *le cinquième garçon*

المجلّدُ الخامسَ عَشَرَ = *le quinzième tome*

On pourra aussi le trouver précédé de l'article et suivi de la préposition مِن :

اقترب الرابعُ مِنْهُم = *le quatrième d'entre eux s'approcha*

Un cas particulier : أوّل (féminin : أُولى)

Ce mot qui signifie *premier* est un élatif. Il peut être épithète, comme les autres ordinaux :

الولدُ الأوّلُ = *le premier garçon*

Toutefois, il peut aussi se construire comme 1er terme d'une annexion complété par :

- un nom indéfini ; il aura alors le même sens :

أوّلُ يومٍ = *le premier jour* / أوّلُ بنتٍ = *la première fille*

- un nom défini; il aura alors le sens de *début* :

أوّلُ الشهرِ = *le début du mois*

A noter que آخَر (= *qui vient à la fin, dernier*), qui est un participe actif, se construit de la même façon :

آخِرُ سنةٍ = السنةُ الآخرةُ = *la dernière année*

آخرُ السنةِ = *la fin de l'année*

Quant à ثانٍ (الثانِي), il se construira parfois comme 1er terme d'une annexion complété par un nom indéfini :

اليومُ الثاني = ثاني يومٍ = *le deuxième jour*

•

32.4 Autres expressions de la quantité

• **Unité de mesure :** après un nom exprimant une unité de mesure au sens large (kilo, livre, litre, poignée, etc.), on retrouve les deux constructions de l'interrogatif كم (= *combien ?*) : le nom qui précise est :

- soit au cas direct indéfini singulier : on l'appelle alors *spécificatif* (تمييز) :

كيلو لحمًا = *un kilo de viande* / رطلٌ مَلحًا = *une livre de sel*

- soit au cas indirect précédé de la préposition من :

رطلٌ من الملح / كيلو من اللحم

(*cf.* : كم كتابًا ؟ = *combien de livres ?* = كم من الكتبِ ؟)

On trouve parfois une annexion : رطلُ ملحٍ / كيلو لحمٍ

• *Beaucoup de...* peut se rendre :

— par l'adjectif كَثير (ou عَديد) :

  - utilisé comme épithète :

رجال كثيرون = *beaucoup d'hommes, des hommes nombreux*

  - utilisé comme substantif suivi de la préposition من :

الكثيرُ من الرجالِ / كثيرٌ من الرجالِ

— avec le nom عدّة (dans le sens de *plusieurs*) comme 1er terme d'une annexion :

عدّة مرّاتٍ = *plusieurs fois*

• *Un peu de...* peut se rendre avec l'adjectif قليل utilisé comme substantif (si l'objet est dénombrable) ou avec le nom شيء (dans le cas contraire), tous deux suivis de la préposition من . On trouvera aussi بعض complété par un nom :

بعض المال = قليل من المال = *un peu d'argent*

شيء من السعادة = *un peu de bonheur*

بعض الراحة = *un peu de repos*

33. L'élatif et la comparaison

(→ exercices p. 177)

33.1 Comparaison de supériorité

• Pour exprimer une comparaison de supériorité entre deux termes, l'arabe utilise *l'élatif* (bâti à partir de l'adjectif sur le schème أَفْعَل - *cf.* 8.3) qui signifie *plus....* Cet élatif, diptote, reste alors au masculin singulier indéfini. Le 2ᵉ terme de la comparaison est introduit par la préposition مِن :

هي أصغرُ من أخيها = *elle est plus jeune que son frère*

الطائرة أسرعُ من القطار = *l'avion est plus rapide que le train*

• Les participes (sauf le participe actif du verbe simple) et certains adjectifs (ceux qui ont une racine de plus de trois lettres ou qui ont déjà une forme d'élatif comme les adjectifs de couleur et de difformité) ne peuvent avoir d'élatif.

On aura alors recours aux élatifs signifiant *plus... (..nombreux / ..intense / ..grand)* suivis du nom d'action tiré du verbe de même racine employé comme *spécificatif* (= تَمْيِيز : nom indéfini au cas direct). Les élatifs les plus utilisés sont :

أكثر = *plus nombreux* / أشدّ = *plus intense*

أكبر = أعظم = *plus grand*

et aussi : أوسع = *plus vaste* / أبعد = *plus loin* / etc.

هذا الشارع أكثرُ هدوءًا من ذلك

cette rue est plus tranquille que celle-là

هو أشدّ منّي صبرًا = *il est plus patient que moi*

هو أوسع منّي حكمةً = *il est plus sage que moi*

• On utilisera aussi le spécificatif quand on voudra préciser la comparaison :

القاهرة أكثر من تونس سكّانًا

= *Le Caire a plus d'habitants que Tunis*

هـم أكثر مـنّـا عددًا = *ils sont plus nombreux que nous*

Remarques :

— deux noms peuvent être utilisés tels quels avec valeur
d'élatif : خَيْر (= *bien* → *meilleur*) et شَرّ (= *mal* → *pire*) :

الوِقاية خيرٌ مِن العِلاج

= *prévenir est mieux que guérir*
(= *mieux vaut prévenir que guérir*)

هذا دواء شرٌّ مِن الداء = *c'est un remède pire que le mal*

— si l'on veut comparer deux qualités d'un même référent, on
reprend par un pronom suffixe accroché à la préposition مِن le
sujet de la comparaison :

هو إلى القبول أقرب مِنه إلى الرفض

= *il est plus près d'accepter que de refuser*

— on utilise le même groupe prépositionnel après l'élatif
qu'après l'adjectif dont il est tiré :

هو أحرص مِنها على المال

= *il est plus attaché qu'elle à l'argent*

33.2 Comparaison d'infériorité

On a recours à l'élatif signifiant *moins* suivi d'un nom employé
comme *spécificatif*. Les élatifs les plus utilisés sont :

أقلّ = *moins (nombreux, important...)* / أصغر = *plus petit*

أدنى = *inférieur, moins*

هو أقلّ منّي انتباهًا = *il est moins attentif que moi*

هي أقلّ منهنّ تعلّمًا = *elle a moins étudié qu'elles*

33.3 Comparaison d'égalité

On a recours aux prépositions (ou groupes prépositionnels)
suivants : على قَدْرِ ou بِقَدْرِ , كَـ , مِثْل :

هي جميلة مِثْلَ أمّها = *elle est jolie comme sa mère*

= *elle est aussi jolie que sa mère*

هي مِثْلَ أمّها في الجمال = هي جميلة كَأمّها =

هي جميلة على قَدْرِ أمّها =

33.4 Superlatif

Pour exprimer le superlatif, on utilise l'élatif défini :

— par l'article : il s'accorde alors en genre (féminin : فُعْلى) et en nombre (pl. masc. : فُعْل / pl. fém. : فُعْلَيات) avec le nom auquel il se rapporte :

البنت الكُبْرى = *la fille aînée* (= *la plus vieille*)

هذا هو الأقوى = *c'est lui le plus fort*

N.B. : peu d'élatifs ont un féminin ou un pluriel utilisés de nos jours. Comme féminin, on trouvera essentiellement :

عُظمى / كُبرى / صغرى

بريطانيا العظمى = *la Grande-Bretagne*

الحرب العظمى = *la Grande Guerre*

أسيا الصغرى = *l'Asie Mineure*

الدول الكبرى = القوى العظمى = *les Grandes Puissances*

— par un complément (l'élatif est alors le 1er terme d'une annexion). Ce complément peut être :

• soit un nom indéfini au singulier :

الفيل أثقل حيوان = *l'éléphant est l'animal le plus lourd*

• soit un nom défini au pluriel ou un pronom suffixe au pluriel (ou au féminin singulier s'il se rapporte à un pluriel *inanimé*) :

هي أذكى النساء = *elle est la plus intelligente des femmes*

هو أطولهم = *il est le plus grand d'entre eux*

Remarques :

— L'élatif reste le plus souvent au masculin singulier, mais on peut parfois le trouver au féminin comme dans l'exemple suivant :

هي كُبرى بناتي = *c'est ma fille aînée*

— Dans toutes ces constructions, on pourra aussi avoir recours au spécificatif :

هو أطولهم قامةً = *il est le plus grand (de taille) d'entre eux*

— On emploie parfois le mot أُمّ avec le sens de أعظم :

أمّ المعارك = *la plus grande des batailles*

أمّ القُرى = *La Mecque* / أمّهات الشعر = *les plus beaux poèmes*

33.5 Autres expressions

• *très / peu*

C'est par l'adverbe جدًّا placé **après** l'adjectif que l'on traduira *très*. Dans une phrase négative, il rendra notre *peu* :

هو معروف جدًّا = *il est très connu*

ليس معروفا جدًّا = *il est peu connu (= il n'est pas très connu)*

• *trop / pas assez*

L'arabe n'a pas de mot spécifique pour rendre *trop* ou *pas assez*. On utilise là aussi جدًّا . C'est le sens ou le contexte qui établit la nuance entre *très* et *trop* :

هو غالٍ جدًّا (لن أشتريه)

= *il est trop cher (je ne l'achèterai pas)*

ليست هذه الدار كبيرة جدًّا (لن أسكنها)

= *cette maison n'est pas assez grande (je ne l'habiterai pas)*

• *trop... pour / pas assez... pour*

Pour rendre *trop... pour*, l'arabe utilise l'élatif suivi de مِنْ أنْ et d'une phrase verbale :

هو أشرف من أن يخدعنا

= *il est trop honnête pour nous tromper*

هي أذكى من أن تصدّقك

= *elle est trop intelligente pour te croire*

C'est avec une phrase négative suivie de بِحَيْثُ (= *au point de*)
que l'arabe exprimera notre *pas assez pour* :

هو ليس غنيًا بِحَيْثُ يشتري كلّ شيء

= *il n'est pas assez riche pour tout acheter*

• *si... que*

Cette expression se rend à l'aide des locutions بِحَيْثُ ou
إلى دَرَجةٍ ou على قَدْرٍ qui se construisent ainsi :

هو غنيّ بِحَيْثُ يمكنه أن يشتري كلّ شيء

= هو من الغنى بِحَيْثُ ...

= هو غنيّ إلى دَرَجةٍ تُمَكّنُهُ من ...

= هو غنيّ على قَدْرٍ يُمَكّنُهُ من ...

= *il est si riche qu'il peut tout acheter*

• *autant que*

On aura recours aux verbes ساوى, شابه ou ماثل (= *ressembler*),
ou وازى (= *être équivalent*), à la quasi-préposition مِثل ou au
groupe prépositionnel بِقَدْرٍ :

عَمَلُهُ يوازي عمل أخيه

= *son travail équivaut au travail de son frère*

= *il travaille autant que son frère*

إنّه يعمل مِثْلَ أخيه = *il travaille comme son frère*

Ces groupes prépositionnels sont suivis de ما s'ils précèdent
un verbe :

إنّه يعمل بقدرِ ما يعمل أخوه = *il travaille autant que son frère*

إنّني أساعده بِقدرِ ما أستطيع = *je l'aide autant que je peux*

34. Négation et contraire du nom

(→ exercices p. 179)

34.1 Négation absolue du nom

Pour marquer l'inexistence absolue d'un être ou d'une chose, on se sert de la négation لا suivie du nom défini au cas direct. C'est l'une des très rares situations où un nom reste défini bien qu'il n'ait ni article ni complément annexé :

لا حلَّ لهذه المشكلة = *(il n'y a) pas de solution à ce problème*

لا خلافَ بيننا = *(il n'y a) pas de différend entre nous*

On trouvera souvent cette construction suivie de إلّا comme dans les deux formules religieuses suivantes :

لا إلهَ إلّا اللّهُ = *(il n'y a) pas de dieu si ce n'est Dieu*

لا حَوْلَ ولا قوّةَ إلّا باللّه

= *(il n'y a) ni puissance ni force si ce n'est en Dieu*

Remarques :

— on retrouve cette construction dans de nombreuses expressions courantes :

لا شكَّ = *pas de doute* / لا بُدَّ = *pas d'échappatoire (= il faut)*

لا بأسَ = *pas de mal (= ça va)* / لا مانعَ = *pas d'inconvénient*

لا أحدَ = *personne* / لا شيءَ = *rien*

— si le nom est suivi d'une épithète, celle-ci sera souvent au cas direct indéfini :

لا حلَّ حقيقيًا لهذه المشكلة = *pas de véritable solution à ce...*

34.2 Contraire du nom et de l'adjectif

Pour rendre en arabe les préfixes *in-*, *non-* ou *dé-* (*cf.* inexistence / non-alignement / déraisonnable), on utilise les mots suivants :

— عَدَم (nom signifiant : *manque, néant*) comme 1er terme d'une annexion complété par un nom d'action (maṣdar) :

عدم انْحِيازٍ = non-alignement / عدم وُجودٍ = inexistence

عدم تفاهُم = incompréhension / عدم تَنْفيذٍ = non-exécution

Le groupe sera défini comme une annexion (= par la définition du 2e nom) :

عدم الانحيازِ = le non-alignement

— la négation لا qui forme avec le nom ou l'adjectif un nom composé (*cf.* 15) :

لا نِهائيّ = infini (adjectif) / لا نهاية = infini (nom)

Le groupe sera défini par l'article placé devant la négation :

اللا نهاية = l'infini

— l'adjectif عَديم complété par un nom précédé de l'article (= annexion de qualification) équivaut à une négation absolue d'un qualificatif :

عديم الأخلاق = immoral / عديم الفائدةِ = inutile

— le mot غَيْر comme 1er terme d'une annexion complété par un adjectif :

غير كافٍ = insuffisant / غير مُمْكِن = impossible

غير موجود = inexistent / غير مَعْقول = absurde, déraisonnable

Le groupe sera défini comme une annexion (= par la définition du 2e nom) :

الدُوَلُ غيرُ الشُيوعيّةِ = les Etats non-communistes

34.3 Autres usages de غير

Ce mot signifie à l'origine *autre que*. En plus de la construction signalée dans le paragraphe précédent, on le trouve aussi :

- précédé de l'article : الغير = les autres, autrui

- comme 1er terme d'une annexion complété par un pronom suffixe (= *autre que*) :

غيرك = un autre que toi (= pas toi)

غيرها من البلدان = *d'autres pays*

- précédé d'une préposition (...., مـن , في , بـ), il forme un groupe prépositionnel qui signifie *sans* :

يُغَنّي من غير موسيقى = *il chante sans musique*

نأكل بغير ملح = *nous mangeons sans sel*

- dans une phrase négative, il exprimera la restriction (= *ne... que...*) comme إلّا ou سوى (*cf. 43.6*) :

لا أتكلّم غير العربيّة = *je ne parle que l'arabe*

لا أشرب غير الشاي والماء = *je ne bois que du thé et de l'eau*

- suivi de أنّ (= *cependant, mais*) :

هو غنيّ غير أنّه بخيل = *il est riche mais avare*

له صوت جميل غير أنّي لا أحبّ أغانيه

= *il a une belle voix mais je n'aime pas ses chansons*

Notez aussi les expressions suivantes :

غيرَ واحدٍ = *plus d'un* / غيرَ مرّةٍ = *plus d'une fois*

35. Récapitulation :
les fonctions dans le groupe nominal

A part les noms indéclinables (comme les nombres de 11 à 19), le nom principal d'un groupe nominal se met au cas exigé par sa fonction dans la phrase.

Les autres noms ou adjectifs du groupe nominal sont :

— au **même cas** que le nom principal :

- s'ils sont **épithètes** (نَعت) :

مدينةٌ جديدةٌ = *une ville nouvelle*

أسّس مدينةً جديدةً = *il a fondé une ville nouvelle*

في المدينةِ الجديدةِ = *dans la ville nouvelle*

- s'ils sont en **apposition** (تَوكيد ou بَدَل) :

الأستاذُ فُلانٌ = *le professeur Untel*

جاء الضيُوفُ كلُّهم = *tous les invités sont venus*

في هاتَينِ الغرفتَينِ = *dans ces deux pièces*

— au cas **indirect** s'ils sont **compléments du nom** (مُضاف إليه) ou **précédés d'une préposition** (مَجْرور) :

رئيسُ الجُمْهوريّةِ = *le Président de la République*

رجلٌ قبيحُ الوجهِ = *un homme au visage hideux*

جاء الملكُ بنفسِه = *le roi en personne est venu*

— au cas **direct indéfini** s'ils **spécifient** (تَمْييز) ce nom :

عشرونَ بنتًا = *vingt filles*

رجلٌ قبيحٌ وجهًا = *un homme au visage hideux*

أعطني نصفَ رطلٍ لحمًا = *donne-moi une demi-livre de viande*

أكبرُ بلادٍ تطَوُّرًا = *le pays le plus développé*

EXERCICES (31 à 34)

31. Construction de certains mots outils

(corrigé p. 322-323)

A. (31.1) - Reconstituez les phrases suivantes :

١. الضيوف / سلّمت / على / كلّ / من / واحد

٢. أسبوع / إلى / أولادي / السينما / كلّ / يذهب

٣. أذهب / إلى / الجبل / خمس / سنوات / كلّ / مرّة

٤. الكتب / قرأت / كلّ / هذه

B. (31.1) - Inversez la construction selon le modèle :

زرت كلّ المدينة = زرت المدينة كلّها

١. قرأت كلّ هذه القصّة / ٢. حفظت كلّ القصيدة / ٣. زرت كلّ أقربائي في الرباط / ٤. تكلّمت عن القضيّة مع كلّ زميلاتي / ٥. تكلّمت مع كلّ الجارات .

C. (31.1) - Traduisez ces phrases :

١. قرأت الكتاب كلّه / ٢. لا أعرف كلّ واحد منهم / ٣. بلّغْ سلامي إلى جميع الأصدقاء ! / ٤. الجميع يسأل عنك / ٥. العالم أجمع سمع بالخبر / ٦. هذا الدواء معروف في كافّة أنحاء العالم / ٧. خرج كافّة الناس إلى الشوارع .

D. (31.2) - Traduisez ces phrases :

١. كلا الرجلين مجنون / ٢. كلاكما يعرف الحكاية / ٣. كلتاهما عزيزة عليّ / ٤. كلتا البنتين عند الطبيب / ٥. أريد كلا الكتابين / ٦. تكلّمتُ معهم كلّهم / ٧. أعرف كلاهما / ٨. أشكّ في كلتا الحكايتين / ٩. درستُ في كلتا الجامعتين / ١٠. كلّ الناس سمع بالخبر .

E. (31.3) - Traduisez ces phrases :

١. يقول البعض إنّ العربيّة صعبة / ٢. يظنّ البعض أنّ العيد سيكون غدًا / ٣. يضحك بعضهم على بعض / ٤. في بعض

الأوقات أحسّ بالتعب / ٥. ستحتفل سائر المدن بالعيد الوطنيّ / ٦. قرأنا معظم هذه الكتب / ٧. تكلّمنا مع أحد القضاة / ٨. اشتريت هذا القميص من أحد التجّار / ٩. واحدنا يعرف كلّ سكّان الحيّ .

F. (31.4) - Traduisez ces phrases :

1. J'ai le même livre. 2. Nous avons acheté la même chemise. 3. Ce même ingénieur est mon ami. 4. J'ai parlé au juge en personne. 5. Nous allons visiter le même musée. 6. Elle s'est sacrifiée pour lui.

G. (31.4) - Traduisez ces phrases :

١. رأيت الفيلم نفسه في السينما / ٢. أكلنا في المطعم نفسه / ٣. بنينا الدار بأنفسنا / ٤. سكنّا الدار نفسها / ٥. عملنا في هذه الشركة ذاتها / ٦. رأيتُ هذا الرجل بعينه يسرق السيّارة / ٧. سمعنا هذه المرأة بعينها تذيع الخبر .

H. (31.5) - Accordez ذو selon son statut grammatical :

١. المرأة ..... الفستان الأحمر أختي / ٢. ..... الملابس البيضاء أبنائي / ٣. ..... القامة الطويلة ابن عمّي / ٤. ..... الشعر الطويل يتعلّمن الرقص / ٥. ..... الحقيبة الكبيرة يسافر إلى مصر / ٦. ..... السيّارة الحمراء يسكنان في حيّنا / ٧. تكلّمنا مع المهندسة ..... الفستان الأخضر .

32. Syntaxe de l'objet compté

(corrigé p. 323-324)

A. (32.1) - Traduisez en arabe :

1. 7 filles. 2. 4 garçons. 3. 13 étudiants. 4. 19 étudiantes. 5. 36 ingénieurs. 6. 83 ingénieurs-femmes. 7. 377 étudiants.

B. (32.1 et 32.2) - Traduisez :

١. المهندسون السبعة / ٢. الطبيبات العشر / ٣. أخواتي التسع / ٤. أبناء عمّي التسعةَ عشرَ / ٥. زميلاتي الثلاثَ عشرةً / ٦. الدول الستُّ عشرةً .

C. (32.3) - Traduisez :

Vocabulaire : siècle = قَرْن / prix = جائزة / fois = مَرّة

guerre = حَرْب / mondial = عالميّ

1. Le XIXème siècle. 2. Le XIIème siècle. 3. Le 3ème prix. 4. La 5ème fois. 5. Louis XIV. 6. François Ier. 7. Elizabeth II. 8. La Première Guerre mondiale.

D. (32.3) - Traduisez :

Vocabulaire : fois = مرّة / rendez-vous = موعد / soirée = سهرة

réunion = اجتماع / saison = موسم

١. أوّل مرّة / ٢. آخر موعد / ٣. أوّل الليل / ٤. آخر السهرة / ٥. آخر الموسم / ٦. آخر موسم / ٧. أوّل الاجتماع .

E. (32.4) - Traduisez :

Vocabulaire : personne = شَخْص / calme = هُدوء

attention = انْتِباه

1. Beaucoup de voitures. 2. Beaucoup de livres. 3. Beaucoup d'étudiants. 4. Beaucoup d'étudiantes. 5. Plusieurs personnes. 6. Plusieurs heures. 7. Un peu de calme. 8. Un peu d'attention.

33. L'élatif et la comparaison

(corrigé p. 324-325)

A. (33.1) - Complétez avec l'un des élatifs suivants :

أبعد – أقرب – أكبر – أصغر – أسرع – أبطأ

١. الشمس .... من القمر / ٢. الحمـار .... من القطار /

٣. الصاروخ (fusée) .... من الطائرة (avion) / ٤. السودان ....
من تونس / ٥. القمر .... من المرّيخ (Mars) / ٦. الحمامة ....
من الفيل .

B. (33.1) - A partir de chaque paire de phrases, construisez
une comparaison de supériorité. Ex. :

أبي طويل – عمّي قصير : أبي أطول من عمّي

١. المدرسـة بعيدة – السوق قريبـة / ٢. هو جمـيل – هي
قبيحة / ٣. نحن كثيرون – هم قليلون / ٤. سيّاراتكم سريعة
– سيّاراتنا بطيئة / ٥. هذه الصورة غريبة – تلك الصورة
ليست غريبة / ٦. الفيلم رائع – القصّة ليست رائعة / ٧. أخي
قويّ – أخوك ضعيف / ٨. العربيّة السعوديّة واسعة –
البحرين صغيرة .

C. (33.1) - A partir de chaque paire de phrases, construisez
une comparaison de supériorité en employant un spécificatif
avec l'un des élatifs suivants :

أشدّ – أكثر – أكبر – أعظم

أبي عظيم الطول – عمّي قصير : أبي أعظم طولا من عمّي

١. المدرسـة كبيرة البعد – السوق قريبـة / ٢. هو عظيم
الجمال – هي قبيحة / ٣. نحن كثيرو العدد – هم قليلون /
٤. سيّاراتكم عظيمة السرعة – سيّاراتنا بطيئة / ٥. هذه
الصورة شديدة الغرابة – تلك الصورة ليست غريبـة /
٦. الفيلم شديد الروعة – القصّة ليست رائعة / ٧. أخي عظيم
القوّة – أخوك ضعيف / ٨. العربيّة السعوديّة شديدة الاتّساع –
البحرين صغيرة .

D. (33.1) - Traduisez en arabe :

Vocabulaire : bague = خاتم / plus enclin à = أميل إلى

études = دراسة

1. Mieux vaut refuser que d'accepter. 2. Elle est plus attachée que

toi à cette bague. 3. Nous sommes plus enclins à lire qu'à écrire. 4. Je suis plus attaché que toi aux études.

E. (33.2) - Traduisez en français :

١. نحن أقلّ منكم مـالا / ٢. أنت أقلّ من أختك انتـباهـا / ٣. الفرنسيّون أقلّ عددا من الأمريكان / ٤. البحرين أصغر مساحة من اليمن / ٥. الدرهم أصغر قيمة من الدينار .

F. (33.3) - Complétez par le terme qui convient :

١. هي (بقدر - بقدر ما) جمالٌ أختها / ٢. نحن ندرس (بقدر - بقدر مـا) يمكن لنا / ٣. أنت تتكلّم العربيّة (مثل - مثلما) أتكلّم أنا الفرنسيّة / ٤. سنبني الدار (كـ - كما) كان يبنيها القدماء / ٥. ليست القضيّة (مثل - مثلما) تظنّ .

G. (33.4) - Traduisez en français :

١. هذه هي الأجمل / ٢. الفيـل هو الأثقل / ٣. بنتي هي الأذكى / ٤. هذه هي بنتي الكبرى / ٥. القاهرة هي أكبر مدينة عربيّة / ٦. هي أكبر المدن / ٧. هو أغنى التجّار / ٨. هذه هي أقدم الدور .

H. (33.5) - Traduisez en arabe :

Vocabulaire : riche = غنيّ / neuf = جديد / honnête = شريف
mentir = كذَب / intelligent = ذكيّ / comprendre = فهِم َـ
penser = ظنّ ُـ

1. Il n'est pas très riche. 2. Ce marché est trop loin. 3. Cette voiture n'est pas assez neuve. 4. Il est trop honnête pour nous mentir. 5. Elle est si intelligente qu'elle peut tout comprendre. 6. Je ne suis pas aussi riche que tu ne le penses.

34. Négation et contraire du nom

(corrigé p. 325-326)

A. (34.1) - Traduisez en français :

١. لا مـعنى لهذا الكلام / ٢. لا مـشكلة بـيننا / ٣. لا مـانع عندي / ٤. لا شيء يعجبني هنا / ٥. لا أحد يساعدني / ٦. لا بدّ لي من السفر / ٧. لا شكّ أنّه مجنون / ٨. لا بضاعة جديدة لديَّ .

B. (34.2) - Dites le contraire en utilisant la négation du nom ou de l'adjectif souligné :

١. هـذه الـدار <u>واسعة</u> / ٢. أرجـو منك <u>إخراج</u> السيّارة من الكَراج / ٣. هذا الطبـيب <u>ذكيّ</u> / ٤. هـذه القطّـة <u>جميلة</u> / ٥. هذه الكتب <u>مفيدة</u> / ٦. هـؤلاء الـطلاّب <u>جادّون</u> / ٧. هـؤلاء الطالبات <u>أجنبيّات</u> / ٨. هذان الشابّان <u>لطيفان</u> / ٩. هاتان الفتاتان <u>فقيرتان</u> .

C. (34.3) - Traduisez les phrases suivantes :

١. قرأتُ كتب نجيب محفوظ وغيره من الروائيّين العرب / ٢. يقدّم الأستاذ درسه من غير تحضير / ٣. لقد نجحت في الامتحان بغير مساعدة من أحد / ٤. لا أحبّ غير الموسيقى القديمة / ٥. لا أقرأ غير كتب الشعر / ٦. إنّي أعمل مع عشرين زميلا غير أنّي أحسّ بالوحدة / ٧. هذه البنت ذكيّة غير أنّ زملاءها لا يحبّونها / ٨. هذه البنت فقيرة غير أنّ أحدا لا يساعدها .

36. La phrase nominale

(الجملة الاسميّة)

(→ exercices p. 189)

36.1 Phrase nominale d'identification

Une phrase nominale d'identification (appelée aussi de qualification ou d'attribution) est en principe une phrase qui commence par un nom (nous verrons par la suite diverses exceptions). Ce type de phrase fonctionne généralement ainsi :

- un *terme de départ* (appelé mubtada' - مبتدأ), défini, sur lequel on attire l'attention,

- la 2e partie de la phrase comporte *l'information* (appelée ḫabar - خبر) que l'on donne sur le *terme de départ* (mubtada').

• Le mubtada' peut être un nom, un pronom, un démonstratif, un interrogatif ou une proposition (introduite par أن , أنّ ou une relative).

N.B. : il peut être précédé d'une particule du cas direct, de la négation ليس , de l'exposant temporel كان ou de ses homologues. Il ne s'appelle plus alors mubtada' mais ism...: اسم كان , اسم ليس , اسم إنّ ... *Cf.* paragraphes 4 à 6).

• Le ḫabar peut être un nom, un adjectif, un pronom, un démonstratif, une proposition (introduite par أن , أنّ ou une relative), une autre phrase nominale ou verbale, ou un groupe prépositionnel.

Quand il s'agit d'un nom ou d'un adjectif (ou d'un démonstratif au duel), le mubtada' et le ḫabar se mettent au **cas sujet**. Le pronom, le démonstratif, l'interrogatif y sont virtuellement. Par contre, quand le ḫabar est un groupe prépositionnel, le nom se met normalement au cas indirect.

Voici des exemples dans lesquels on a séparé par un trait oblique (/) le mubtada' du ḫabar :

هذا العملُ / صعبٌ = *ce travail est difficile*

هذا / عملٌ صعبٌ = *c'est un travail difficile*

أنا / مريضٌ = *je suis malade*

من / هذا التلميذُ ؟ = *qui est cet élève ?*

الأحسنُ / أن تبقى هنا = *le mieux, c'est que tu restes ici*

أن تبقى هنا / خيرٌ لك = *que tu restes ici est mieux pour toi*

كتابُك / تحتَ المكتبِ = *ton livre est sous le bureau*

كريمٌ / أخوه مات = *Karim, son frère est mort*

أولادُها الثلاثةُ / هاجروا إلى فرنسا

= *ses trois enfants ont émigré en France*

Remarques :

• Quand le ḫabar est un nom défini par l'article ou commence par un relatif, on aura souvent recours au pronom isolé pour marquer la rupture avec le mubtada' :

هذا الرجلُ / هو السارقُ = *cet homme, c'est lui le voleur*

هؤلاء الرجال / هم الذين جاؤوا أمس

= *ces hommes, ce sont eux qui sont venus hier*

• Si le mubtada' est un démonstratif, il s'accorde par anticipation avec le ḫabar :

هذا / هو أخي = *c'est lui mon frère (= voici mon frère)*

هذه / هي أختي = *c'est elle ma sœur (= voici ma sœur)*

• En plus du mubtada' et du ḫabar, une phrase nominale peut comporter des compléments directs ou indirects qui se mettent au cas requis par leur fonction :

اليومَ هي / راضيةٌ بعملنا

= *aujourd'hui, elle est satisfaite de notre travail*

36.2 Phrase nominale de localisation

Ce deuxième type de phrase nominale correspond au français *il y a...* Il se construit ainsi : le ḫabar est un groupe prépositionnel (ou un adverbe comme هُناكَ) et précède le mubtada', qui est la plupart du temps indéfini :

في مكتبِك رجلٌ = *il y a un homme dans ton bureau*

(différe de : الرجلُ في مكتبِك = *l'homme est dans ton bureau*)

هناك مشكلةٌ = *il y a un problème*

Dans l'arabe moderne, هُناكَ (= litt. *là-bas*) et ses synonymes
(هُنالكَ , ثَمَّةَ , ثَمَّ) sont de plus en plus utilisés :

في مكتبِك هناك رجلٌ = هناكَ رجلٌ في مكتبِك

= *il y a un homme dans ton bureau*

Remarques :

• On retrouve ce type de construction dans toutes les phrases
commençant par des groupes prépositionnels du type :

من المُمْكِن (= *il est possible*) / من المَعروف (= *il est connu*)

من الغريب (= *il est étrange*), etc.

Le mubtada' est alors une proposition introduite par أن (ou
أنّ) :

من الممكن أن يأتي = *il est possible qu'il vienne*

• Ce type de phrase sert à exprimer la possession (*cf.* 36.3)

36.3 L'expression de la possession

Ce sont les prépositions عنْدَ , لـ (et parfois مع et لَدى) qui,
utilisées dans une phrase nominale de localisation, servent à
exprimer la possession (et rendent notre verbe *avoir*) :

لَهُ سيّارةٌ جديدةٌ = *il a une voiture neuve*

عندي مَوْعِدٌ = *j'ai un rendez-vous*

معها قلمٌ = *elle a (avec elle) un stylo*

لدَيْنا ثقةٌ فيك = *nous avons confiance en toi*

Notez la différence entre la possession d'une chose et le fait
d'avoir quelque chose à sa disposition ou avec soi :

لي ... = *j'ai* (= *je possède*)

عندي = لديَّ

= j'ai (à ma disposition mais pas forcément avec moi ni à moi)

معي *= j'ai (avec moi, mais pas forcément à moi)*

On pourra dire, par exemple :

لديَّ (عندي / معي) مفتاح لك

= j'ai (avec moi) une clé à toi

عندي (لديَّ) في البيت مفتاح لك

= j'ai à la maison une clé à toi

Mais on ne pourra pas dire : لي مفتاح البنك

N.B. : لدى est souvent employé dès qu'il s'agit de concepts ou d'idées :

لديه أفكار غريبة *= il a des idées étranges*

36.4 Les particules du cas direct

Construction : les particules du cas direct (*cf.* 22.6) introduisent nécessairement une phrase nominale, puisqu'elles doivent être suivies d'un nom, d'un pronom (suffixe), d'un démonstratif ou d'un relatif (excepté ما ou من).

Précédé d'une de ces particules, le mubtada' devient ism et se met au cas direct. Le ḫabar, lui, reste au cas sujet (s'il s'agit d'un nom ou d'un adjectif) :

إنَّ هذا العملَ صعبٌ ← هذا العملُ صعبٌ

Les deux phrases sont synonymes (*ce travail est difficile*), le *terme de départ* étant mieux mis en valeur dans la deuxième.

Dans la phrase de localisation, le ism se met aussi au cas direct, bien qu'il ne suive pas immédiatement la particule du cas direct :

إنَّ في مكتبِك رجلاً *= il y a un homme dans ton bureau*

Sens des particules :

• إنَّ met en valeur le terme de départ ou suit le verbe قال dans le style indirect (*Cf.* 48).

- أَنَّ i sert à introduire une complétive (= *que* - *cf.* 47).

  Cf. aussi ses composés : لأَنَّ = *parce que* / كأَنَّ = *comme si*

  خاصَّةً وأَنَّ = *surtout que* / مع أَنَّ = *bien que*

  عِلمًا بأَنَّ = *sachant que, étant donné que* / نَظرًا لأَنَّ = *vu que*

- ذلك أَنَّ ou فَإِنَّ coordonnent deux phrases avec le sens de *car*
  (*cf.* 45).

- لكِنَّ coordonne deux phrases avec le sens de *mais* (*cf.* 45).
  Même sens pour على أَنَّ / إلاَّ أَنَّ / غير أَنَّ (= *mais,
  cependant*)

- لَيْتَ apporte une nuance exclamative (= *ah si...!, pourvu
  que*) :

  ليت المطرَ ينقطع = *pourvu que la pluie s'interrompe*

  ليتك كنتَ معنا أمس ! = *ah! si tu avais été avec nous hier !*

- لَعَلَّ marque la probabilité ou l'espoir que telle chose arrive
  (= *peut-être*) :

  لعلّه لم يفهم = *peut-être qu'il n'a pas compris*

  لعلّها سمعت بالخبر = *peut-être qu'elle a entendu la nouvelle*

36.5 Le temps dans la phrase nominale

Sauf si elle comprend le participe actif de certains verbes, la
phrase nominale ne note pas le temps. Celui-ci peut être indiqué
par le contexte ou par un complément de temps, sinon il s'agit
du présent. Cependant, si l'on veut situer nettement une phrase
nominale dans le passé (ou dans le futur), on la fera précéder du
verbe كان (= *être*) comme exposant temporel, au temps voulu.

Le terme de départ (qui s'appellera ism kâna) reste au cas sujet,
tandis que le ḫabar kâna se met au cas direct (si c'est un nom ou
un adjectif) :

كان هذا العملُ صعبًا = *ce travail était dur*

كان في مكتبِك رجلٌ = *il y avait un homme dans ton bureau*

سيكون المفتاحُ في الخزانة = *la clé sera dans l'armoire*

Remarques :

— si le ḫabar est le participe actif d'un verbe de mouvement ou d'un verbe d'état, la phrase exprime un présent actuel :

هو ذاهب إلى السوق = *il part au marché* (ou *il va partir...*)

هي جالسة في غرفتها = *elle est assise dans sa chambre*

— si le terme de départ était, dans la phrase nominale sans كان, un pronom isolé, il sera sous-entendu dans l'exposant temporel كان conjugué :

كنتُ مريضًا ← أنا مريضٌ = *je suis malade* → *j'étais malade*

— l'exposant temporel suit les règles normales d'accord du verbe avec son sujet (*cf.* 37.3). A la 3ᵉ personne, il sera donc presque toujours au singulier, puisque son ism est généralement situé après :

كانت البناتُ مريضاتٍ = *les filles étaient malades*

On peut cependant trouver des phrases où l'exposant temporel est situé après le mubtada'. Dans ce cas, le verbe كان s'accorde en genre et en nombre :

البناتُ كُنَّ مريضاتٍ = *les filles étaient malades*

Par contre, dans les phrases nominales de localisation (avec le ism placé après le ḫabar), كان reste au masculin singulier :

كان عندي سيّارةٌ = *j'avais une voiture*

كان في المكتبة فتاةٌ غريبةٌ

= *il y avait dans la librairie une fille étrange*

— cette même construction sert à exprimer des temps comme l'imparfait, le plus-que-parfait ou le futur-antérieur (*cf.* 37.4) :

كان الولد يلعب ← الولد يلعبُ ... = *l'enfant joue* → *jouait*

كان الرجل قد رحل = *l'homme était parti*

غدا سنكون قد انتهينا = *demain, nous aurons fini*

— les *verbes d'existence* (appelés أخوات كان = *les sœurs de kâna*) se construisent comme كان (*cf.* 44.1).

36.6 Négation de la phrase nominale

• Pour mettre à la négative une phrase nominale n'ayant pas d'exposant temporel, on se sert du faux-verbe ليس qui, bien qu'étant conjugué au passé, a un sens de présent (= *ne pas être*). Voici sa conjugaison complète :

		3e personne الغائب	2e personne المخاطب	1re personne المتكلم
singulier	masc.	لَيْسَ	لَسْتَ	لَسْتُ
	fém.	لَيْسَتْ	لَسْتِ	
duel	masc.	لَيْسا	لَسْتُما	
	fém.	لَيْسَتا		لَسْنا
pluriel	masc.	لَيْسُوا	لَسْتُمْ	
	fém.	لَسْنَ	لَسْتُنَّ	

ليس s'accorde comme كان avec le ism (appelé alors ism laysa). Celui-ci reste au cas sujet tandis que le ḫabar laysa se met au cas direct (si c'est un nom ou un adjectif) :

ليس هذا العملُ صعبًا = *ce travail n'est pas difficile*

البناتُ لسن في البيت = ليست البناتُ في البيت
= *les filles ne sont pas à la maison*

ليس عندي سيّارة = *je n'ai pas de voiture*

• Si la phrase nominale a un exposant temporel, c'est lui qui se mettra à la négative en respectant les règles normales de la négation du verbe (*cf.* 37.5) :

لَمْ يكُنْ كريمٌ مريضًا ≠ كان كريمٌ مريضًا
Karim était malade ≠ Karim n'était pas malade

لَنْ يكونَ أبوك مسرورًا = *ton père ne sera pas content*

36.7 Récapitulation

Phrase nominale d'identification

Ce travail est difficile	صعبٌ	هذا العملُ
	ḫabar *cas sujet*	mubtada' *cas sujet*
Ce travail est difficile	صعبَ	هذا العملَ إنّ
	ḫabar 'inna *c. sujet*	ism 'inna *c. direct*
Ce travail était difficile	صعبًا	هذا العملُ كان
	ḫabar kâna *c. direct*	ism kâna *c. sujet*
Ce travail n'est pas difficile	صعبًا	هذا العملُ ليس
	ḫabar laysa *c. direct*	ism laysa *c. sujet*

Phrase nominale de localisation

Il y a des souris dans la maison	فئرانٌ	في البيتِ
	mubtada' *cas sujet*	ḫabar *cas indirect*
Il y a des souris dans la maison	فئرانًا	في البيتِ إنّ
	ism 'inna *c. direct*	ḫabar 'inna *c. ind.*
Il y avait des souris dans la maison	فئرانٌ	في البيتِ كان
	ism kâna *c. sujet*	ḫabar kâna *c. ind.*
Il n'y a pas de souris dans la...	فئرانٌ	في البيتِ ليس
	ism laysa *c. sujet*	ḫabar laysa *c. ind.*

EXERCICES : 36. La phrase nominale
(corrigé p. 326 à 328)

A. (36.1 et 36.2) - Repérez les phrases complètes et soulignez le mubtada' de chacune d'elles :

١. هو في داره / ٢. هذه دارنا / ٣. أنا مع أصـحـابي / ٤. صاحبي التـونسيّ / ٥. صاحبي تونسيّ / ٦. هي عند الجيـران / ٧. باب المدينة / ٨. أنت تتـعلّم بـسرعـة / ٩. فـوق المكتب / ١٠. نحن معكم / ١١. هم من مرّاكش .

B. (36.1 et 36.2) - Traduisez ces phrases :

١. هذه سيّارة جديدة / ٢. هذه السيّارة جديدة / ٣. السيّارة في الشارع / ٤. في الشارع سيّارة / ٥. فـوق المكتب كتـاب عربيّ / ٦. الكتـاب العربيّ فوق المكتب / ٧. من الأفضل لنا أن نعمل / ٨. أنْ نعمل أفضل لنا .

C. (36.1 et 36.2) - Reconstituez les phrases suivantes :

١. الدار / في / كبير / كلب
٢. الدار / دار / عمّي / هذه / هي
٣. الأفضل / أن / تواصل / الدراسة / من / لك
٤. أصدقائي / إلى / دمشق / سافروا
٥. أنّه / مجنون / المعروف / من
٦. أنْ / سميرة / الممكن / من / تأتي
٧. أنْ / العمل / الغريب / من / هذا / يرفضوا

D. (36.1 et 36.2) - Mettez le pronom qui convient pour lier le mubtada' et le ḫabar :

١. هذه الفتـاة .... بنت عمّي / ٢. هذا الشابّ .... الطالب التـونسيّ الجديد / ٣. هؤلاء الأولاد .... أصدقـائي / ٤. هؤلاء البنات .... بناتي / ٥. هذه السيّارة .... السيّارة الجديدة .

E. (36.3) - Exprimez la possession en choisissant le terme qui convient à la situation :

١. (مـعي - لي) عشرون دينارا . خذ ! / ٢. (مـعي - لي) دار

جميلة . هل تريد أن تزورها ؟ / ٣. (لديَّ - لي) كتاب التاريخ
فقط . كتاب الجغرافيّة في البيت / ٤. (معي - لديَّ) فكرة
أخرى . لماذا لا نذهب إلى السينما ؟

F. (36.3) - Complétez les phrases ci-après en utilisant une
fois chacun des termes que voici : لي - معي - عندي - لديَّ

١. ..... صـديق يدرس العـربيَّـة / ٢. ..... فكرة ثانيـة /
٣. ..... مـائة دينار فـقط ، والبـاقي في البنك / ٤. ..... في
البيت ألف دينار .

G. (36.3) - Traduisez ces phrases :
1. Nous avons [ici] une grande voiture. 2. Elle a [dans son pays]
une grande maison. 3. Il a [sur lui] une belle photo de la ville.
4. Vous avez beaucoup d'argent. 5. J'ai une idée.

H. (36.3) - Traduisez ces phrases :

١. له صديق هنديٌّ / ٢. عندنا مـشكلة / ٣. لكم الحقّ / ٤. لها
أفكار ممتازة / ٥. لك ساعة جميلة .

I. (36.4) - Réécrivez les phrases suivantes en les faisant
précéder de la particule إنّ. Attention aux déclinaisons.

١. البنت مريضة / ٢. في المدينة جامـعة كبيرة / ٣. لنا
صديق في طرابلس / ٤. الضيف تونسيٌّ / ٥. الجامـعة في
العاصمة / ٦. في العاصمة جامع كبير .

J. (36.4) - Traduisez ces phrases :

1. La ville est belle. 2. Cette ville est belle. 3. C'est un beau
film. 4. Mon ami est syrien. 5. Mon ami syrien est malade.

K. (36.4) - Traduisez ces phrases :

١. إنّها تتكلَّم وكأنّها تبكي / ٢. إنّه في الدار لأنّه مـريض /
٣. إنّه غنيٌّ لكنّه بخيل / ٤. الفيلم جميل غير أنّ السينما
بعيدة / ٥. إنّه بخيل مع أنّه غنيٌّ / ٦. سأدرس الفلسفة خاصّة
وأنّ أبي فيلسوف / ٧. سنبقى في البيت نظراً لأنّ الجوَّ
بارد / ٨. ثمن السيّارة ألف دينار ، علما بأنّ الدينار يساوي

عشرين فرنكا / ٩. ليتك تأتي معنا

L. (36.5) - Introduisez كان dans les phrases suivantes :

١. المدير في مكتبه / ٢. ابن المدير حاضر / ٣. هذا الشارع
مغلق / ٤. هذه المكتبة مفتوحة / ٥. في مدينتنا مسرح
كبير / ٦. في شارعنا مكتب للبريد / ٧. عندنا ضيف .

M. (36.5) - Mettez au futur les phrases de l'exercice précédent.

N. (36.5) - Traduisez ces phrases :

١. كان لي صديق هنديّ / ٢. سأكون في بغداد غدًا / ٣. كنتُ
قد تعلّمتُ الهنديّة / ٤. ستكون قد سافرتَ بعد ساعة /
٥. كنّا قد تكلّمنا عن الفيلم / ٦. كنت أتعلّم وحدي .

O. (36.6) - Mettez les phrases suivantes à la forme négative :

١. المكتبة مفتوحة / ٢. الشارع واسع / ٣. صديقي معي /
٤. السينما بعيدة / ٥. أنا منتبه / ٦. كنت منتبها / ٧. كان
المدير يتكلّم / ٨. هم جالسون في المقهى / ٩. نحن
مستعدّون للسفر / ١٠. عندنا سيّارة كبيرة .

P. (36.6) - Mettez la voyelle finale de chaque nom, puis
traduisez :

١. عندي سيّارة جديدة / ٢. كانت المديرة جالسة في
المكتبة / ٣. ليس عندي مشكلة / ٤. ابن المدير مريض /
٥. ليس المهندس معنا / ٦. كانت الطبيبة مستعدّة للسفر .

Q. (36.6) - Reconstituez les phrases suivantes :

١. كان / لطيفًا / المدير / هذا
٢. البنات / في / المكتبة / ليست
٣. العربيّة / لسنا / اللغة / نتعلّم
٤. عربيّة / في / كان / مدرسة / مدينتنا
٥. إلى / رجع / الشركة / قد / كان / المدير
٦. شيء / فهمنا / قد / كلّ / كنّا
٧. بالعربيّة / البنت / تتكلّم / كانت

37. La phrase verbale

(الجملة الفِعْلِيّة)

(→ exercices p. 197)

37.1 Composants de la phrase verbale

Une phrase verbale commence en principe par un verbe. Elle se compose au minimum d'un verbe (فعْل) et d'un sujet (فاعِل) .

Le sujet est soit un nom soit un pronom compris ou sous-entendu dans le verbe (c'est le rôle du suffixe du passé ou du préfixe du muḍâriʿ). A ce couple fondamental de la phrase verbale peuvent s'adjoindre des compléments d'objet (directs ou indirects) ou circonstanciels (directs ou indirects).

Le sujet se met au cas sujet, les compléments directs (non précédés d'une préposition), qu'ils soient compléments d'objet ou circonstanciels, se mettent au cas direct et les compléments introduits par une préposition au cas indirect.

37.2 Ordre des mots

L'ordre normal de la phrase verbale est le suivant :

verbe + sujet + complément(s) d'objet + complément(s) circonstanciel(s)

Ex. : يزور الملكُ مدينتَنا اليومَ مع رئيسِ الوزراءِ

= *le roi visite aujourd'hui notre ville avec le Premier Ministre*

Cependant, cet ordre n'est pas strict :

• les compléments d'objet précèdent le sujet si ce sont des pronoms, ou parfois si le groupe sujet est plus long. C'est toujours le cas si le sujet est une proposition :

بحثَتْ عنه الشرطةُ طولَ النهارِ

= *la police l'a recherché toute la journée*

يزور بلادَنا رئيسُ الجمهوريّة التونسيّة

= *le Président de la République tunisienne visite notre pays*

يُعْجِبُ الشيخَ أنْ يجتمعَ بأولاده

= *il plaît au vieil homme de se retrouver avec ses enfants*

(= *le vieil homme aime se retrouver...*)

• les compléments circonstanciels (notamment de temps et de lieu) peuvent se placer avant le verbe et mis ainsi en relief :

اليومَ يزور الملكُ مدينتَنا

= *aujourd'hui, le roi visite notre ville = c'est aujourd'hui que...*

37.3 Accord du verbe et du sujet

— Aux 1re et 2e **personnes**, le sujet est exprimé dans la conjugaison du verbe (préfixe ou suffixe). Celui-ci s'accorde donc en genre et en nombre avec le sujet.

— A la 3e **personne**, quand le verbe précède le sujet (situation la plus courante), il reste toujours au singulier et :

- s'accorde avec le sujet si celui-ci est un *animé* (au singulier ou au pluriel) ou un *inanimé* au singulier :

خرج الأولادُ / خرج الولدُ

le garçon est sorti / les garçons sont sortis

خرجت البناتُ / خرجت البنتُ

la fille est sortie / les filles sont sorties

انتهى الكتابُ = *le livre est terminé*

انتهت القصّةُ = *l'histoire est terminée*

- se met au féminin si le sujet est un *inanimé* au pluriel :

تعقّدت الأمورُ = *les affaires se sont compliquées*

Mais le sujet peut précéder le verbe : dans ce cas, le verbe s'accorde en genre et en nombre avec le sujet, sauf si celui-ci est un pluriel *inanimé,* auquel cas il se met au féminin singulier. On trouve cette situation :

• quand le sujet a été exprimé dans une phrase précédente :

خرج الأولادُ وانصرفوا = *les garçons sortirent et partirent*

• quand le sujet est mis en relief :

أمّا أصدقاؤُه فانصرفوا = *quant à ses amis, ils partirent*

• quand le verbe est modifié par l'exposant temporel كان , (ou un verbe d'existence) ou un inchoatif. Le sujet se place alors entre les deux verbes. Ceux-ci suivent des règles d'accord différentes du fait de leur place par rapport au sujet :

كانت البناتُ يسكتن = *les filles se taisaient*

كانت الأمورُ تتعقّد = *les affaires se compliquaient*

N.B. : dans cette situation, la distinction entre phrase nominale et phrase verbale n'est pas vraiment significative. Pour la plupart des grammairiens arabes, كان introduit une phrase nominale. Cependant, dans certains écrits (en Egypte notamment), le sujet se place après كان et le verbe qui suit. Il en est de même quand le verbe qui suit est impersonnel :

كان يقول طهَ حُسَيْن ... = *Taha Hussayn disait...*

37.4 L'expression du temps

Comme il n'y a que deux temps en arabe, on a recours au contexte, à l'exposant temporel كان ou à certaines particules pour exprimer toutes les nuances du temps.

— Le passé (الماضي) se traduit le plus souvent en français par un passé composé (ou un passé simple). Il indique une action achevée (accomplie). Mais, comme la logique des deux langues n'est pas la même, on le traduit parfois par un présent (ou un conditionnel). C'est notamment le cas :

• avec des verbes exprimant un état (comme جاع = *avoir faim* / عطش = *avoir soif* / كبُر = *être vieux* / تعب = *être fatigué* ...) :

عطش ابنك = *ton fils a soif* / تعبتُ = *je suis fatigué*

• avec des verbes exprimant un désir, une volonté ou une décision (il s'agit alors de donner le résultat d'un processus qui s'est déroulé dans le passé) :

علمتُ ذلك = *je sais cela* / أرَدْنا ذلك = *nous voulons cela*

اتّفقنا = *nous sommes d'accord*

• dans certaines phrases conditionnelles (*cf.* 50).

Il se traduit par un subjonctif présent dans les formules de souhait :

بارك اللّه فيك ! = *que Dieu te bénisse !*

رحمهُ اللّه ! = *que Dieu le prenne en sa miséricorde !*

La particule قَدْ insiste sur la valeur passée absolue ou relative de l'action (pour قد suivie d'un muḍâriᶜ - *cf.* Annexe A.3). Elle est alors souvent précédée de l'exposant temporel كان .

— si كان est au passé, on traduira par un plus-que-parfait :

كان أخي قد انصرف = *mon frère était (déjà) parti*

— si كان est au muḍâriᶜ, on traduira par un futur antérieur :

يكون أخي قد انصرف = *mon frère sera (déjà) parti*

Cette particule peut aussi noter un passé proche :

... قد قلتُ لك = *je t'ai dit (= je viens de te dire)...*

La particule لَقَدْ insiste aussi sur la valeur passée (absolue ou relative) de l'action. Elle précède le verbe au passé :

لقد خسرنا المباراة = *nous avons perdu le match*

— Le muḍâriᶜ (المضارع) indique une action inachevée. Il se rendra la plupart du temps par un présent ou un futur.

Si l'on veut bien localiser l'action dans le futur (المُسْتَقْبَل), on utilisera un adverbe de temps ou on fera précéder le verbe des particules سَوْفَ ou سَ :

يصل أخي غدًا = *mon frère arrivera demain*

= سوف يصل أخي غدًا = سيصل أخي غدًا

Précédé de l'exposant temporel كان au passé, le muḍâriᶜ se traduira alors par un imparfait :

كان أخي يذهب كلّ يوم ... = *mon frère allait chaque jour...*

Cf. récapitulation des temps page suivante.

37.5 Négation de la phrase verbale

La particule de négation précède immédiatement le verbe. Elle dépend du temps du verbe.

• Pour la négation du **passé** : لَمْ + verbe au majzûm :

لَمْ يخرجْ ≠ خرج (*il est sorti ≠ il n'est pas sorti*)

Cette particule a peu à peu supplanté la négation ما (qui domine largement dans les dialectes) suivie du verbe au passé. On trouve encore cette dernière dans certaines constructions particulières (ما زال = *il n'a pas cessé*) ou pour créer certains effets de style (négation forte).

• Pour la négation du **présent** : لا + verbe au muḍâriᶜ marfuᶜ :

لا يخرجُ ≠ يخرجُ (*il sort ≠ il ne sort pas*)

• Pour la négation du **futur** : لَنْ + verbe au manṣûb :

لَنْ يخرجَ ≠ سَيخرجُ (*il sortira ≠ il ne sortira pas*)

• Pour la négation de l'**impératif** (défense) : لا + verbe au majzûm :

لا تخرجْ ≠ أُخرجْ (*sors ! ≠ ne sors pas !*)

• Pour les temps *composés* avec l'exposant temporel كان , c'est ce dernier qui le plus souvent prendra la négation :

لَمْ يَكُنْ يخرجُ ≠ كانَ يخرجُ (*il sortait ≠ il ne sortait pas*)

Mais on pourra aussi trouver la négation portant sur le verbe :

كان لا يخرجُ ≠ كانَ يخرجُ (*il sortait ≠ il ne sortait pas*)

Pour les autres négations (*ne... personne / ne... rien / ne... plus / ne... jamais / ne... que /...*) cf. 43.

Récapitulation : le temps dans la phrase verbale

il est sorti	خرج / لقد خرج
il était sorti	كان قد خرج
il sera sorti	يكون قد خرج
il sort	يخرج
il sortira	سيخرج / سوف يخرج
il sortait	كان يخرج

EXERCICES : 37. La phrase verbale

(corrigé p. 328-329)

A. (37.1) - Distinguez entre les phrases nominales et les phrases verbales :

١. نسافر غدًا / ٢. السفر صعب / ٣. بنيت دارا جديدة / ٤. بناء الدار يبدأ غدًا / ٥. أعمل في المكتب / ٦. لي عمل كثير في المكتب / ٧. عملي كثير اليوم / ٨. أعمل كثيرًا اليوم .

B. (37.2) - Reconstituez les phrases verbales suivantes :

١. أبي – أرسل – رسالة

٢. الخبّاز – الخبز – صنع

٣. سليمة – فتحت – كتابها

٤. بحث – عنك – المدرسة – مدير

٥. رسالة – كتبت – لنا

٦. الشركة – في – المهندس – يشتغل

٧. الريف – الطبيب – في – يسكن

٨. ابن – جامعة – السوربون – عمّي – في – يدرس

٩. أهلي – العربيّة – المملكة – السعوديّة – يزور

١٠. أصدقائي – الجامعيّة – في – المدينة – يسكن .

C. (37.3) - Accordez le verbe au passé :

١. (لعب) الأولاد / ٢. (وصل) الملكة / ٣. (سافر) المهندسون / ٤. (لعب) البنات / ٥. (وصل) الناس / ٦. (سافر) أبناء عمّي / ٧. (انتهى) الكتاب / ٨. (انتهى) القصّة / ٩. (انتهى) القصص / ١٠. (رجع) الحصان / ١١. (رجع) الحيوانات / ١٢. (رجع) أصحاب الحيوانات .

D. (37.3) - Accordez le verbe, toujours au passé :

١. (خرج) سليمة من دارها / ٢. (خرج) البنات و(ذهب) إلى

المسرح / ٣. (رجع) الحيوانات إلى المزرعة و(أكل) علفها /
٤. (وصل) المهندسون إلى الشركة و(اجتمع) بالمدير /
٥. (وصل) أهلي إلى المحطّة و(ركب) القطار / ٦. (جلس)
الأولاد و(تفرّج) على التلفزيون / ٧. (نهض) الحاضرون و(صفّق)
للخطيب / ٨. (جاء) الملكة و(تكلّم) مع الضيوف .

E. (37.3) - Acordez le verbe (passé ou inaccompli) :

١. (ذهب) سمير إلى السينما غدًا / ٢. (سافر) أهلي قبل
ساعة / ٣. (سافر) أمّي وعمّتي بعد ساعة / ٤. (رجع) المدير
والمهندسون بعد قليل / ٥. (انتهى) الأعمال منذ أسبوع /
٦. (بدأ) الاحتفالات بعد ساعة .

F. (37.4) - Acordez le verbe (passé ou inaccompli) :

١. لقد (ذهب) سميرة إلى السينما / ٢. سوف (سافر) أهلي
معي / ٣. (كان) أمّي وعمّتي قد (سافر) / ٤. (كان) المدير
والمهندسون قد (رجع) / ٥. (كان) الأعمال قد (انتهى) /
٦. سوف (كان) الاحتفالات قد (بدأ) .

G. (37.4) - Traduisez ces phrases :

١. يذهب أولادي إلى السينما كلّ أسبوع / ٢. لقد سافر
أهلي / ٣. سوف أسافر بعد ساعة / ٤. سنذهب جميعا إلى
المطار / ٥. كانت الطائرة قد وصلت .

H. (37.4) - Réécrivez les phrases suivantes en les faisant
précéder de كان pour exprimer le plus-que-parfait :

١. يلعب الأولاد في الملعب / ٢. يتكلّم المهندسون مع
المدير / ٣. يشرب أهلي الشاي صباحا / ٤. تقرأ أخواتي
القصص / ٥. يذهب علي وإسماعيل إلى الملعب / ٦. تشرب
أمّي وخالتي القهوة بالحليب / ٧. يتفرّج أولادي على
التلفزيون .

I. (37.5) - Traduisez ces phrases :

1. Elle est sortie. 2. Il ne sortira pas. 3. Nous sommes sortis hier. 4. J'irai avec vous. 5. N'écris pas avec ce stylo ! 6. Nous ne sortirons pas le soir. 7. Elles sortaient tous les jours.

J. (37.5) - Traduisez ces phrases :

١. سأرجع بعد قليل / ٢. لم أفهم شيئا / ٣. لن أشتري شيئا / ٤. كان يتكلّم مع المدير / ٥. لا أعرف هذا الرجل / ٦. سوف أرجع غدًا / ٧. كنّا نلعب الشطرنج / ٨. لم يكونوا معنا / ٩. لا تلعبْ معهم ! / ١٠. لا تذهبوا وحدكم ! / ١١. ارجعَنّ ! / ١٢. لم يكنّ يفهمن شيئا / ١٣. كانوا جميعاً يصفّقون .

K. (37.5) - Employez la particule de négation qui convient :

١. ... تدخّن من فضلك ! / ٢. ... أفهم شيئًا ممّا قلتَ ! / ٣. ... أسافر غدًا / ٤. ... أفعل شيئًا الآن / ٥. ... أشتغل أمس / ٦. ... فهمت شيئًا من كلامك / ٧. ... خرج أحد من الدار .

L. (37.5) - Mettez à la forme négative sans employer la particule ما :

١. سنسافر غدًا / ٢. شاهدتُ هذا الفيلم معك / ٣. شاهَدوا الفيلم في لندن / ٤. سافروا معنا ! / ٥. افتح الحقيبة من فضلك ! / ٦. سوف تتزوّج فاطمة بعد أسبوع / ٧. يسكن أهلي في المدينة القديمة .

38. Les compléments

(→ exercices p. 215)

38.1 Compléments d'objet (مَفْعول بِه)

Après un verbe transitif, on aura le plus souvent un complément
d'objet soit direct (il se mettra alors au cas direct), soit indirect
(introduit par une préposition : il se mettra alors au cas
indirect).

Attention : tel verbe se construisant avec un complément direct
en français aura parfois un complément indirect en arabe et
vice-versa (*cf.* Annexe H) :

سلّم التلميذ على الأستاذِ = *l'élève salua le professeur*

أطاع الصبيّ أمَّه = *l'enfant obéit à sa mère*

Quand le nom complément est remplacé par un pronom, celui-ci
s'accroche au verbe (complément direct) ou à la préposition
(complément indirect) et précède le sujet :

سلّم عليه التلميذ = *l'élève le salua*

أطاعها الصبيّ = *l'enfant lui obéit*

38.2 Double complément d'objet

Certains verbes peuvent avoir deux complément d'objet directs.
C'est le cas des verbes qui ont en commun un sens proche de
donner qqch à qqn :

أعطى = *donner* / وهب = *faire don* / أهدى = *offrir*

علّم = *enseigner* / زوّج = *marier* / منح = *accorder*

سأل = *demander* / أسمع = *faire entendre* / أرى = *montrer*

أطعم = *nourrir* / سقى = *abreuver*

Dans ce cas, c'est la personne à laquelle est donné l'objet qui se
met en premier, suivi de l'objet donné :

أعطى الفائزَ الجائزةَ = *il a donné la récompense au vainqueur*

أعطاه الجائزةَ = *il lui a donné la récompense*

أعطاه إيّاها = *il la lui a donnée* (sur la particule إيّا , *cf.* 16.2)

Mais on peut aussi trouver l'objet donné avant le destinataire. Dans ce cas, ce dernier complément sera indirect et précédé de la préposition لـ :

أعطاها للفائز = *il l'a donnée au vainqueur*

أعطى الجائزة للفائز = *il a donné la récompense au vainqueur*

N.B. : cette dernière tournure est d'influence dialectale, refusée par les puristes, mais de plus en plus courante, même dans les textes littéraires modernes.

38.3 Attribut du complément d'objet

Certains verbes ont une construction très proche du double complément d'objet, avec un complément d'objet suivi d'un attribut à ce complément. Les deux termes se mettront au cas direct. Il s'agit :

• des verbes *d'estimation* comme :

حسب = *estimer* / ظنّ = *penser* / رأى = *juger, croire*

عدّ = *compter, estimer* / زعم = *prétendre* / وجد = *trouver*

Ex. : حسبوه مجنونًا = *ils l'ont estimé fou*

N.B. : on trouvera de plus en plus aujourd'hui cette construction remplacée par une complétive :

حسبوا أنّه مجنونٌ = *ils ont estimé qu'il était fou*

• de verbes signifiant *rendre tel* ou *nommer*, comme :

جعل = *mettre, rendre* / ترك = *laisser*

اتّخذ = *prendre comme* / سمّى = *nommer*

Ex. : جعلته الأخبار حزينًا = *les nouvelles le rendirent triste*

سمّى ابنه عليًّا = *il prénomma son fils Ali*

38.4 Réfléchi et forme pronominale

La plupart des verbes pronominaux français se rendent en arabe par des verbes dérivés (notamment avec les formes V, VI, VII,

VIII et X) :

تهدّم = s'écrouler / تقاتل = s'entretuer / انكسر = se briser

اغتسل = se laver / استحمّ = se baigner

Quand il s'agit d'un réfléchi (où l'action part du sujet pour s'exercer sur lui), l'arabe a recours au nom نَفْس ج أَنْفُس = *âme* (ou parfois روح ج أرواح = *esprit*) ou à un autre nom désignant une partie du sujet. Ce nom est employé comme complément direct, suivi d'un pronom suffixe renvoyant au sujet :

قتل نفسَه = *il s'est tué* / وجدوا أرواحهم = *ils se sont trouvés*

غسل يديه = *il s'est lavé les mains (= il a lavé ses mains)*

38.5 Complément d'état (الحال)

Il s'agit le plus souvent d'un participe au cas direct indéfini qui précise l'état dans lequel le sujet fait l'action. On le traduira la plupart du temps par *en* + participe présent ou par un adverbe :

أجاب الرجل ضاحكًا ... = *l'homme répondit en riant...*

On verra plus loin (*cf.* 49.3) que l'on peut exprimer la même idée avec une phrase nominale introduite par و ou avec une phrase verbale introduite par وقد .

38.6 Complément absolu (مَفْعول مُطْلَق)

On désigne ainsi un *nom d'action* (maṣdar) ou un *nom d'une fois,* tiré de la même racine que le verbe, mis au cas direct, le plus souvent indéfini (sauf s'il est complété par un nom) qui peut être précisé par une épithète. Il s'agit en réalité d'un cas particulier de *complément d'état.* On le traduira très souvent en français par un complément de manière :

ضربه ضربةً = *il le frappa une fois (= il lui donna un coup)*

ساروا سيرًا طويلًا = *ils marchèrent longtemps*

سار سيرةَ المجنون
= *il marcha à la manière d'un fou (= comme un fou)*

ضربه ضربًا = *il le frappa fort*

N.B. : dans ce dernier exemple, le complément absolu est un nom d'action non qualifié : il exprime alors l'intensité.

Le nom d'action peut aussi être complément d'un élatif ou d'un indéfini :

أعرفه بعضَ المعرفة = *je le connais quelque peu*

أعرفه أحسنَ المعرفةِ = *je le connais très bien (= par cœur)*

38.7 Adverbes et locutions adverbiales

Il existe trois façons de rendre notre adverbe :

• à la façon du complément d'état, avec un nom, un adjectif ou un participe au cas direct indéfini. Ils peuvent exprimer le lieu, le temps, la manière. A noter que dans ce cas, le tanwîn final s'entendra même à la pause :

جِدًّا = *très* / جَيِّدًا = *très bien* / قَليلاً = *un peu*

كَثيرًا = *beaucoup* / طَبْعًا = *naturellement* / أيْضًا = *aussi*

خارجًا = *à l'extérieur* / يَمينًا = *à droite* ...

On trouve de plus en plus d'adjectifs de relation employés au cas direct indéfini comme adverbe :

اِجْتماعيًّا = *socialement, du point de vue social*

اِقْتصاديًّا = *économiquement, du point de vue économique*

Certains adverbes proviennent de phrases où le nom complément absolu est sous-entendu :

ساروا طويلاً = ساروا سيرًا طويلاً = *ils marchèrent longtemps*

• avec certaines quasi-prépositions précédées d'une préposition qui se mettent alors au cas sujet :

مِنْ بَعْدُ = *auparavant* / مِنْ قَبْلُ = *ensuite*

• on a aussi de nombreuses locutions adverbiales construites avec un nom (généralement indéfini) précédé de la préposition بِ . Le nom se met bien sûr au cas indirect :

بِسُرْعةٍ = *rapidement* / بِدِقّةٍ = *précisément, exactement*

بِكَثْرةٍ = *abondamment* / بِهُدوءٍ = *doucement*...

De même, avec les complexes prépositionnels بِلا = بِدونٍ = *sans* :

بِلا جَدْوى = *en vain* / بِدونٍ فائدةٍ = *en vain, sans utilité*

On trouve aussi les noms شكل ou صفة (Maghreb) ou صورة (Orient) précédés de بِ et précisés par un adjectif épithète :

بِصورةٍ عامّةٍ = بِصِفةٍ عامّةٍ = بِشَكْلٍ عامّ = *généralement*

Cf. en Annexe J une récapitulation des principaux adverbes et locutions adverbiales.

38.8 Autres compléments circonstanciels

Les autres compléments circonstanciels sont rendus par une préposition ou un groupe prépositionnel (le nom se met alors au cas indirect) mais on trouve aussi parfois des noms au cas direct.

• TEMPS :

وصل في الساعة الرابعةِ (ind.) = *il est arrivé à quatre heures*

بقي أسبوعاً (dir.) = *il est resté une semaine*

وصل اليومَ (dir.) = *il est arrivé aujourd'hui*

• LIEU :

يسكن في وسط المدينةِ (ind.) = *il habite au centre ville*

وقفَتْ مكانَك (dir.) = *elle s'est tenue à ta place*

• BUT :

كافح من أجل الحرّيّةِ (ind.) = *il combattit pour la liberté*

كافح سعياً إلى التحرّر (dir.) = *il combattit pour se libérer*

كافح بُغْيَةَ نَيْل الحرّيّةِ = *il combattit pour obtenir la liberté*

• CAUSE :

هربتُ من الخوفِ (ind.) = *je me suis enfui par peur*

هربتُ خوفاً (dir.) = *je me suis enfui par peur*

39. Le passif

(→ exercices p. 216)

39.1 Sens et construction

Pour parler du passif en arabe, on utilise le mot مَجْهول =
inconnu. Ce qui signifie que le sujet est inconnu, ou du moins,
ignoré dans le propos, car sans importance ou qu'il n'est pas
nécessaire ou souhaitable de citer.

Si le verbe a un complément direct à l'actif, ce dernier prend la
place du sujet (on l'appelle alors نائِب الفاعل ou *pseudo-sujet*)
et se met au cas sujet (et non au cas direct, ce qui est une erreur
courante). Le verbe au passif suit les mêmes règles d'accord avec
le *pseudo-sujet* que le verbe à l'actif avec le sujet. On traduira
souvent un passif arabe par une phrase commençant par *on...* :

فَتَحَتْ أمُّه البابَ = *sa mère a ouvert la porte*

→ فُتِحَ البابُ = *la porte a été ouverte* = *on a ouvert la porte*

Seule la vocalisation interne différencie un verbe au passif du
même verbe à l'actif : le contexte permet généralement de faire
la différence, sinon, on note une voyelle distinctive :

فُتِحَ البابُ = فتح الباب = *on a ouvert la porte*

فَتَحَ البابَ = فتح الباب ≠ *il a ouvert la porte*

Il n'y a donc pas, à l'origine, de complément d'agent exprimé.
Si on veut préciser l'agent, on peut répéter le verbe, une fois au
passif et une autre fois à l'actif avec son sujet :

قُتِلَ الخبّازُ قَتَلَه الضابطُ = *le boulanger a été tué par l'officier*

mot à mot : *le boulanger a été tué, l'officier l'a tué*

Cependant, actuellement, et sous l'influence des langues
européennes, on trouve de plus en plus des constructions qui
expriment l'agent (ce qui est considéré comme erroné par les
puristes), notamment grâce aux groupes prépositionnels
على يَد (plus recherché) مِنْ قِبَلِ ou مِنْ طَرَف :

اُسْتُقْبِلَ الرئيسُ من طرف الوزير (من قبل الوزير)

= *le Président a été accueilli par le ministre*

فُتِحَت الأندلسُ على يدِ طارق بن زياد

= *l'Andalousie a été conquise par Târiq Ibn Ziyâd*

N.B. : certaines formes verbales dérivées expriment déjà notre passif (ou du moins le réfléchi-passif), même si elles sont conjuguées formellement à l'actif. C'est notamment le cas de la VIIe forme, mais aussi de certains verbe à la Ve forme :

انفعل = *être ému, s'émouvoir* / تعلّق = *être suspendu, accroché*

39.2 Constructions particulières

• Si le verbe utilisé se construit à l'actif avec un double complément d'objet direct, au passif :

- le destinataire peut devenir *pseudo-sujet* tandis que l'objet donné reste au cas direct :

أُعْطِيَ الولدُ هديةً = *on a donné un cadeau à l'enfant*

- l'objet donné peut aussi devenir *pseudo-sujet* mais, dans ce cas, le destinataire sera précédé de la préposition لـ (influence dialectale) :

أُعْطِيَتْ هديةٌ للولدِ = *on a donné un cadeau à l'enfant*

• Si le verbe utilisé se construit à l'actif avec un complément d'objet direct et un attribut de ce complément, au passif, le complément d'objet deviendra *pseudo-sujet* et l'attribut restera au cas direct :

سُمِّيَ الولدُ عليًّا = *on a appelé l'enfant Ali*

• Si le verbe utilisé est transitif indirect, le complément indirect se maintient, et aucun nom ne devient *pseudo-sujet*. Le verbe reste alors toujours au masculin singulier (= passif impersonnel) :

حُكِمَ على السرّاق = *on a condamné les voleurs*

N.B. : ceci permet d'expliquer pourquoi le participe passif des verbes transitifs indirects reste invariable (*cf.* 27.5) :

السرّاق المحكوم عليهم = *les voleurs condamnés*.

40. Compléments du nom d'action
et du participe actif

(→ exercices p. 217)

Le nom d'action (ou *maṣdar* ou *nom verbal*) et le participe actif ont un statut à mi-chemin entre le nom et le verbe. S'ils sont formés à partir d'un verbe transitif direct, ils pourront dans certains cas avoir un complément direct (comme un verbe) ou seront le 1er terme d'une annexion (comme un nom).

40.1 Compléments du nom d'action

Certains noms d'action sont utilisés comme de vrais substantifs, et le sens verbal a presque disparu. Dans ce cas, ils se comportent exactement comme un nom.

Par contre, les noms d'action issus de verbes transitifs directs et ayant gardé un sens verbal peuvent avoir deux types de compléments : celui qui représente le sujet de l'action et celui sur lequel porte l'action. Si un seul de ces deux compléments est exprimé, on a alors une annexion :

تعلُّم التلميذِ = *l'apprentissage de l'élève*

تعلُّم القراءةِ = *l'apprentissage de la lecture*

Par contre, si les deux compléments sont exprimés, celui qui représente le sujet de l'action se mettra en annexion, tandis que l'autre le suivra au cas direct :

تعلُّم التلميذِ القراءةَ = *l'apprentissage de la lecture par l'élève*

N.B. : ce groupe nominal correspond à la phrase verbale :

يتعلّمُ التلميذُ القراءةَ = *l'élève apprend la lecture*

Si les compléments sont des pronoms, le 2e sera précédé de la particule إيَّا :

تعلّمه إيّاها

N.B. : un nom d'action utilisé avec une valeur verbale sera toujours défini (soit par l'article, soit par un complément en annexion).

40.2 Compléments du participe actif

— Quand un participe actif d'un verbe transitif direct est ḫabar dans une phrase nominale, il pourra soit être le 1er terme d'une annexion (et donc suivi d'un nom au cas indirect), soit se comporter comme un verbe et avoir un complément direct :

أنا مالكُ قلبِها = *je suis possesseur de son cœur*

ou : أنا مالكُ قلبَها = *je possède son cœur*

— Si un participe actif d'un verbe transitif direct est complément d'état, il se comporte comme un verbe et a donc un complément direct :

سار متتبّعًا الآثارَ = *il avança en suivant les traces*

Dans les autres cas, le participe actif se comportera comme un nom-adjectif.

41. Syntaxe du vocatif

(→ exercices p. 218)

Pour interpeller quelqu'un, on a recours aux particules يا ou أيُّها
(au féminin : أيَّتُها).

• Si le nom n'est pas précédé de l'article, on utilise la particule
يا qui sera suivie :

  - d'un nom défini au cas sujet si l'on s'adresse à quelqu'un de
bien déterminé :

يا كريمُ ، أين أنت ؟ = *Karîm, où es-tu ?*

  - d'un nom indéfini au cas direct si la personne à laquelle on
s'adresse est une entité vague :

يا رجلا ، قل لي ... = *ô homme, dis-moi...*

  - d'un nom au cas direct s'il est complété par un complément
(annexion) :

يا أميرَ المؤمنين ... = *ô Commandeur des Croyants*

يا عبدَ الكريم = *Abdelkarim !*

N.B. : un nom complété par le pronom suffixe ي voit parfois sa
dernière syllabe s'alléger : يا ربُّ ← يا ربّي = *mon Dieu !*

Notez aussi l'expression (quelque peu archaïque) يا أبَتِ
utilisée à la place de يا أبي = *mon père !*

• Si le nom est précédé de l'article, on utilise la particule أيُّها
suivie d'un nom au cas sujet. Cette construction marque une plus
grande solennité :

أيُّها الإخوةُ المواطنون = *Chers citoyens !*

أيّتها السيداتُ = *Mesdames !*

On trouve aussi parfois, pour marquer encore plus de solennité,
les deux particules qui se suivent :

يا أيُّها المؤمنون = *Ô (vous) les croyants*

• Pour s'adresser à Dieu, à côté de la construction normale
يا إلَهي (= *ô mon Dieu*), on trouve l'expression اللهُمَّ qui
signifie *ô Dieu* sans avoir recours à une particule du vocatif.

42. Tournures exclamatives

(→ exercices p. 218)

42.1 Exclamations

• La tournure la plus courante est construite à partir du schème أَفْعَلَ (considéré ici comme un verbe de forme IV au passé qui reste figé ainsi) précédé de la particule مَا et suivi du nom (au cas direct défini par l'article) ou d'un pronom suffixe :

مَا أَجْمَلَ هذه البنتَ ! = *que cette fille est belle !*

مَا أجملَها ! = *qu'elle est belle ! (elle est si belle !)*

• Autre construction avec يَا لَ ... auquel on suffixe un pronom s'accordant avec le nom indéfini qui suit précédé de la préposition مِن :

يا لَها مِنْ مباراةٍ ! = *quel match !*

يا لَه من أحمق ! = *quel idiot !*

• Si le nom est précédé de l'article, on utilise cette même construction sans recourir au pronom suffixe :

يا لَلْكارثة ! / يا لَلحظِّ ! = *quelle chance ! / quelle catastrophe !*

• On trouve aussi de plus en plus la particule كَمْ utilisée dans un sens exclamatif. Elle est alors suivie d'un nom au cas indirect (précédé ou non de la préposition مِن) ou d'une phrase :

كم من مرّةٍ ! = *que de fois !*

كم كنتُ أودّ أن أراك ! = *comme j'aurais voulu te voir !*

• Signalons aussi deux *pseudo-verbes* qui ne sont plus très utilisés aujourd'hui : بِئْسَ (= *combien est mauvais !*) et نِعْمَ (= *combien est bon !*) qui seront suivis d'un nom au cas sujet et resteront la plupart du temps figés au masculin singulier :

بِئْسَ الفكرةُ = *quelle mauvaise idée !*

نِعْمَ المرأةُ = *quelle femme merveilleuse !*

• Rappelons enfin les phrases introduites par la particule du cas direct لَيْتَ qui ont une valeur exclamative :

ليتك كنت معنا أمس ! = *ah ! si tu avais été avec nous hier !*

42.2 Interjections

Voici un certain nombre d'interjections usuelles :

allons !	هَلُمَّ بِنا	*bienvenue !*	أَهْلا (وسَهْلا)
allons !	هَيَّا	*attention !*	حَذارِ (مِن / أن)
hélas, quel malheur !	واحَسْرَتاه = يا حَسْرَتي	*Gloire à Dieu !*	سُبْحانَ اللّه
		merci (beaucoup) !	شُكْرًا (جَزيلا)
bizarre, quelle surprise !	واعَجْباه = عَجَبًا	*chut !*	صَهْ = هُسَّ
malheur !	وَيْح = وَيْل	*bienvenue !*	مَرْحَبًا (بك)
	(الويلُ لك = ويلَك)	*à Dieu ne plaise !*	مَعاذَ اللّه
(malheur à toi !)		*doucement ! attendez !*	مَهْلا
		viens, venez !	هَلُمَّ

42.3 Formules de serment

A côté des phrases contenant des verbes signifiant *jurer* (comme حلف ou أقسم), deux constructions servent à exprimer le serment :

• وَ suivi d'un nom au cas indirect (on trouve aussi la préposition بـ avec ce sens, et, plus archaïque, la lettre تَـ) :

بِاللّه = وَاللّه = *par Dieu !*

• لَعَمْرُ ... = *par la vie de... !* :

لَعَمْري = *par ma vie ! / je le jure !* / لَعَمْرُ اللّه = *par Dieu !*

43. Phrases négatives

(→ exercices p. 219)

43.1 Récapitulation : *ne... pas*

Rappelons que la négation utilisée varie suivant le type de phrase (nominale ou verbale) et le temps du verbe (ou de l'exposant temporel pour la phrase nominale).

• Présent	- Phr. nominale : ليس
	- Phr. verbale : لا + المضارع المرفوع
• Passé [1]	لَمْ + المضارع المجزوم (ما + الماضي)
• Futur [1]	لَنْ + المضارع المنصوب
• Défense [2]	لا + المضارع المجزوم

[1] si la phrase est nominale, la négation porte sur l'exposant temporel كان . Quant à la négation ما , elle est de moins en moins employée.

[2] = négation de l'impératif.

Ces particules, utilisées avec d'autres mots, servent à exprimer les autres nuances de la négation (*personne, rien, jamais, plus...*).

43.2 *ne... personne / ne... rien*

Ce sont les noms أحد (= *quelqu'un*) et شيء (= *une chose*) qui rendent, associés à une particule de négation, ces tournures. Ces noms se mettent au cas requis par leur fonction dans la phrase :

لم يأتِ أحدٌ = *personne n'est venu*

لا أعرفَ أحدًا = *je ne connais personne*

لن تتّصلَ بأحدٍ = *tu ne communiqueras avec personne*

ليس هناك أحدٌ = *il n'y a personne*

لم أبحث عن شيءٍ = *je n'ai rien cherché*

لا أرى شيئًا = *je ne vois rien*

43.3 *ne... jamais*

Avec une phrase au passé, on se servira de قَطُّ , figé ainsi, alors qu'avec une phrase au futur ou au présent, on aura recours à l'adverbe أَبَدًا (qui signifie *toujours* dans une phrase affirmative) :

لم يزُرْنا قطُّ = *il ne nous a jamais rendu visite*

لن أرحلَ من هنا أبداً = *je ne partirai jamais d'ici*

لا يضحك أبداً = *il ne rit jamais*

43.4 *ne... plus*

Au passé, on a recours au verbe عاد ، يعـود , précédé d'une particule de négation et suivi du verbe principal :

لم يَعُدْ يسافر = *il n'a plus voyagé* ou *il ne voyage plus*

(suivant le contexte)

Au futur, on pourra trouver la quasi-préposition بَعْدَ ou l'adverbe ثانيةً (= *à nouveau*) dans une phrase négative :

لن يأتيَ بعدَ اليوم (بعدَ الآن) = *il ne viendra plus*

لن يسافرَ ثانيةً = *il ne voyagera plus*

43.5 *ne... pas encore*

On a recours à l'adverbe بَعْدُ dans une phrase négative au passé :

لم يزُرْنا بعدُ = *il ne nous a pas encore rendu visite*

Signalons aussi la négation لَمَّا suivie du majzûm, construction qui n'est presque plus utilisée :

لمّا يزُرْنا = *il ne nous a pas encore rendu visite*

43.6 *ne... que*

On a recours à des mots qui signifient *sauf* et qui sont la négation إلاّ et les noms غَيْر et سِوى.

Le mot qui suit إلاّ se met au cas voulu par sa fonction dans la phrase ; par contre, après غير ou سوى , il se met au cas indirect (annexion). Quant à غير , il se met lui au cas voulu par sa fonction dans la phrase (سوى reste figé ainsi) :

لا أتكلّم إلّا العربيّةَ = *je ne parle que l'arabe*

= لا أتكلّم سوى العربيّةِ = لا أتكلّم غيرَ العربيّةِ

Attention : si le nom représentant l'ensemble d'où est tiré l'exception est cité dans la phrase, le nom qui suivra إلّا sera alors au cas direct, et de même pour le nom غير (on traduira alors إلّا et ses équivalents par *sauf* ou *excepté*) :

جاء كلُّ النّاسِ إلّا أخاه = *tous les gens sont venus sauf son frère*

= جاء كلُّ النّاسِ سوى أخيهِ = جاء كلُّ النّاسِ غيرَ أخيهِ

On trouve aussi les *pseudo-verbes* عدا et خلا précédés ou non de ما avec ce même sens. Le nom qui suit se met au cas direct si عدا est précédé de ما , sinon il se met au cas indirect :

جاء كلُّ النّاسِ عدا أخيهِ = جاء كلُّ النّاسِ ما عدا أخاه

43.7 *aucun*

On a recours au mot أيّ précédé d'une négation, et suivi d'un nom au cas indirect. Le mot أيّ se met au cas voulu par sa fonction dans la phrase :

لم أواجه أيَّ خطرٍ = *je n'ai affronté aucun danger*

لن أقبل أيّةَ دعوةٍ = *je n'accepterai aucune invitation*

EXERCICES (38 à 43)
38. Les compléments
(corrigé p. 329-330)

A. (38.1) - Réécrivez ces phrases en remplaçant le complément d'objet direct par le pronom adéquat. Ex. :

انتظر الشابُّ صديقته = انتظرها الشابُّ

١. رأى الطالبُ أستاذته / ٢. هنّأ الأب بنته / ٣. هنّأ الأب بناته / ٤. انتظرت المعلّمة تلاميذها / ٥. انتظر المهندسون مدير الشركة / ٦. فتحت البنت باب الدار .

B. (38.1) - Réécrivez ces phrases en remplaçant le complément d'objet indirect par le pronom adéquat. Ex. :

سلّمت البنت على صديقها = سلّمت عليه البنت

١. تكلّم المهندس مع الطبيب / ٢. بحث أبي عن قلمه / ٣. بحث الفلّاح عن الحيوانات / ٤. نظر الشرطيّ إلى السيّارات / ٥. سأل الطبيب عن المريضة / ٦. بحثت الشرطة عن اللصوص / ٧. سلّم خالي على أخواتي .

C. (38.1) - Reprenez les phrases des exercices A et B pour les contracter au maximum : remplacez le complément par le pronom adéquat et rendez sous-entendu le sujet du verbe. Ex. :

انتظر الطلّابُ أستاذهم = انتظروه

D. (38.3) - Réécrivez ces phrases en remplaçant les compléments par une complétive, selon le modèle :

حسبوه مجنونا = حسبوا أنّه مجنون

١. ظننتها عاقلة / ٢. وجدناهم عاقلين / ٣. ظنّكم قادرين على النجاح / ٤. ظنّهنّ عاقلاتٍ / ٥. حسبوكم عاجزين عن العمل / ٦. ظنّونا قادرين على الصبر .

E. (38.5) - Traduisez :

١. وصل الطبيب مسرعًا / ٢. خرج المهندسون ضاحكين /

٣. وصلت أختي باكيةً / ٤. رجعت البنت راكضةً .

F. (38.5) - Réécrivez ces phrases en exprimant la même idée mais à l'aide d'un nom d'action. Ex. :

تكلّم بوضوح = تكلّم تكلّمًا واضحًا

١. قاومنا العدوّ بشدّة / ٢. ضرب الملاكم خصمه بعنف / ٣. أيّدنا المرشّح الديمقراطي بصراحة / ٤. سار اللاعبون بانتظام / ٥. قابلَنا المدير بلطف .

G. (38.5) - Choisissez le terme qui convient :

١. هذا الشارع واسع (جدًّا / جيّدًا) / ٢. (طبعًا / أيضًا) أتكلّم العربيّة فأنا عربيّ / ٣. أذهب (كثيرًا / جدًّا) إلى السينما / ٤. أنا (أيضًا / جدًّا) أتكلّم العربيّة .

H. (38.5) - Réécrivez ces phrases en employant un complément. Ex. :

كلامه واضح = يتكلّم بوضوح

١. مشيته هادئة / ٢. عمله دقيق / ٣. عملهم سريع / ٤. كتاباتهم كثيرة / ٥. سيرك سريع / ٦. كلامكم دقيق .

39. Le passif
(corrigé p. 330-331)

A. - Passez de l'actif au passif. Attention à la préposition lorsque le verbe est indirect. Ex. :

نشر الناسُ الحكايةَ = نُشِرَت الحكايةُ

١. فتح يوسف الباب / ٢. كسر القطّ الكأس / ٣. جرح الأسد الصيّاد / ٤. قتل الصيّاد الأرنب / ٥. باع التاجر البضاعة / ٦. قبضت الشرطة على اللصّ / ٧. سأل الناس عن موعد الحفلة / ٨. سرق اللصّ السيّارة .

B. (39.2) - Passez de l'actif au passif. Attention : le verbe a deux compléments d'objet.

١. منح الملك الفائز وسامًا / ٢. أعطت الخبّازة الفقير

درهمًا / ٣. سمّت فاطمة الولد «محمّدًا» / ٤. أعطى الأمير ابنه هديّة / ٥. سمّى محمّد ابنته «سليمة» / ٦. أعطى جيراني أولادهم كرة جديدة / ٧. منحت الدولة موظّفيها عطلة إضافيّة .

C. (39.2) - Passez de l'actif au passif grâce au participe. Ex. :

فتح الرجل الباب = الباب مفتوح

١. سمح المدير بالخروج / ٢. ترجم يوسف القصّة / ٣. شكّت المحكمة في قول الشاهد / ٤. غضبت الزوجة على الزوج / ٥. رغب الأولاد في الحلوى / ٦. سرق اللصّ السيّارة .

40. Compléments du nom d'action et du participe actif

(corrigé p. 331)

A. (40.1) - Réécrivez ces phrases avec l'amorce proposée.

تعلّمتَ الكتابة = يعجبني تعلّمك الكتابة : Ex.

= يعجبني تعلّمك إيّاها

١. اشتريت سيّارة جديدة (يسرّني ...) / درستم الفلسفة اليونانيّة (يَسرّني ...) / ٣. فـهمـوا الدرس (يسرّني ...) / ٤. رفضوا الاتّفاق (يؤسفني ...) / ٥. هدموا البيت القديم (يؤسفني ...) / ٦. باعتا السيّارة القديمة (يدهشني ...) / ٧. بعتمـا الدار القديمـة (يدهشني ...) / ٨. هدمن الجـدار (أستغرب ...) / ٩. باعوا الحيوانات (أستغرب ...) .

B. (40.2) - Exprimez la même idée en remplaçant le verbe par le participe actif. Ex. :

يطلب فلان العلم = فلان طالبُ العلمَ

١. يعشق فلان الغناء / ٢. أهلي يعشقون الغناء / ٣. يعشق الناس أغانيها / ٤. تحفظ فلانة الأغنية / ٥. تحفظون النصّ / ٦. نتتبّع القضيّة / ٧. يتتبّع أصحابي القضيّة .

C. (40.2) - Exprimez la même idée en remplaçant le participe par le verbe. Ex. :

إنّه رافضٌ العملَ معنا = إنّه يرفض العمل معنا

١. ظلّ أخي طالبًا العلمَ / ٢. كانت أختي عاشقةً الأدبَ / ٣. ظلّ أهلي محـترمين القانونَ / ٤. ظلّ أهلي منتقدين قراري / ٥. مـا زال والداي رافـضـين السفرَ مـعي / ٦. علمت أنّكم بائعـون الدارَ / ٧. كانا رافـضـين بيعَ الدار / ٨. ظلّ الرجل رافضًا فتحَ الباب / ٩. إنّها رافضة شراءَ التلفزيون .

41. Syntaxe du vocatif (corrigé p. 331)

A. - Complétez avec le terme qui convient : يا / أيّها / أيّتها

١. ... صاحـب ! / ٢. ... أصحـاب الدار ! / ٣. ... الناس ! / ٤. ... سكّان المـدينة ! / ٥. ... البنات ! / ٦. ... فـلان ! / ٧. ... السيّدات ... السادة ! / ٨. ... الإخـوة المـواطنون ! / ٩. ... المستمعون الكرام !

B. - Vocalisez le mot après يا :

١. يا نـور الدين ! / ٢. يا بنت الحــلال ! / ٣. يا ولد ! / ٤. يا أولاد الحلال ! / ٥. يا ناس !

42. Tournures exclamatives (corrigé p. 331-332)

A. (42.1) - Exprimez l'exclamation à l'aide de ما أفعل pour souligner la qualité indiquée. Ex. :

هي بنت جميلة = ما أجمل هذه البنت ! = ما أجملها !

١. هو شارع واسع / ٢. هو رجل حكيم / ٣. هي دار كبيرة / ٤. هو قلم صغير / ٥. هي فتاة ذكيّة / ٦. هو شابّ غبيّ / ٧. هو طفل سمين / ٨. أنت طفلة نحيفة / ٩. أنت مـلاكم قـويّ / ١٠. هم شبّان أقوياء / ١١. هنّ بنات كـريمـات / ١٢. هم جيران مزعجون / ١٣. أنتم رجال أقوياء / ١٤. أنتما فتاتان ذكيّتان / ١٥. هما مغنيّان بارعان .

B. (42.1) - Traduisez :

‏١. يا له من فيلم ! / ٢. ما أحلاهنّ ! / ٣. يا للمصيبة ! /
‏٤. يا لهم من مجانين ! / ٥. يا لك من أحمق ! / ٦. كم من
‏حادث اليوم !

43. Phrases négatives (corrigé p. 332)

A. (43.1 et 43.2) - Traduisez :

1. Je ne sais pas. 2. Elle n'est pas jolie. 3. Elle ne connaît personne. 4. Il n'a rien compris. 5. Nous ne comprenons rien. 6. Tu n'as rien mangé. 7. Je ne mangerai pas ce soir. 8. Nous ne regardons pas la télévision aujourd'hui. 9. Ils ne cherchent rien. 10. Il n'y a rien sur le bureau. 11. Il n'y a personne à la maison. 12. L'examen ne sera pas facile. 13. Personne ne t'aidera.

B. (43.2) - Traduisez :

‏١. ليس في المكتبة أحد / ٢. لا أبحث عن شيء / ٣. لم أرَ
‏أحدا / ٤. لم أجد شيئا في الصندوق / ٥. لن يشتغل مع
‏أحد / ٦. لن تري شيئًا / ٧. لا تفهمون شيئًا / ٨. لا يرضى عن
‏شيء .

C. (43.3) - Complétez avec ‏قطّ ou avec ‏أبدًا .

‏١. لا نذهب إلى هذه السـوق ... / ٢. لن أسكن في هذه
‏الدار ... / ٣. ما شربت الخمر ... / ٤. لم يساعدها أحد ... /
‏٥. لم أتكلّم معها ... / ٦. لن أتّفق معك ... / ٧. لا أذهب إلى
‏السينما ... .

D. (43.4) - Dites le contraire des phrases suivantes. Ex. :

‏يقرأ كلّ ما يجده أمام عينيه = لا يقرأ شيئا

‏١. يتكلّم مع كلّ الناس / ٢. أعرف الجميع في الجامعة /
‏٣. أعجبتني كلّ برامج التلفزيون هذا الأسبوع / ٤. استمعت
‏إلى الكثير هذا اليوم / ٥. أكلنا الكثير هذا المساء .

44. Verbes d'existence et inchoatifs

(→ exercices p. 246)

Le point commun des verbes présentés dans ce chapitre est qu'ils peuvent tous être suivis d'un autre verbe juxtaposé (sans recours à une particule de subordination).

44.1 Verbes d'existence (أخوات كان)

Certains verbes modifient la phrase nominale comme le fait l'exposant temporel كان (le ḫabar se met au cas direct). Aussi les appelle-t-on en arabe *les sœurs de* كان (أخوات كان). On parle aussi de *verbes d'existence*. On peut distinguer les groupes suivants, d'après leur sens :

• *devenir...*

Les deux verbes les plus usuels sont : صار et أصبح (on trouvera aussi أضحى , أمسى et بات). Ils sont presque toujours au passé et ont le sens général de *devenir* :

أصبح ابنُك رجلاً = *ton fils est devenu un homme*

صار هذا العاملُ حاذقًا = *cet ouvrier est devenu habile*

Remarques :

• A part صار , ces verbes ont un sens originel en rapport avec le temps : أصبح = *être au matin* / أضحى = *être dans la matinée* / أمسى = *être au soir* / بات = *passer la nuit* :

بات عند جدّه = *il a passé la nuit chez son grand-père*

• Attention : on traduira souvent en arabe *devenir...* sans avoir recours à ces verbes. Ainsi trouve-t-on :

كبر = *devenir vieux, vieillir* / ابيضّ = *devenir blanc, blanchir*

تعقّد = *devenir difficile, se compliquer* / etc.

• Suivi d'un verbe au muḍâriʿ, صار (et parfois أصبح) se traduira par *se mettre à* (comme les inchoatifs - cf. 44.2) :

صار الأستاذُ يصيح = *le professeur se mit à crier*

• *rester...*

Les trois verbes les plus usuels sont : بقي = *rester, demeurer, continuer à* / ظلّ = *être toujours, rester, continuer à* / دام = *être toujours, demeurer* / لبث = *rester* . Ils sont conjugués au passé ou (sauf دام) au muḍâriᶜ :

ستبقى وحيداً = *tu resteras seul*

ظلّ الشرطيُّ حائراً = *le policier resta interloqué*

Remarques :

• Ces verbes (auxquels on peut ajouter مضى et استمرّ) peuvent aussi être suivis d'un autre verbe au muḍâriᶜ et ont le sens de *continuer à* :

بقيت تلتقي بي = *elle a continué à me rencontrer*

ظلّ أخي يعمل معنا = *mon frère continua à travailler avec nous*

• On trouve surtout le verbe دام précédé de la particule de temps ما = *tant que* :

لن أنساك ما دُمْتُ حيّاً

= *je ne t'oublierai pas tant que je serai vivant*

• *ne pas cesser...*

Le verbe le plus usuel est : ما زال = *ne pas cesser, être toujours, être encore* (on trouvera aussi ما فتئ , ما برح et ما انفكّ). Ils sont conjugués au passé ou au muḍâriᶜ :

لم تزالوا صغاراً = ما زلتم صغاراً

= *vous n'avez pas cessé d'être jeunes (= vous êtes encore jeunes)*

لا أزال في حاجة إليك = *j'ai toujours besoin de toi*

Remarque :

Ces verbes peuvent aussi être suivis d'un autre verbe au muḍâriᶜ sans modification du sens précédent :

ما زال يلعب = *il est encore en train de jouer*

• *re(faire)...*

A côté des expressions ثانيـةً et مـن جديد , on trouve le verbe
عـاد ، يعـود suivi d'un verbe au muḍâriᶜ avec le sens de
recommencer à, re-... :

عـاد يقـول = قـال ثانيـةً = قـال مـن جديد = *il redit*

عُدْتُ أخرج = *je ressortis, je sortis à nouveau*

Rappel : au passé, précédé d'une négation et suivi d'un verbe au
muḍâriᶜ, il signifiera *ne... plus* (cf. 43.4).

44.2 Inchoatifs (أفعـال الشـروع)

Ce sont des verbes qui, employés au passé et suivis d'un verbe
au muḍâriᶜ, ont le sens de *commencer à, se mettre à.*

Attention : utilisés hors de cette construction, ils gardent alors
leur sens propre.

Les principaux verbes inchoatifs sont : جعـل . أخذ et جعـل .

On trouve aussi : أنشأ et أقبل, قـام , بـدأ, شـرع :

بـدأت البنت تتعلّم الرقص

= *la fille commença à apprendre à danser*

أخذ النـاس يصفّقون = *les gens se mirent à applaudir*

44.3 Autres verbes suivis d'un verbe juxtaposé

• Le verbe d'imminence كـاد ، يكـاد (= *être sur le point de,
faillir*) peut être suivi d'un verbe juxtaposé (ou précédé de أن -
cf. Annexe A.3) :

كـاد يخرج = *il était sur le point de sortir*

• Il en est de même pour le quasi-verbe عسـى qui exprime une
probabilité souhaitée. Ce verbe reste figé ainsi et peut se
construire de différentes façons (cf. Annexe A.2) :

عسـى أبـوه يصلُ = *pourvu que son père arrive !*

45. La coordination

(→ exercices p. 246)

45.1 La particule وَ

C'est la coordination la plus courante (= *et*). Composée d'une seule lettre, elle forme un seul mot graphique avec le mot qui la suit et ne peut donc pas apparaître en fin de ligne. Elle peut coordonner deux groupes nominaux ou deux phrases qui sont sur le même registre grammatical ou sémantique :

ذهب مع أمّه وأخيه = *il est parti avec sa mère et son frère*

اجلس واكتب ! = *asseois-toi et écris !*

Remarques :

• En principe, on n'utilise pas la coordination entre plusieurs épithètes se rapportant à un même nom, ni entre plusieurs ḫabar (dans une phrase d'identification). C'est la juxtaposition que l'on trouve le plus souvent :

صديقه الفرنسيّ الصغير = *son jeune ami français*

هذا الأمر عجيب غريب = *cette affaire est très étrange*

• Si l'on doit coordonner plus de deux groupes, on met la coordination entre chaque groupe (et non seulement à la fin comme en français) :

زرتُ المغرب وتونس والأردنّ

= *j'ai visité le Maroc, la Tunisie et la Jordanie*

• Dans une phrase négative, pour rendre notre *ni,* on utilisera la particule وَ suivie de la négation لا , quelle que soit la négation utilisée dans la phrase :

لم أزر باريس ولا تونس = *je n'ai visité ni Paris ni Tunis*

• Ne confondez pas ce وَ de coordination avec la particule de serment (*cf.* 42.3), ni avec le واو الحـال (qui introduit une phrase complément d'état - *cf.* 38.5 et 49.3). De même, pour les expressions وإلّا (= *sinon*), ولَوْ et وإنْ (= *même si*), *cf.* 50.

45.2 La particule فَ

Composée elle aussi d'une seule lettre, elle peut coordonner deux verbes ou deux phrases. Elle indique une succession souvent avec un changement de sujet. On la traduira par *et* mais aussi parfois par *donc, alors,...* et bien souvent, elle équivaut à un signe de ponctuation (le point, le point-virgule ou les deux points du français) :

قال الشابّ ... فأجابه الرجل ...

= *le jeune homme dit... l'homme lui répondit...*

كنت جائعًا فذهبت إلى المطعم

= *j'avais faim, alors je suis allé au restaurant*

سألته عنك فقال إنّك رحلت

= *je lui ai demandé de tes nouvelles : il m'a dit que tu étais parti*

Remarques :

• Cette coordination pouvait relier deux groupes nominaux. Cet usage a disparu. On le trouve encore dans quelques expressions comme :

شَيْئًا فَشَيْئًا = *peu à peu* / يومًا فيومًا = *de jour en jour*

من الآن فصاعدًا = *dorénavant, à partir de maintenant*

• La particule ف peut indiquer une relation de cause, de but ou de conséquence. Le verbe qui suit se met alors au manṣûb. Il s'agit alors plus d'une subordination que d'une coordination (*cf.* 49.1).

• Elle sert aussi, en réponse à أمّا , à mettre un groupe nominal (ou un pronom) en évidence :

أمّا الرئيسُ فلم يأتِ = *quant au Président, il n'est pas venu*

أمّا أنا فأبقى هنا = *quant à moi, je reste ici*

• Ne confondez pas ce ف qui coordonne avec celui qui introduit la *réponse* dans une phrase conditionnelle (*cf.* 50).

45.3 La particule ثُمَّ

Elle marque une succession d'événements (= *puis, ensuite*) :

بقي شهرًا ثمّ غادرنا = *il est resté un mois, puis il nous a quittés*

سأسافر أوّلا إلى دمشق ثمّ إلى حلب

= *j'irai (je voyagerai) d'abord à Damas puis à Alep*

45.4 La particule بَلْ

Dans une phrase affirmative, on la traduira par *bien plus, voire*.
Mais dans une phrase négative, on la rendra par *mais (plutôt),
au contraire* :

هو غنيّ جدًا بل هو أغنى سكّان المدينة

= il est très riche, voire le plus riche des habitants de la ville

لا أدرس الفلسفة بل التاريخ

= je n'étudie pas la philosophie mais l'histoire

Elle sert aussi à rendre l'expression *non seulement... mais
encore...* : ... (و) بَلْ حَسْبُ ... لا ou ... (و) بَلْ وَحَسْبُ ...لا :

لا أدرس الفلسفة الحديثة فحسب بل والقديمة أيضا

*= j'étudie non seulement la philosophie moderne
mais encore l'ancienne*

45.5 Les particules أَوْ / أَمْ / إِمّا

Ces particules servent à marquer l'alternative : *ou (bien)*.

• La première (أو) pourra relier deux noms ou deux phrases :

؟ هل تشرب شايا أو قهوة = *bois-tu du thé ou du café ?*

غدا ، سأذهب إلى السينما أو أبقى في البيت

= demain, j'irai au cinéma ou je resterai à la maison

• La deuxième (أم) a le même sens mais sera utilisée :

- dans une phrase interrogative introduite par أ :

؟ أتشرب شايا أم قهوة = *bois-tu du thé ou du café ?*

- dans la construction أَمْ ...أ سَواءٌ (= *qu'il s'agisse de...
ou...*) :

سواء أشئتم أم أبيتم = *que vous le vouliez ou non*

سواء أكنت أنت الفائز أم هو = *que ce soit toi qui gagnes ou lui*

• Quant à la troisième (إِمّا) , elle permet d'exprimer de façon
plus précise l'alternative *ou bien... ou bien... (soit... soit...).*
Pour cela, elle peut être reprise deux fois (... وإمّا ... إمّا) ou

aller de pair avec (... أو ... إمّا) أو :

إمّا الزواج وإمّا الوداع = *soit le mariage, soit adieu !*

إمّا الجائزة الأولى أو لا شيء = *soit le premier prix, soit rien !*

45.6 Autres locutions

La plupart de ces mots-outils se terminent par une particule du cas direct. Ils seront donc suivis d'un nom au cas direct ou d'un pronom suffixe. Il expriment l'opposition (ou la restriction) ou la causalité. Les principaux sont :

• لكنّ = *mais* (on trouve aussi la forme *allégée* لكنْ , souvent précédée de و : aucune influence alors sur le reste de la phrase qui pourra commencer par un verbe, un nom ou une particule) :

أودّ مساعدتكم لكنّني مريض

= *j'aimerais vous aider mais je suis malade*

أودّ مساعدتكم ولكنْ ليس عندي وقت

= *j'aimerais vous aider mais je n'ai pas de temps*

• على أنّ = غَيْرَ أنّ = إلاّ أنّ = *mais, toutefois*

• وإنّما = *mais, plutôt* (pas d'influence sur le reste de la phrase) :

إنّه ليس مريضا وإنّما متمارض

= *il n'est pas malade mais il fait semblant (d'être malade)*

• لأنّ = *car* / ذلك أنّ = فَإِنّ = *parce que*

• إذْ = *car, puisque* (aucune influence sur le reste de la phrase).

N.B. :

• *donc* se traduira par إذَن (ou إذًا). Il s'agit d'une sorte d'adverbe (sans influence sur le reste de la phrase).

• أيْ sert à introduire une explication (= *c'est-à-dire...*) et n'a aucune influence sur le reste de la phrase :

إنّه يريد العودة إلى بلاده أيْ إلى مصر

= *il veut rentrer dans son pays, c'est-à-dire en Egypte*

46. La relative

(الجملةالموصولة)

(→ exercices p. 247)

46.1 Éléments constitutifs et fonction

Une relative est une *phrase épithète* (جُمْلة نَعْتِيّة) qui peut être verbale ou nominale. En principe, la relative se constitue autour de 3 éléments :

— **l'antécédent** qui est un nom défini ou indéfini. La relative le suivra immédiatement. Il existe cependant des relatives sans antécédent (*cf.* 46.3).

— **le relatif** (التي , الذي , etc. - *cf.* 18) qui n'est pas un pronom et qui joue le même rôle par rapport à la relative que l'article avec l'épithète : on ne l'utilise que si l'antécédent est défini. Il s'accorde en genre et en nombre avec l'antécédent, ainsi qu'en cas (pour le duel). Pour les relatives sans antécédent, on aura recours aux pronoms من , ما , أيّ et aussi à la série الذي qui aura alors une valeur pronominale.

— **le pronom de rappel** qui s'accorde en genre et en nombre avec l'antécédent. C'est l'élément fondamental de liaison entre les deux phrases (la relative et la principale), notamment quand l'antécédent est indéfini et qu'il n'y a pas de relatif. Ce pronom de rappel peut être sous-entendu dans le verbe s'il est sujet, complément du verbe, complément d'un nom ou suffixé à une préposition.

46.2 Relative avec antécédent

Nous allons distinguer suivant la fonction du pronom de rappel dans la relative :

• **sujet** : البنت التي جاءت أمس ذكيّة

= *la fille qui est venue hier est intelligente*

La relative est : التي جاءت أمس . L'antécédent est البنت . Le relatif التي est utilisé puisque l'antécédent est défini. Il s'accorde avec celui-ci (féminin singulier). Le pronom de rappel est compris dans le verbe جاءت (sous entendu : هي).

لاقيتُ رجلا يعرف كلّ شيء

= j'ai rencontré un homme qui sait tout

La relative est : يعرف كلّ شيء . L'antécédent est رجلا . Pas de relatif puisque l'antécédent est indéfini. Le pronom de rappel est compris dans le verbe يعرف (sous entendu : هو).

- **complément direct** : ها هو الطفل الذي أنقذتُه

= voici l'enfant que j'ai sauvé

La relative est : الذي أنقذته . L'antécédent est الطفل . Le relatif الذي est utilisé puisque l'antécédent est défini. Il s'accorde avec celui-ci (masculin singulier). Le pronom de rappel ه (masculin singulier comme l'antécédent) est suffixé au verbe أنقذت .

أعطيته هديةً قبلها بكلّ سرور

= je lui ai donné un cadeau qu'il a accepté avec grande joie

Pas de relatif puisque l'antécédent (هدية) est indéfini. Le pronom de rappel ها (féminin singulier comme l'antécédent) est suffixé au verbe قبل .

- **complément indirect** :

يتكلّم مع الرجلَيْنِ اللذَيْنِ التقى بهِما أمس

= il parle avec les deux hommes qu'il a rencontrés hier

Le relatif اللذين est utilisé puisque l'antécédent (الرجلين) est défini. Il s'accorde avec celui-ci (masculin duel, cas indirect). Le pronom de rappel هما (masculin duel comme l'antécédent) est suffixé à la préposition بـ (puisque le verbe التقى a une construction indirecte en arabe).

دخل غرفة فيها امرأة

= il entra dans une pièce dans laquelle il y avait une femme

La relative est ici une phrase nominale. Pas de relatif puisque l'antécédent (غرفة) est indéfini. Le pronom de rappel ها est suffixé à la préposition في .

• **complément du nom** :

ها هي البنت التي مات أبوها

= voici la fille dont le père est mort

Le relatif التي est utilisé puisque l'antécédent (البنت) est défini. Le pronom de rappel ها est suffixé au nom أبو .

وصل رجل لا أعرف اسمه

= un homme dont je ne connaissais pas le nom arriva

Pas de relatif puisque l'antécédent (رجل) est indéfini. Le pronom de rappel ه est suffixé au nom اسم .

46.3 Relative sans antécédent

Elle est alors introduite par les relatifs indéfinis (*cf.* 18) que sont مَن (pour les personnes) et ما (pour les choses), tous deux invariables, ainsi que أيّ (pour les personnes ou les choses) qui se comporte comme un nom déclinable (fém. : أيّة). Ces relatifs peuvent être précédés d'une préposition.

Quand le relatif est complément du verbe, on a tendance à ne plus mentionner le pronom de rappel :

أجب من يسألك = *réponds à celui qui t'interroge*

افعل ما تريد (تريده) = *fais ce que tu veux*

أرني أيّهما ضربك = *montre-moi celui des deux qui t'a frappé*

Remarques :

• La série الذي ... pourra aussi être utilisée sans antécédent :

سلّم على الذين دخلوا = *il salua ceux qui sont entrés*

• Ne confondez pas les relatifs indéfinis avec les interrogatifs. Le ا du ما relatif ne disparaît jamais (contrairement à l'interrogatif). On aura donc : فيما , بما , ممّا , etc.

• On trouve le relatif indéfini ما dans un certain nombre d'expressions courantes comme :

على ما يبدو = فيما يبدو = *à ce qu'il semble*

فيما يخصّ = فيما يتعلّق بـ = *en ce qui concerne...*

ما شاء الله / فيما مضى = *comme Dieu veut !* / *autrefois*

ما قبل التاريخ = *la préhistoire*

ما وراء الطبيعة = *la métaphysique*

وما إليه = *et tout ce qui s'ensuit, et caetera*

بما هو ... / بما في ذلك ... = *en tant que* / *y compris*

• Les relatifs indéfinis مَن et ما sont souvent utilisés en combinaison avec la préposition مِن :

خذ ما تريد من الزهور = *prends ce que tu veux comme fleurs*

= *prends les fleurs que tu veux*

أعطني ما عندك من المال = *donne-moi l'argent que tu as*

استقبل مَن جاء مِن الجيران

= *il a accueilli les voisins qui sont venus*

• Ces relatifs indéfinis sont aussi utilisés pour des phrases conditionnelles (*cf.* 50). Ils sont alors en début de phrase et les deux verbes sont au passé (ou au majzûm). C'est le cas de nombreux proverbes :

مَن جدّ وجد = *qui cherche trouve*

مِن أطاع غضبه أضاع أدبه = *qui obéit à sa colère perd sa civilité*

47. Les complétives

(→ exercices p. 248)

47.1 Les deux types de complétives

Il existe deux types de subordonnées complétives : celles introduites par la particule أَنْ suivie d'un verbe au manṣûb, et celles introduites par la particule du cas direct أَنَّ suivie d'une phrase nominale (avec un ism au cas direct ou un pronom suffixe). C'est le type du verbe de la principale et le sens de la phrase qui déterminent la structure à utiliser (pour les complétives du verbe قَالَ introduites par إِنَّ , *cf.* 48).

47.2 Complétives introduites par أَنْ

Elles complètent des verbes ou des locutions non-verbales exprimant *une intention, une obligation, une éventualité, une capacité ou une crainte.* En voici une liste non exhaustive (*cf.* aussi Annexe H.5) :

il est possible	يُمْكِنُ	vouloir	أَرَادَ ، يُرِيدُ
il est possible	مِنَ الْمُمْكِنِ	aimer	أَحَبَّ ، يُحِبُّ
il est permis, possible	يَجُوزُ	souhaiter	رَجَا ، يَرْجُو
essayer	حَاوَلَ ، يُحَاوِلُ	il faut	يَجِبُ
pouvoir	اسْتَطَاعَ ، يَسْتَطِيعُ	il faut	لَا بُدَّ (مِنْ)
craindre	خَشِيَ ، يَخْشَى	il te faut	عَلَيْكَ
avoir peur	خَافَ ، يَخَافُ	il convient	يَنْبَغِي
il est préférable	الْأَحْسَنُ	ordonner	أَمَرَ ، يَأْمُرُ (بِـ)

• La phrase qui suit أَنْ est le plus souvent **complément direct** du verbe :

يُرِيدُونَ أَنْ يَبْقَوْا = *ils veulent rester*

أَخْشَى أَنْ تَسْقُطَ = *je crains que tu ne tombes*

A noter que si le verbe se construit de façon indirecte, la préposition a tendance à disparaître devant أَنْ :

أمرني أنْ أسكتَ = *il m'a ordonné de me taire*

au lieu de : أمرني بأنْ أسكت

لا بُدَّ (مِنْ) أنْ نتكلَّمَ = *il faut que nous parlions*

• Elle peut aussi être **sujet** (avec les verbes impersonnels) :

يجب أنْ تنصرفَ الآن = *il faut que tu partes maintenant*

• Elle peut enfin être mubtada' ou ḫabar :

مِن الممكن أنْ يأتيَ غدًا = *il est possible qu'il vienne demain*

الأحسنُ أنْ يبقى = *il est préférable qu'il reste*

• Si la complétive est à la négative, elle est introduite par ألّا
(= contraction de : أنْ + لا). Le verbe qui suit reste au manṣûb :

أرجو ألّا تبكيَ = *je souhaite que tu ne pleures pas*

Remarques :

— On trouvera parfois la phrase introduite par أنْ au début,
comme dans l'exemple suivant (où elle est mubtada') :

أنْ تهربَ من هنا خيرٌ لك = *que tu fuies d'ici est mieux pour toi*

= *il vaut mieux pour toi que tu fuies d'ici*

— Les verbes exprimant l'**imminence** sont la plupart du temps
suivis d'une complétive introduite par أنْ . Il s'agit de :

ما لبث (لم يلبثْ) = *ne pas tarder à* / أوشك = *être sur le point de*

كاد ، يكاد = *être sur le point de, faillir*

(أنْ كاد peut se construire aussi avec un verbe juxtaposé sans)

Ex. : كاد يسقطُ = كاد أن يسقطَ = أوشك أنْ يسقطَ

= *il a failli tomber*

— Le verbe عَسى , figé ainsi, est très souvent suivi d'une
complétive introduite par أنْ qui suit le sujet. S'il s'agit d'un
pronom, il se suffixera au verbe et on pourra se passer alors de
أنْ (le verbe sera juxtaposé) :

عسى العمدةُ أنْ يساعدَنا = *peut-être que le maire nous aidera*

عساه أنْ يساعدَنا = عساه يساعدُنا = *peut-être qu'il nous aidera*

— Les verbes ودَّ (= *aimer, désirer*) et تمنّى (= *souhaiter*) peuvent être suivis d'une complétive introduite par أنْ ou par لَوْ . Dans ce dernier cas, on insiste sur le caractère incertain du souhait :

أودّ لو تساعدُني = *j'aimerais que tu m'aides*

أتمنّى أنْ تكونوا بخير = *j'espère que vous allez bien*

47.3 Complétives introduites par أنَّ

Elles complètent des verbes ou des locutions non verbales exprimant *une constatation, une certitude, une estimation ou une information*. En voici une liste non exhaustive (*cf.* aussi Annexe H.4) :

rapporter	حَدَّثَ ، يُحَدِّثُ	*savoir*	عَلِمَ ـَ
atteindre, parvenir	بَلَغَ ـُ	*estimer*	حَسِبَ ـَ
raconter	رَوى ، يَرْوي	*penser*	ظَنَّ ـُ
il est connu	مِنَ المَعْروف	*croire*	اعْتَقَدَ ، يَعْتَقِدُ
il est vrai	الصَّحيحُ	*informer*	أَخْبَرَ ، يُخْبِرُ بـ
il est sûr	مِنَ المُؤَكَّد	*annoncer*	أَعْلَنَ ، يُعْلِنُ
douter	شَكَّ ـُ في	*prétendre*	زَعَمَ ـُ

• La phrase introduite par أنَّ est le plus souvent **complément direct** du verbe :

أعلم أنّه فقيرٌ جدًّا = *je sais qu'il est très pauvre*

أظنّ أنّ هذا التلميذَ سينجحُ = *je pense que cet élève réussira*

• Si le verbe se construit de façon **indirecte**, la préposition restera le plus souvent devant أنَّ :

لا يشكّ أحدٌ في أنّه سيرجع = *personne ne doute qu'il reviendra*

• Elle peut aussi être **sujet** :

بلغني أنّ الطفلَ قد اختفى

= *il m'est parvenu (= j'ai entendu dire) que l'enfant avait disparu*

• Elle peut enfin être mubtada' ou ḫabar :

مِنَ المعروف أنّ هذه البنتَ ذكيّةٌ

= *il est connu que cette fille est intelligente*

الصحيحُ أنّنا خسرنا
 = *il est vrai que nous avons perdu*

Remarques :

— La particule أنّ doit toujours être suivie d'un nom au cas direct ou d'un pronom. Si aucun nom (ou pronom) n'est disponible dans la subordonnée, on utilise le pronom *neutre* ه qui ne renvoie à rien de précis mais permet d'utiliser cette construction. C'est le cas notamment quand le verbe de la complétive est impersonnel :

يزعمون أنّه لا يمكن الخروج

= *ils prétendent qu'il n'est pas possible de sortir*

— Si la phrase introduite par أنّ est une phrase de localisation avec un ism indéfini, celui-ci ne suivra pas immédiatement أنّ mais sera cependant au cas indirect :

علمنا أنّ في المدينة إضرابًا

= *nous savons qu'il y a grève dans la ville*

47.4 Verbes se prêtant aux 2 constructions

Certains verbes (ou expressions) peuvent être suivis d'une complétive introduite par أنْ ou par أنّ suivant qu'ils notent une *intention* ou une *constatation*. En voici une liste non exhaustive :

être difficile à	عزَّ ـ على	plaire à	أعْجَبَ ، يُعْجِبُ
être difficile à	صعُبَ ـَ	peiner	أحْزَنَ ، يُحْزِنُ
il est étonnant	مِنَ العَجيبِ	réjouir	أفْرَحَ ، يُفْرِحُ
il est surprenant	مِنَ المُدْهِشِ	réjouir	سرَّ ـُ
il est étonnant	مِنَ الغَريبِ	faire mal	ألَمَ ، يؤْلِمُ
l'important	المُهِمُّ	étonner	أدْهَشَ ، يُدْهِشُ

يَسرَّني أَنْ تَأْتِيَ غدًا : .Ex

= cela me réjouit que tu viennes demain

يَسُرُّني أنَّك أتيتَ = *cela me réjouit que tu sois venu*

47.5 Nom d'action (maṣdar) et complétive

En principe, toute complétive introduite par أَنْ ou par أَنَّ peut
être remplacée par un nom d'action avec ses compléments :

يريدون البَقَاءَ (= أَنْ يبقوا) = *ils veulent rester*

أخشى سُقوطَك (= أَنْ تسقطَ) = *je crains que tu ne tombes*

أمرني بالسكوت (= أَنْ أسكتَ) = *il m'a ordonné de me taire*

أرجو منك عدم البكاء (= ألَّا تبكيَ)

= je souhaite que tu ne pleures pas

لا يشكّ أحدٌ في رجوعه (= في أنّه سيرجع)

= personne ne doute qu'il reviendra

بلغني اختفاء الطفل (= أنَّ الطفلَ قد اختفى)

= il m'est revenu (= j'ai entendu dire) que l'enfant avait disparu

Si, théoriquement, on peut avoir recours - pour les complétives
introduites par أَنَّ qui n'ont pas de verbe - au nom d'action du
verbe كان (كَوْن), dans la pratique, une telle transformation
sera rare.

N.B. :

— le nom d'action doit toujours être défini (par un complément
ou par l'article),

— c'est la négation عدم que l'on utilisera devant le nom
d'action à la place de la particule ألَّا ou de la négation du verbe de
la complétive (*cf.* 4e exemple ci-dessus),

— si le verbe principal se construit de façon indirecte, la
préposition est obligatoire devant le nom d'action, alors qu'elle
a tendance à disparaître devant أَنْ (*cf.* 3e exemple ci-dessus).

48. Style indirect

(→ exercices p. 248)

48.1 Discours rapporté

C'est avec une complétive que l'on rapporte le discours (style indirect). Les modifications du discours (transposition des personnes) fonctionnent actuellement comme en français, sauf en ce qui concerne la concordance des temps.

Le verbe le plus utilisé est قال ، يقول (= *dire*) qui, en principe, doit être suivi d'une complétive introduite par إنّ (+ nom au cas direct ou pronom suffixe). Les autres verbes utilisés sont suivis d'une complétive introduite par أنّ :

قال إنّه يبحث عن عمل = *il a dit qu'il cherchait du travail*

أجابت أنّها لا تريد السفر

= *elle a répondu qu'elle ne voulait pas voyager*

N.B. : dans de nombreux écrits (non vocalisés, donc où n'apparaissent ni la chadda ni les voyelles), on trouve de plus en plus أن pour إنّ .

48.2 Interrogation indirecte

La phrase interrogative est reprise telle quelle comme complétive (avec transposition des personnes).

C'est l'interrogatif qui fait le lien entre la principale et la complétive :

سأله هل يريد أن يبقى = *il lui demanda s'il voulait rester*

تساءل كيف وصل إلى الدار سالمًا

= *il se demanda comment il était arrivé à la maison sain et sauf*

49. Autres subordonnées

(→ exercices p. 249)

49.1 Le but et la conséquence

— Particules utilisées pour le but :

لِ / كَيْ / لِكَيْ / لأنْ / مِنْ أَجْلِ أَنْ = *pour, pour que.*

La subordonnée est une phrase verbale dont le verbe se met au manṣûb :

خرج لِيشتريَ خبزا = *il est sorti pour acheter du pain*

ساعِدْه كَيْ ينجحَ = *aide-le pour qu'il réussisse*

Si la subordonnée est négative (= *pour que... ne... pas*), on pourra trouver la particule لِئَلاَّ (ou parfois كَيْلا) :

أسرع لِئَلاَّ يدركونا

= *presse-toi pour qu'ils ne nous rejoignent pas*

— On peut aussi trouver حَتَّى suivi d'un verbe au manṣûb. Suivant le contexte, on aura soit une nuance de but, soit une nuance de conséquence :

ارفع صوتك حتّى نسمعَك

= *élève la voix pour que nous t'entendions*

ركض حتّى يلحقَ بالقطار = *il a couru afin d'attraper le train*

(= *afin de ne pas manquer le train*)

— Il en est de même pour la particule فَ , suivie d'un verbe au manṣûb. Dans ce cas, le verbe de la première phrase sera à l'impératif ou exprimera un désir, un espoir ou une interrogation. On utilisera souvent les 2 points pour rendre ce فَ :

لا تخبرْه عن الحادث فيحزنَ

= *ne lui parle pas de l'accident : cela l'attristerait*

لَيْتَه يرحلُ فنخلصَ منه

= *ah ! s'il partait : nous en serions débarrassés !*

— Autres particules exprimant la conséquence :

بِحَيْثُ (ou بِحَيْثُ أَنَّ) = إِلَى حَدِّ أَنَّ / = *de sorte que* / = *au point que*

— Pour exprimer la crainte :

خَوْفًا مِن أَن = مَخافةَ أَن = خَشْيةَ أَن = *de peur que*

49.2 La cause

— C'est principalement avec la particule du cas direct لِأَنَّ (= *parce que, car*) que l'on exprime la cause. La subordonnée est donc une phrase nominale dont le ism se met au cas direct :

سقط لأنَّ صديقَه دفعه = *il est tombé car son ami l'a poussé*

لا يشتغل اليوم لأنَّه مريض

= *il ne travaille pas aujourd'hui parce qu'il est malade*

— On pourra aussi trouver إِذْ أَنَّ ou بِما أَنَّ (= *étant donné que, vu que, puisque*), tous deux se construisant comme لأَنَّ (suivis d'une phrase nominale), ou إِذْ , tout seul, suivi d'une phrase verbale (sans influence sur le verbe) ou nominale :

بِما أَنَّ الجميعَ قد حضروا فَلْنبدأ الاجتماع

= *puisque tout le monde est là, commençons la réunion !*

لن يرسل لك هدية إذ أنَّه مفلس

= *il ne t'enverra pas de cadeau étant donné qu'il a fait faillite*

إنَّها تبكي إذ ليس لديها من يساعدها

= *elle pleure car elle n'a personne pour l'aider*

49.3 La manière

— Il s'agit d'une formule équivalente au complément d'état (*cf.* 38.5) qui est introduite par un و appelé واو الحال (le wâw d'état), suivi souvent d'un pronom isolé. Il s'agit donc d'une phrase nominale. On traduira cette phrase comme un complément d'état : *tout en... , en..., alors que...* :

قال وهو يبكي = قال باكيًا = *il dit en pleurant*

ودّعناه والدموع في أعيننا

= *nous lui avons fait nos adieux (en ayant) les larmes aux yeux*

— Ce même و peut être suivi d'une phrase verbale introduite par قد. On traduira le plus souvent par *alors que* :

وصل وقد انتهت الجلسة

= *il est arrivé alors que la séance était finie*

رجعوا وقد غابت الشمس

= *ils sont revenus alors que le soleil était (déjà) couché*

خرجتْ وقد ارتدت معطفها الأحمر

= *elle est sortie après avoir mis son manteau rouge*

49.4 Le temps

— *Lorsque, quand* se rendent le plus couramment par عِنْدَما. On trouve aussi لَمَّا , toujours suivi d'un verbe au passé :

سأزوركم عندما أجيء إلى مدينتكم

= *je vous rendrai visite lorsque je viendrai dans votre ville*

تزوّج لمّا حصل على دار

= *il s'est marié lorsqu'il a eu une maison*

— إذا (suivi d'un verbe au passé) peut aussi se traduire *lorsque* (*cf.* aussi 50) :

سأرتاح إذا ظهرت النتائج

= *je serai soulagé lorsque les résultats auront été publiés*

Autres particules introduisant une subordonnée de temps :

alors que, pendant que	فيما	*tant que*	ما (لم ...)
chaque fois que	كُلَّما	*tandis que*	بَيْنَما
aussi longtemps que	طالَما	*avant que*	قَبْلَ أنْ (قَبْلَما)
jusqu'à ce que	إلى أنْ	*après que*	بَعْدَ أنْ (بَعْدَما)
jusqu'à ce que	حَتّى	*dès que*	أوّلَ ما
en attendant que, jusqu'à ce que	رَيْثَما	*dès que*	حالَ (حالَما)
depuis que	مُنْذُ أنْ	*quand*	حينَ (حينَما)

Remarques :

• On utilise la négation لم après ما (= *tant que*) :

لن نرتاحَ ما لم نجدْه = *nous ne nous reposerons pas*

tant que nous ne l'aurons pas trouvé

• La circonstancielle introduite par بينما ou par ريثما pourra être suivie de إذ (+ phrase verbale) ou de إذا (+ phrase nominale) pour marquer la surprise. Le nom suivant إذا sera souvent précédé de la préposition بـ . A noter que la particule إذا peut être précédée de و ou de فـ :

بينما هو يتكلّم إذ انفتح الباب

= *tandis qu'il parle, voici que la porte s'ouvre*

كنّا ننتظر ريثما يناقشنا وإذا به ينصرف

= *nous attendions qu'il discute avec nous et voilà qu'il s'en va*

• قَبْلَ أنْ introduit un verbe au manṣûb, alors que قبلما est suivi d'un verbe au muḍâriᶜ marfûᶜ (indicatif). On trouve plutôt une phrase au passé après بَعْدَ أن ou بَعْدَما :

رأيتهم قبل أن يرحلوا = *je les ai vus avant qu'ils ne partent*

إنّه يجيب قبلما يسمعُ آخر السؤال

= *il répond avant d'entendre la fin de la question*

زارني بعد أن علم بالحادث

= *il m'a rendu visite après avoir eu connaissance de l'accident*

تزوّجتُ بعدما تخرّجتُ من الجامعة

= *je me suis marié après avoir fini mes études universitaires*

• كُلّما se traduira parfois par *plus... plus...* :

كلّما استمعت إليها زاد إعجابي لها

= *plus je l'écoute, plus je l'admire*

• Le verbe qui suit حتّى (dans un sens temporel) peut être au passé ou au muḍâriᶜ marfûᶜ (indicatif) :

انتظرتُه حتّى جاءَ = *je l'ai attendu jusqu'à ce qu'il soit venu*

سأنتظره حتّى يجيءُ = *je l'attendrai jusqu'à ce qu'il vienne*

Si la phrase qui précède est négative, on traduira حتّى par *avant que* :

لن أذهب حتّى يصلُ = *je ne partirai pas avant qu'il soit arrivé*

حتّى, précédé d'une phrase introduite par ما إن (ou ما أن), permet de rendre l'expression *à peine... que...* :

ما إن رأيتُه حتّى عرفته = *à peine l'ai-je vu que je l'ai reconnu*

• Il existe un autre procédé consistant à compléter un nom exprimant une unité de temps (عام ; سنة , يوم , etc.) par une phrase. Le nom se met alors au cas direct défini (comme le 1er terme d'une annexion) :

تغيّرت يومَ فازت = *elle a changé le jour où elle a gagné*

فارقتُه ساعةَ شتمها

= mot à mot : *elle l'a quitté à l'heure où il l'a insultée*

= *elle l'a quitté au moment où il l'a insultée*

49.5 Le lieu

Cette subordonnée est l'équivalent d'une relative française introduite par *où* quand l'antécédent n'est pas précis (= *là où*). Pour cela, on a recours à حَيْثُ , figé ainsi au cas sujet, qui peut être précédé d'une préposition (إلى حيث , من حيث) :

اجلس حيثُ أردتَ = *asseois-toi où tu veux*

أذهب من حيثُ ذهب أبي = *je pars d'où est parti mon père*

N.B. : on trouvera aussi حَيْثُمَا ou أيْنَما dans le sens de *où que, partout où*. Cet usage est à la limite du circonstanciel et de l'hypothétique (*cf.* 50).

49.6 La comparaison

كَمَا — ou مِثْلَما (suivis d'un verbe) = *comme* :

افعل كما شِئْتَ = *fais comme tu veux !*

— La particule du cas direct كَأَنَّ (= *comme si*) est suivie d'une phrase nominale dont le ism est au cas direct :

صاح وكأنّه مجنون ... = *il cria comme s'il était fou*

On peut trouver aussi كَأَنَّما suivie d'une phrase verbale :

هدّدنا بالمسدّس كأنّما يريدُ قتلَنا

= *il nous menaça avec un pistolet comme s'il voulait nous tuer*

49.7 La concession

Principales particules (ou locutions) exprimant la concession :

bien que, mais, toutefois	عَلَى أنَّ	bien que, alors que	مَعَ أنَّ
quoique, mais	بَيدَ أنَّ	bien que, quoique	رَغْمَ أنَّ
même si, bien que	وَإنْ	bien que, quoique	بِالرَغْمِ مِنْ أنَّ
même si	حَتَّى وَإنْ	mais	لكنَّ
même si, ne serait-ce	وَلَوْ	mais, cependant	إلاَّ أنَّ
même si	حَتَّى وَلَوْ	mais, cependant	غَيْرَ أنَّ

Les locutions se terminant par أنَّ et لكنَّ (particules du cas direct) sont suivies d'une phrase nominale.

Pour les locutions composées avec إنْ ou لو , *cf.* 50.

50. Les phrases conditionnelles

(→ exercices p. 250)

50.1 Principes de la phrase double

— La phrase double se compose de la *condition* (شَرْط) suivie de la *réponse à la condition* (جَواب الشرط), les termes techniques français correspondants étant *protase* et *apodose*.

— Ces phrases peuvent exprimer toutes les nuances allant du circonstanciel à l'irréel en passant par l'éventualité et l'hypothèse réalisable. C'est la particule utilisée pour la *condition* qui en précise le sens.

— A part l'utilisation de la phrase nominale ou de l'impératif, les deux parties de la phrase double se mettent le plus souvent actuellement au passé (on trouve encore l'emploi du majzûm d'usage courant dans l'arabe ancien). Mais :

  • si la *condition* exprime une éventualité (proche d'une circonstancielle), on pourra trouver la *réponse* au muḍâriᶜ.

  • pour exprimer des nuances, on a de plus en plus recours à l'exposant temporel كان suivi de la particule du passé قَد .

— La *réponse* sera souvent précédée d'une *particule de réponse* (فَـ ou لَـ) sauf si elle précède la *condition*.

50.2 L'éventualité

— C'est principalement avec la particule إذا (= *si, lorsque*) que l'on exprimera une éventualité. Si la *réponse à la condition* est une phrase nominale, ou commence par un impératif ou une particule (négation, futur, interrogation,...), elle sera précédée de la particule فـ :

إذا سافرتَ سافرتُ معك (أو : أسافر معك)

= *si tu pars (en voyage), je pars avec toi*

... إذا رأيتها فقُل لها = *si tu la vois, dis-lui...*

— حَيْثُما ou أيْنَما (= *partout où*) et كَيْفَما (= *de quelque manière que*) fonctionnent de la même façon :

حيثما تذهبْ تجدْني في طريقك

= *partout où tu iras, tu me trouveras sur ta route*

كيفما حاولتَ فشلتَ

= *de quelque manière que tu essaies, tu échoueras*

50.3 L'hypothèse réalisable

— La particule إنْ (= *si*) marque la potentialité (ou la probabilité) d'une hypothèse. Dans les mêmes conditions que إذا , la
réponse est introduite par فـ . A noter que l'usage de إنْ tend à se
raréfier, sauf dans des expressions toutes faites comme :

إنْ شاء اللّه = *si Dieu le veut*

إنْ reste vivant dans sa contraction avec la négation لا : إلاّ (=
sauf, si ce n'est, sinon - cf. 43.6) et dans l'expression de la
concession حتّى وإنْ ou وإنْ = *même si, quoique* (hypothèse
possible) :

سأشتغل غدا وإن كنتُ مريضا

= *je travaillerai demain même si je suis malade*

لا تصدّقْ كلامه حتّى وإن أقسم باللّه

= *ne crois pas ce qu'il dit, même s'il jure par Dieu !*

— Les relatifs مَنْ , ما , مَهْما (= *quoi que*) fonctionnent de la
même manière :

مَن شتمني شتمتُه = *qui m'insulte, je l'insulte*

مَن ضربك فاضربْه = *qui te frappe, frappe-le !*

مهما يقُلْ شيخنا يصدّقْه أولاده

= *quoi que dise notre vieillard, ses enfants le croient*

50.4 L'hypothèse douteuse ou irréelle

— La particule لَوْ (لو أنّ devant une phrase nominale)
introduit une hypothèse douteuse (= très peu probable) ou
irréelle (qui ne s'est pas produite). C'est le contexte qui permet
de faire la nuance, qui sera cependant parfois précisée par
l'adjonction de كان قد . La *réponse* sera toujours introduite par

la particule ‫لَـ‬ (sauf si elle précède la *condition* ou si elle commence par la négation ‫لا‬ ou ‫لم‬). On aura parfois recours à la négation du passé ‫ما‬ très peu usitée par ailleurs (la *réponse* commencera alors par ‫لَما‬) :

‫لو أخبرتَنا لساعدناك‬ = *si tu nous le disais, nous t'aiderions*

‫لو كنتَ قد أخبرتَنا لساعدناك‬

= *si tu nous l'avais dit, nous t'aurions aidé*

‫لو كانت قد أسرعت لم يفُتْها القطار‬

= *si elle s'était pressée, elle n'aurait pas manqué le train*

‫لو كان قد فكّر لما أخطأ‬

= *s'il avait réfléchi, il ne se serait pas trompé*

— ‫لولا‬, suivie d'un pronom suffixe ou d'un nom au cas sujet (ou ‫لولا أنّ‬) signifie *sans, si ce n'était, n'était...* :

‫لولا المرضُ لسافرتُ معك‬

= *si ce n'était la maladie (sans la maladie), je partirais avec toi*

‫لولاك لكنتُ وحيدًا‬ = *sans toi, je serais seul*

‫لولا أنّهم مجانين لما سكنوا هنا‬

= *s'ils n'étaient pas fous, ils n'habiteraient pas ici*

— ‫ولو‬ ou ‫حتّى ولو‬ (= *même si, en supposant que*) exprime un doute ou une impossibilité (à la différence de ‫وإن‬) :

‫سأقاوم ولو كنتُ أعزل‬ = *je résisterais même si j'étais désarmé*

‫لن أخونكم حتّى ولو عذّبوني‬

= *je ne vous trahirais pas même s'ils me torturaient*

On peut parfois rendre cette expression par *ne serait-ce...* :

‫إنّها تودّ رؤيتك ولو ساعةً واحدة‬

= *elle voudrait te voir, ne serait-ce qu'une heure*

Rappel : ‫لو‬ sert aussi à introduire certaines complétives après des verbes comme ‫ودّ‬ ou ‫تمنّى‬ (*cf.* 47.2).

EXERCICES (44 à 50)
44. Verbes d'existence et inchoatifs
(corrigé p. 332-333)

A. (44.1) - Faites précéder ces phrases du verbe صار :

١. أبي وزير / ٢. هذه الفنّانة مشهورة / ٣. أختي طبيبة /
٤. هذا المهندس ثريّ / ٥. أنا فقير / ٦. نحن كثيرون .

B. (44.1) - Traduisez ces phrases :

1. Notre voisin est devenu fou. 2. Ce médecin est devenu célèbre. 3. Cette jeune fille est devenue professeur.

C. (44.1) - Traduisez ces phrases :

١. صار يعمل وحده / ٢. بقيتُ اتّصل به / ٣. بقي يكتب
القصص / ٤. ظلّ الأطفال يلعبون في الحديقة / ٥. ظلّوا
يتفرّجون على التلفزيون / ٦. ما زلنا نعمل معا / ٧. ما زالوا
يسكنون في مدينتنا / ٨. لا يزال يريد السفر / ٩. عاد
إسماعيل يدرس العربيّة / ١٠. لم يعودوا يراسلوننا .

D. (44.2) - Réécrivez ces phrases en les faisant précéder du verbe indiqué entre parenthèses :

١. شرح لنا الأستاذ المسألة (جعل) / ٢. كلّمنا بلطف (أخذ) /
٣. استمع إلى كلامي (جعل) / ٤. وافقوا على كلّ شيء
(صار) / ٥. رفضَتْ كلّ المشاريع (جعل) / ٦. شتمَنا (بدأ) /
٧. سلّمَ علينا (أقبل) / ٨. رحّبوا بالضيوف (قام) .

45. La coordination (corrigé p. 333)

A. - Complétez avec la particule de coordination qui convient, puis traduisez :

١. سأذهب اليوم إلى السينما مع إسماعيل .. فاطمة ..
يوسف / ٢. عطشنا .. شربنا عصير برتقال / ٣. سأنتهي من
عملي أوّلاً .. أسافر إلى هونولولو / ٤. طلبَتْ منه الملفّ ..
أرسله إليها / ٥. لستُ مريضا .. أنا تعب / ٦. لا أريد قصراً ..

بيتًا صغيرًا / ٧. هل تريد البقاء .. الرحيل ؟ / ٨. هل تريد تعلّم العربيّة .. الفرنسيّة ؟ / ٩. أهو أخوك .. أبوك ؟

B. (45.6) - Traduisez ces phrases :

١. أريد شراء سيّارة ولكن ليس لديّ المال الكافي / ٢. ترغب أمّي في حضور الحفلة إلاّ أنّها مريضة / ٣. نودّ زيارتكم غير أنّ السيّارة عاطلة / ٤. سنذهب إلى السوق بالقطار ، ذلك أنّ السوق بعيدة / ٥. ابتعدوا عنها فإنّها مجنونة ! / ٦. لن أزوركم اليوم لأنّي مشغول جدًّا / ٧. من هو إذن ؟ / ٨. لماذا إذن لا تحاول ؟ / ٩. سأكتب لكم بلغة تفهمونها أي بالعربيّة .

46. La relative (corrigé p. 333-334)

A. (46.2) - Transformez ces phrases suivant le modèle :

التقيت بالمهندس = هذا هو المهندس الذي التقيت به

١. قرأتُ الكتاب / ٢. رأيتُ المعلّمين / ٣. تكلّمنا مع الطبيب / ٤. أعجبنا الفيلم / ٥. فقدتُ المفتاح / ٦. زاروا المتحف / ٧. اشترتْ ثوبًا جديدًا / ٨. اشتريتُ المجلّة .

B. (46.1 et 46.2) - Reliez chaque paire de phrases par un pronom relatif pour n'en faire qu'une. Ex. :

هذا مدير الشركة + هذه الشركة تصدّر البترول =
هذا مدير الشركة التي تصدّر البترول

١. هذا ابن مدير البنك + مدير البنك يسكن في حيّنا / ٢. هذا الرجل صديقي + يدرس صديقي الفلسفة في تونس / ٣. جارنا الجديد طبيب + يعمل جارنا الجديد في المستشفى / ٤. هذه جارتي + حدّثتك أمس عن جارتي .

C. (46.2) - Remplacez le relatif défini par un relatif indéfini :

١. سأعمل مع الرجل الذي يقبل العمل معي / ٢. سأكتب الأفكار التي ترد في ذهني / ٣. لا أعرف الجار الذي انتقل إلى

الحيّ / ٤. لم أفهم السبب الذي دعاه إلى الرحيل .

47. Les complétives (corrigé p. 334)

A. - Complétez avec أنْ ou avec أنَّ :

١. أظنّ .... الجوّ ممطر / ٢. نرجو .... تكونوا بخير /
٣. سمعتُ .... الكهرباء ستنقطع / ٤. أعتقد .... من الأحسن
الرجوع فورًا / ٥. أعلن الوزير .... الضرائب سترتفع .

B. (47.5) - Remplacez le nom d'action par une complétive :

١. أريد الرحيل إلى هونولولو / ٢. يحبّون تعلّم البيانو /
٣. نريد الرجوع إلى عملنا / ٤. يجب عليك الانتباه ! /
٥. ينبغي لكم الاهتمام بعملكم / ٦. يستطيع فهم كلّ شيء /
٧. أخشى الفشل في الامتحان / ٨. حاولوا الهرب / ٩. عليكم
الرجوع فورًا ! / ١٠. أرجو منكم عدم التدخين .

C. - Traduisez :

١. أريد أن أتعلّم الرقص / ٢. علمنا أنّك تسكنين في
بيروت / ٣. نتمنّى أن تقضوا عطلة سعيدة / ٤. أودّ أن أزور
القاهرة معكم / ٥. سمعنا أنّ السكرتيرة مريضة .

D. - Traduisez :

1. Il veut travailler avec toi. 2. J'ai décidé de visiter la ville
d'Alexandrie. 3. Elle a compris qu'il était interdit de fumer.

48. Style indirect (corrigé p. 334)

A. Réécrivez ces phrases en les mettant au style indirect :

١. قالت ليلى : « لستُ في الدار » / ٢. قال المهندسون : « لا
نفهم المشروع » / ٣. قال الطبيب : « هذا مرض غريب » /
٤. قالت المعلّمة : « أنتَ ولد غبيّ » .

B. Réécrivez ces phrases en les mettant au style direct :

١. قالت ليلى إنّها ستسافر غدًا / ٢. قال أبي إنّه ليس راضيًا

عن عمله / ٣. قال المهندس إنّه لن يذهب وحده / ٤. قال المعلّمون إنّنا فهمنا دروسنا .

49. Autres subordonnées (corrigé p. 335)

A. (49.1) - Traduisez ces phrases :

١. جاء كي يتحدّث معي . / ٢. سافرتْ إلى لندن لكي تتعلّم الإنكليزيّة / ٣. ذهبتُ إلى السوق لأشتري حذاءً / ٤. أسرعنا لئلاً نتأخّر عن الموعد . / ٥. لا تترك عملك فتندمَ .

B. (49.2) - Reliez chaque paire de phrases avec لأنّ :

١. رجع إلى داره + نسي ملفّاته / ٢. لم تشترك في الحفلة + هي مريضة / ٣. لم يعلم بالحادث + كان في الخارج / ٤. أصبحنا أغنياء + ربحنا الجائزة الكبرى باليانصيب .

C. (49.3) - Transformez ces phrases selon le modèle. Ex. :

وصل ضاحكًا = وصل وهو يضحك

١. خرج راكضًا / ٢. دخل باكيًا / ٣. تحدّث معنا مبتسمًا / ٤. نادت علينا مشيرة بيدها / ٥. قرأها متعجّبًا ممّا فيها .

D. (49.3) - Transformer ces phrases selon le modèle. Ex. :

وصل بعد انتهاء الجلسة = وصل وقد انتهت الجلسة

١. جاء بعد رحيل أمّه / ٢. رجع بعد انتهاء الاحتفال / ٣. سافرنا بعد زواج قيس وليلى / ٤. وصل الطبيب بعد وفاة الشيخ / ٥. وصلنا إلى السينما بعد بدء العرض .

E. (49.3) - Traduisez ces phrases :

١. قابلته وهو يفكّر في الرحيل . / ٢. حدّثتها وأنا أتساءل عن سبب حزنها . / ٣. زرناهم وقد انتهت العطلة . / ٤. جاء وقد انصرف الجميع . / ٥. رجعنا والمطر ينهمر .

F. (49.4) - Traduisez ces phrases :

١. حالما رأيته عرفته . / ٢. حينما رجعت وجدتهم يلعبون /

٣. سأبقى في المكتب حتّى منتصف الليل / ٤. منذ أن
تعلّمت العربيّة وأنا أتراسل مع سليمة بالعربيّة / ٥. أوّل ما
سمعت هذه الموسيقى أعجبتني / ٦. انتظِروا ريثما أرتدي
معطفي ! / ٧. سافر إلى تونس بعدما حصل على عمل فيها .

50. Les phrases conditionnelles (corrigé p. 335-336)

A. - Formez une seule phrase double conditionnelle. Ex. :

لم يكن في الدار + لم نلتق به = لو كان في الدار لالتقينا به

١. ليس المدير في مكتبه + لم نتحدّث معه عن المشروع .

٢. ربّما يأتي سمير + يمكنه تناولُ العشاء معنا .

٣. ربّما يكون الجوّ ممطرا + ربّما لا نذهب إلى البستان .

٤. أنا لستُ فيلسوفة + لا أفهم كلامك .

٥. لسنا أغنياء + لن نشتري هذه الدار .

B. - Exprimez la même idée par une conditionnelle :

١. إنّه يسألني عنك دائمًا عندما يراني . (كلّما ...)

٢. أبعث لهم رسالة في كلّ مرّة أسافر فيها . (كلّما ...)

٣. تشتري له هديّة من كلّ مدينة تذهب إليها . (حيثما ...)

C. - Complétez, s'il y a lieu, avec la particule qui convient :

١. .. ذهبتَ إلى السوق فاشترِ لي خبزًا / ٢. .. تقرأُ هذا
الكتاب تفهمْ كلَّ شيء / ٣. .. عرفنا بذلك لساعدناهم /
٤. .. كنتم معنا لما فاتتكم الحفلة /٥. .. فاتنا القطار ذهبنا
بالتاكسي / ٦. .. لم تستطع المجيء معنا أجّلنا السفر /
٧. إذا احتجت إلى مساعدة .. أنا مستعدّ لمساعدتك .

D. - Traduisez en arabe.

1. Si j'avais su, je ne serais pas allé le voir. 2. Si vous venez
chez moi, vous verrez mon cousin Ahmad. 3. Si j'avais eu un
million de dinars, j'aurais acheté ce château. 4. Si tu le voyais,
tu le reconnaîtrais immédiatement. 5. Si tu m'aides aujourd'hui,
je t'aiderai demain.

ANNEXES

A. Expression de l'obligation

Pour exprimer l'obligation, on a recours aux verbes suivants et à leurs participes :

- يجب (*il faut*, ce verbe exprime une nécessité forte)
- يَنْبَغي (*il faudrait*, exprime un devoir moral)
- يتحتَّم (*il faut absolument*)
- يلزم (*il faudrait absolument*)
- اُضْطُرَّ (*être obligé de...*, s'emploie surtout au passé)

A.1 Construction avec un verbe

	يَجبُ / يَنْبَغي
... أنْ (يفعلَ) +	يَجبُ / يَتَحَتَّمُ عَلَيْهِ
	يَنْبَغي لَهُ
... (مصدر) +	يَلْزَمُهُ
	اضْطُرَّ إلى

يجب أنْ نسرعَ = *nous devons nous hâter*

ينبغي أنْ تهتمَّ بصحّتك = *tu devrais faire attention à ta santé*

L'ensemble أنْ + complétive peut être remplacé par un nom d'action :

يجب علينا الرجوعُ = *nous devons rentrer*

يجب الرجوعُ = *il faut rentrer*

N.B. : il est très fréquent de constater l'absence du verbe يجب et la présence de la seule préposition على :

عليك الذهابُ فورًا ! = *tu dois partir immédiatement !*

En revanche, le verbe ينبغي ne peut être sous-entendu.

A.2 Construction avec un participe

... (يفعلَ) أنْ +	مِنَ الواجِبِ عَلَيْهِ
... (مصدر) +	مِنَ اللازِمِ لَهُ
	هُوَ مُضْطَرٌّ إلى

مِن الواجِب عليَّ أنْ أدفعَ الإيجار = *je dois payer le loyer*

إنّي مضطرٌّ إلى السفر = *je suis obligé de partir*

On trouve aussi :

(nécessaire) مِن الضّروري له / (inévitable) مِن المُحَتَّم عليه

(imposé) مِن المفروض عليه

A.3 Autres constructions

• لا بُدَّ / لا مَفَرَّ / لا مَنْدُوحةَ / لا مَناصَ (pas d'échappatoire)

لا بُدَّ لَهُ مِنْ + أنْ (يفعلَ) / (مصدر)

لا بدّ لنا من أنْ نتعلّمَ العربيّة = *nous devons apprendre l'arabe*

لا مفرَّ لك من مواجهة ... = *tu ne peux que faire face à....*

• Pour exprimer l'obligation au passé, on utilisera كان :

كان عليَّ أنْ أشتغل (الاشتغال) = *je devais travailler*

كان مفروضاً عليه أنْ يبقى (البقاء) = *il devait rester*

On peut également évoquer le passé avec le verbe اضطرَّ .

اضطررتُ إلى أنْ أسافر (السفر) = *j'ai dû partir*

• Pour annoncer l'avènement d'une obligation on emploiera le verbe صار :

صار عليَّ ركوب القطار كلَّ يوم

= *je dois désormais prendre le train tous les jours*

B. Expression de la probabilité

B.1 Construction avec un verbe ou un participe

— Verbes impersonnels à l'actif :

يُمْكِن (*être possible*) / يَجوز (*être permis, possible*)

et leurs participes actifs : جائز / مُمْكِن

— Verbes impersonnels au passif : يُحْتَمَل (*être supposé*)

يُتَوَقَّع (*s'attendre à*) / يُرَجَّح (*être tenu pour probable*)

et leurs participes passifs : مُرَجَّح / مُتَوَقَّع / مُحْتَمَل

+ le participe passif de انتظر : مُنْتَظَر.

N.B. : on trouvera aussi à la 1ʳᵉ personne de l'actif :

أُرَجِّح / أَتَوَقَّع.

	يُمْكِن / يَجوز	
+ أنْ يكونَ قد (فعل) .. (1)	يُحْتَمَل / يُتَوَقَّع / يُرَجَّح	
+ أنْ (يفعلَ) .. (2)	أَتَوَقَّع / أُرَجِّح	
+ (مصدر) (2)	جائز / ممكن	مِنَ الـ
	متوقّع / محتمل /..	

(1) probabilité d'un événement passé.

(2) avec يمكن ou يجوز , signifie qu'une chose est possible ou licite.

Ex. : يَجوز أنْ يكونَ قد عاد = *il est possible qu'il soit revenu*

يمكن أن يعودَ = *il peut revenir* ou *il reviendra peut-être*

يُتوقّع أن يعودَ = *il est probable qu'il revienne*

أرجّح أنْ يفوزَ فريقنا = *je m'attends à ce que notre équipe gagne*

من المحتمل أنْ يتحسّنَ الجوّ

= *il est probable que le temps s'améliore*

B.2 Construction avec une particule

— قَدْ + verbe au muḍâriᶜ :

قد يصلُ أبوه اليوم = *son père arrivera peut-être aujourd'hui*

قد تكون في المكتبة = *elle doit être dans la bibliothèque*

— رُبَّما + phrase nominale ou verbale :

ربّما أبوه في الدار = *son père est peut-être à la maison*

ربّما وصل أبوه اليوم = *son père doit être arrivé aujourd'hui*

— لَعَلَّ + nom au cas direct ou pronom suffixe. Dans ce cas, la probabilité est souhaitée (= *pourvu que...*) :

لعلّ أباه يصلُ = *son père arrivera peut-être (= pourvu que...)*

لعلّه وصل = *il est peut-être arrivé (= pourvu qu'il soit arrivé !)*

B.3 Autres constructions

— Le nom d'action اِحتِمال + complétive introduite par أنْ (ou + nom d'action) :

سمعت باحتمال أن يصلَ ... = سمعت باحتمال وصول أبيه...

= *j'ai entendu dire que son père devait arriver...*

— Le superlatif الأرجح + complétive introduite par أنْ . On insiste alors sur la grande probabilité :

الأرجح أن يصلَ أبوه اليوم = *il est très probable que son ...*

On pourra aussi utiliser l'expression adverbiale على الأرجح :

سوف يصلُ أبوه اليوم على الأرجح

= *son père arrivera très probablement aujourd'hui*

— Le *quasi-verbe* عسى (qui ne se conjugue pas) se construit de multiples façons. Il exprime un souhait :

عسى أبوه أن يصلَ = عسى أن يصلَ أبوه = عسى أبوه يصلُ

عساه أن يصلَ = عساه يصلُ

= *pourvu que son père arrive !*

C. Nuances temporelles

C.1 "être en train de..."

C'est la phrase nominale avec un verbe au muḍâriᶜ qui rend le
mieux cette nuance :

أحمد يصلّح السيّارة = *Ahmad est en train de réparer la voiture*

On peut aussi préciser l'attitude de la personne qui fait l'action
en faisant précéder le verbe d'un participe :

أبي جالس يقرأ = *mon père est assis en train de lire*

Pour préciser la durée de l'action, on utilise des constructions
comme :

مَضى على ... و ...   ou   مُنْذُ .... و ...

Ex. : منذ ساعة وهو يتكلّم = *il parle depuis une heure*

مضى عليه عام وهو يبحث عنك = *voilà un an qu'il te cherche*

مضى على أمّي ساعة وهي جالسة تقرأ

= *cela fait une heure que ma mère est assise en train de lire*

مُنْذُ ساعةٍ (شهرٍ ..) و	هو يفعلُ
مَضى عَلَيْهِ عام (شهر ..) و	هو جالس (واقف ..) يفعلُ
مَضى عَلَيْهِ ساعة (سنة ..) و	

C.2 "continuer à.." / "toujours.." / "encore.."

Présent			Passé		
ما زالَ / لا يَزالُ	+	يفعلُ	بَقِيَ / ظَلَّ	+	يفعلُ
يَسْتَمَرُّ في	+	(مصدر)	اسْتَمَرَّ في	+	(مصدر)
يُتابِعُ / يُواصِلُ			تابَعَ / واصَلَ		

Ex. : ما زِلْتُ أتعلّمُ العربيّة = *j'apprends encore l'arabe*

بقي الرجل يبحث عنّي = *l'homme continuait à me chercher*

تابع قراءة الكتاب = *il poursuivit la lecture du livre*

C.3 "ne... plus..." / "cesser de..."

+ يفعلُ	لم يَعُدْ / ما عادَ
تَوَقَّفَ / انْقَطَعَ / كَفَّ + عَن + (مصدر)	

Ex. : لم يَعُدْ أحمد يعملُ هنا = *Ahmad ne travaille plus ici*

كفّت أختي عن الكتابة = *ma sœur cessa d'écrire*

C.4 "être sur le point de..." / "faillir..."

+ يفعلُ	كاد / يكاد
+ أنْ يفعلَ	كاد / يكاد أوْشَكَ / يوشِكُ على
+ (مصدر)	هو على وَشْكِ هو بِصَدَدِ هو مُقْدِمٌ على

Ex. : كاد يخرجُ = كاد أنْ يخرجَ = أوشك على أنْ يخرجَ

= كان على وشك الخروج = كان بصدد الخروج

= كان مقدمًا على الخروج = *il était sur le point de sortir*

C.5 "déjà"

سَبَقَ لَهُ + أنْ فعل

Ex. : سبق لنا أنْ زرنا الأهرام

= *nous avons déjà visité les Pyramides*

D. Diverses expressions usuelles

Voici un certain nombre d'expressions usuelles correspondant à des situations de communication de la vie quotidienne.

N.B. : on a choisi de les donner à la 1re ou à la 2e personne du masculin singulier quand l'expression se décline.

- **Saluer / accueillir**

Bonjour ! - Bonjour !   السَّلام عَلَيْكُمْ ! – وَعَلَيْكُمُ السَّلام !

Bonjour ! - Bonjour ! (matin)   صَباحُ الخَيْر ! – صباح الخير !

Bonsoir ! - Bonsoir ! (ap.-m)   مَساءُ الخَيْر ! – مساء الخير !

Salut ! - Salut !   مَرْحَباً ! – أَهْلاً وَسَهْلاً !

- **"Comment ça va ?"**

Comment ça va ?   كَيْفَ الحال ؟ كَيْفَ الأَحْوال ؟

Comment vas-tu ?   كَيْفَ حالُكَ ؟

Comment va la santé ?   كَيْفَ الصِحّة ؟

- **Prendre congé**

Excuse-moi ! (avec ta permission)   عَنْ إِذْنِكَ !

Au revoir !   مَعَ السَّلامة ! = في أَمانِ اللَّه ! = إلى اللِّقاء !

- **Présenter / se présenter**

Je suis Untel ! - Enchanté(e) !   أَنا فُلان الفُلاني ! – تَشَرَّفْنا !

Je te présente Untel   أَقَدِّمُ لَكَ فُلان الفُلانيّ !

- Enchanté(e) ! Bienvenue !   أَهْلاً وَسَهْلاً ! أَهْلاً بِكَ !

- **Interpeller**

Oh, Untel !   يا فُلان !

Attention !   انْتَبِهْ !

S'il te plaît !   لَوْ سَمَحْتَ ! = مِنْ فَضْلِكَ !

- **Inviter**

Je t'en prie ! Je vous en prie !	تَفَضَّلْ ! تَفَضَّلُوا !
Entre, je t'en prie !	تَفَضَّلْ بِالدُّخُول !
Je te prie d'accepter ce cadeau !	تَفَضَّلْ بِقَبُول هذه الهَدِيّة !

- **Remercier / répondre aux remerciements**

Merci ! - Il n'y a pas de quoi !	شُكْرًا ! – عَفْوًا !
Merci beaucoup !	شُكْرًا جَزيلاً !
- Il n'y a vraiment pas de quoi !	– لا شُكْرَ عَلى واجب !

- **S'excuser**

Pardon !	عَفْوًا ! = المَعْذِرة !
Excusez-moi !	سامِحْني (سامحوني) ! = أُعْذُرْني (اُعْذُروني) !
Désolé !	مُتَأَسِّف !

- **Féliciter / Présenter ses condoléances**

Félicitations !	مَبْروك ! أَلْف مَبْروك ! = تَهانينا !
Condoléances !	البَقاء / البَقِيّة في حَياتِكَ !

- **Souhaiter qqch à qqn**

Je te souhaite de réussir en...	أَتَمَنَّى لَكَ المُوَفَّقِيّة في ...
J'espère (pour toi)...	أَتَمَنَّى لك ... = أَرْجو لك ...
... que tu guériras !	... الشفاءَ

- **Complimenter qqn**

Bravo !	أَحْسَنْتَ ! = برافو !
Juste ! Bravo !	أَصَبْتَ !
Formidable, excellent...	رائِع ! مُمْتاز ! بَديع ! جَميل !
Que Dieu te bénisse !	بارَكَ اللّهُ فيكَ !

- **Annoncer une bonne / mauvaise nouvelle**

J'ai le plaisir de t'annoncer...   ... بِـ أُبَشِّرُكَ

... le retour des parents sains et saufs   بِعَوْدَةِ الأَهْلِ سالِمِين ..

J'ai le regret de t'informer que...   ... بِـ يُؤْسِفُنِي أَنْ أُخْبِرَكَ ...

- **Engager / continuer / terminer une conversation**

Abordons (vraiment) le sujet !   لِنَدْخُلْ في المَوْضوع

Abordons le fond du sujet !   لِنَتَطَرَّقْ إلى صُلْبِ الموضوع

    لِنَنْتَقِلْ إلى صلب الموضوع

Poursuivons la discussion !   ... فَلْنُتابِعِ الحَديث / النقاش

Bref...   ... المُهِمّ

Enfin, bref...   ... الحاصِل

En fin de compte, en conclusion   ... خُلاصةُ المَوْضوع / الكَلام

- **Demander une information pratique**

S'il vous plaît, pourriez-vous...   ... مِنْ فَضْلِكَ ! هَلْ يُمْكِنُكَ أَنْ

... m'indiquer où se trouve la poste ?   تَدُلَّنِي عَلَى البَريد ؟

- **Ne pas savoir**

Je ne sais pas   لا أَعْرِف = لا أَدْري = لَسْتُ أَدْري

Comment pourrais-je savoir ?   مِنْ أَيْنَ لِي أَنْ أَعْرِف ؟

Je n'en sais rien !   لا عِلْمَ لي بِذلك !

Dieu sait mieux que quiconque !   اللهُ أَعْلَم !

Personne ne sait !   لا أَحَدَ يَعْرِف !

- **Se souvenir**

Je me souviens de... (que...)   أَتَذَكَّر ... (أنَّ ..)

Je n'oublierai pas... (que...)   لا أَنْسى ... (أنَّ ..)

- **Comprendre / ne pas comprendre**

J'ai compris ! J'ai tout compris !	فَهِمْتُ ! فَهِمْتُ كُلَّ شَيْءٍ !
Tout est clair !	المَسْأَلَة واضِحة !
Compris ! C'est clair !	مَفْهُوم ! هذا واضِح !
Je ne comprends rien à tout ça !	لا أَفْهَمُ شَيْئًا مِنْ هذا !
Je n'ai rien compris !	لَمْ أَفْهَمْ شَيْئًا !
Je ne crois pas avoir compris !	لا أَعْتَقِدُ أَنَّني فَهِمْتُ !
Je n'ai pas compris !	لَمْ أَفْهَمْ !

- **Lorsqu'on ne connaît pas le nom**

J'ai oublié son nom...	نَسِيتُ اسْمَهُ ...
Je ne me souviens plus de son nom...	لا أَذْكُرُ ما اسْمُهُ ...
Je ne sais pas comment l'appeler !	لا أَدْري كَيْفَ نُسَمِّيه ...
Son nom m'échappe...	لا يَحْضُرُني اسْمُهُ ...

- **Exprimer une opinion, un avis**

A mon avis...	في رَأْيي أنّ ...
Je crois que...	أَعْتَقِدُ أَنَّ ... = في اعْتِقادي أنَّ ... = أَظُنُّ أنَّ ...
En ce qui me concerne...	فيما يَخُصُّني ... = بِالنِّسْبةِ لي ...

- **Exprimer une certitude**

Il n'y a aucun doute à... (que...)	لا شَكَّ في ... (أنّ ...)
Il n'y a aucun doute que...	لَيْسَ مِنْ شَكٍّ في أنّ ... مِمّا لا شَكَّ فيه أنّ ...
Personne ne doute que...	لا أَحَدَ يَشُكُّ في أنّ ...
Personne n'ignore que...	لا يَخْفى عَلى أَحَدٍ أنّ ...
C'est sûr	هذا أَكيد
Naturellement	طَبْعًا

Il est sûr que...	مِنَ الـمُؤَكَّد / الـمُحَقَّق / الـيَقين أنّ ...
Je suis sûr que...	إنّي مُتَأَكِّد / واثِق / مُتَيَقِّن مِنْ أنّ ... إنّي عَلى ثِقةٍ / يَقينٍ مِنْ أنّ ...

• Exprimer une probabilité

Il est probable que...	مِنَ الـمُحْتَمَل أنّ ... / أنْ ...
C'est probable	هذا مُحْتَمَل
Il est probable que...	يُحْتَمَل أنْ ...
Je crois qu'il...	أعْتَقِد أنّه ...

• Exprimer une possibilité / une impossibilité

C'est possible	هذا مُمْكِن
Il est possible que...	مِنَ الـمُمْكِن أنْ ... = يُمْكِن أنْ ...
Impossible !	مُسْتَحيل !
C'est impossible !	هذا غَيْرُ مُمْكِن ! = هذا مُسْتَحيل !
Il est impossible que...	مِنَ الـمُحال / الـمُسْتَحيل أنْ ...

• Exprimer un doute

Je ne crois pas que...	لا أظُنُّ / أتَصَوَّر / أعْتَقِد أنّ ...
Il ne me semble pas que...	لا يَبْدو لي أنّ ...
C'est douteux	هذا مَشْكوكٌ فيه
Il est peu probable que...	مِنَ الـمُسْتَبْعَد أنّ ...
Idem	مِنْ غَيْرِ الـمُتَوَقَّع أنّ ... = مِنْ غَيْرِ الـمُحْتَمَلِ أنّ ...

• Exprimer un regret / une satisfaction

Malheureusement !	مَعَ الأسَف ! = للأسَف !
Idem (littéraire)	يا لَلأسَف ! / وا أسَفاه !
Idem	لِسوءِ الـحَظِّ / الطالِع ! = مِنْ سوءِ الحَظِّ / الطالِع !
Il est malheureux pour nous que...	مِنْ سُوءِ حَظِّنا أنّ ...

Dommage !	يا خَسارة !
Heureusement !	لِحُسْنِ الحَظِّ / الطالِعِ ! مِنْ حُسْنِ الحَظِّ / الطالِعِ !

• Exprimer un souhait

J'espère que...	أَرْجو / أَتَمَنَّى / أَمُلُ أَنْ ...
Espérons que...	عَسى أَنْ ...
Si Dieu le veut !	إِنْ شاءَ اللهُ !
Ah, si seulement...	آهِ لَوْ ...
... j'étais riche !	... كُنْتُ غَنِيًّا !

• Demander l'heure

Quelle heure est-il, s'il vous plaît ?	كَمِ الساعة مِنْ فَضْلِك ؟

• Etre capable de...

Je peux...	أَسْتَطيع / يُمْكِنُني ...
Idem	بِإِمْكاني = في وُسْعي = في قُدْرَتي = في اسْتِطاعَتي ...
... réparer la voiture	... تَصْليحُ السَيَّارة / أَنْ أُصْلِحَ السَيَّارة
Je m'y connais	لي خِبْرة / مَعْرِفة / تَجْرِبة في هذا المَجال

• Demander à qqn de faire qqch

S'il vous plaît, pourriez-vous...	مِنْ فَضْلِكَ ، هَلْ يُمْكِنُكَ (أَنْ) ..

• Défendre, interdire

Interdit de fumer !	التَدْخين مَمْنوع = ممنوع التدخين
Interdit de passer !	المُرور ممنوع
Interdit de photographier !	التَصْوير ممنوع
Interdit d'entrer !	الدُخول ممنوع
Interdit de stationner !	الوُقوف ممنوع
Tu n'as pas le droit de...	لا يَجوزُ لَكَ أَنْ .. = لا يَحِقُّ لَكَ أَنْ ...

• Conseiller / déconseiller

Je te conseille de...   أَنْصَحُكَ بِـ ...

... lire ce livre.   ... قِراءة هذا الكِتاب

Je ne te conseille pas de...   لا أَنْصَحُكَ بِـ... = أَنْصَحُكَ بِعَدَمِ ...

... lire ce livre.   ... قِراءة هذا الكِتاب

• Proposer de l'aide / un service

As-tu besoin d'aide ?   هَلْ أَنْتَ بِحاجةٍ إلى مُساعَدة ؟

Pourrais-je t'aider ?   هل لي أَنْ أُساعدَكَ ؟

As-tu besoin d'un service ?   هل أَنْتَ بِحاجةٍ إلى خِدْمة ؟

• Suggérer

Je te propose de... / que...   أَقْتَرِحُ عَلَيْكَ (أنْ) ...

Je propose (que)...   أَقْتَرِحُ (أنْ) ...

• Demander / fixer un rendez-vous

Voyons-nous le...   لِنَتقابَلْ / لِنَلْتَقِ يَوْمَ ...

On pourrait se voir... Qu'en penses-tu ?   ما رَأْيُكَ لَوْ تَقابَلْنا ...

Rendez-vous à... le...   لِيَكُنِ المَوْعِدُ في الساعة ... مِنْ يَوْمِ ...

J'aimerais te voir   أوَدُّ مُقابَلَتَكَ !

• Demander la permission

Permets-tu que je...   هَلْ تَسْمَحُ لي بِـ ... / هل تَأْذَنُ لي بِـ ...

... que je fume ?   ... بِالتَدْخينِ ؟

• Promettre

Je te promets de...   أَعِدُكَ بِـ (أنْ) ... = لَكَ عَلَيَّ (أنْ) ...

... te rendre visite tous les mois   ... أَزُورَكَ كُلَّ شَهْر

Crois-moi ! Je le ferai !   صَدِّقْني ! سَوْفَ أَفْعَلُ ذلك !

• **Rassurer**

Ne t'en fais pas !	لا تَهْتَمّ !
Ne fais pas attention à...	لا تَهْتَمّ بِـ ... = لا تَلْتَفِتْ إلى ...
Ne te tracasse pas...	لا تَشْغَلْ بالَكَ ...
... avec ce problème !	... بِهذِهِ المُشْكِلَةِ !

• **Exprimer la nécessité de...**

Il est nécessaire que...	مِنَ الضَّرُورِيّ أنْ ...
Il faut que...	مِنَ الواجِبِ أنْ ... = مِنَ اللازِمِ أنْ ... = يَجِبُ أنْ ...
Il vaudrait mieux que...	يَنْبَغِي أنْ ...
Il faut absolument que...	لا بُدَّ مِنْ أنْ ...
Je suis obligé de...	أنا مُضْطَرٌّ إلى (أنْ) ...
Il faut que je...	عَلَيَّ أنْ ...

• **Rappeler qqch à qqn**

N'oublie pas que...	لا تَنْسَ أنَّ ...
N'oublie pas de...	لا تَنْسَ أنْ ...
Rappelle-toi que...	تَذَكَّرْ أنَّ ...

• **Demander de répéter**

Répétez, s'il vous plaît !	أعِدْ مِنْ فَضْلِكَ !
Pourriez-vous répéter ?	هَلْ يُمْكِنُكَ أَنْ تُعِيدَ الكَلامَ ؟ مِنْ جَديد ، مِنْ فَضْلِكَ !
Excusez-moi, je n'ai pas compris !	عَفْوًا لَمْ أفْهَمْ !

• **Exprimer son accord / son désaccord**

Bon, je suis d'accord !	حَسَنًا ، أنا مُوافِق !
Nous sommes d'accord !	اتَّفَقْنا !

Bon !	حَسَنًا !
Non, ce n'est pas possible !	لا ، هذا غَيْرُ مُمْكِن !
Je n'y vois pas d'inconvénient !	لا مانعَ عِنْدي !
Je ne suis pas d'accord !	لا أُوافِقُ على ذلك !
C'est injuste de ta part !	حَرام عَلَيْك !
C'est une honte !	عَيْب عَلَيْك !

• Avoir raison / avoir tort

Tu as raison !	عِنْدَكَ حَقّ ! = الـحَقُّ مَعَك ! أَنْتَ مُحِقّ !
Tu as tort !	أَنْتَ مُخْطِئ !
Tu n'as pas raison !	لَيْسَ الحَقُّ مَعَك !

• Etre content / désolé

Je m'en réjouis !	أنا سَعيدٌ بِذلك ! = هذا يُسْعِدُني !
J'en suis navré !	أنا مُنْزَعِجٌ لِذلك !
Cela m'a fait de la peine !	هذا أَزْعَجَني !
Cela me fait de la peine que...	يُزْعِجُني أنْ / أنّ ...

• Porter un jugement sur qqn / qqch

C'est excellent !	هُوَ / هذا مُمْتاز !
Formidable, merveilleux...	رائِع / بَديع / جَيِّدٌ / مُمْتاز !
Il est sympathique, amusant	هُوَ ظَريف / لَطيف
Il est drôle	هو خَفيف الدَم
Il est brave, bon	هو إِنْسان طَيِّب
C'est mauvais	هو / هذا سَيِّئ ! = هو / هذا رَديء !
... très ordinaire	... عادِيّ جِدّاً
Il n'a pas le sens de l'humour	هو ثَقيل الدَم

Il est insupportable, figé...	هو إنْسان مُزْعِج / جافّ / جامِد

• **Aimer, préférer**

Je préfère...	أُفَضِّل ...
... le cinéma à la télévision	... السِّينَما عَلَى التَّلَفِزْيُون
Je préfère que...	أُفَضِّلُ أنْ ... = مِنَ الأفْضَلِ عِنْدِي أنْ ...
... tu sois avec moi	... تَكُونَ مَعِي
J'aimerais que...	بِوُدِّي لَوْ أنَّ ... = أُحِبُّ لَوْ أنّ ...

• **Etre indifférent**

Ça m'est égal !	لا فَرْقَ عِنْدِي / في ذلك !

• **Exprimer sa peur, ses craintes**

Je crains que...	أَخْشَى أنْ ... = أخافُ أنْ ...
Mon Dieu !	يا ساتِر ! = يا رَبّ !

• **Exprimer son soulagement**

Dieu merci ! (= Ouf !)	الحَمْدُ لِلّه !

• **Exprimer sa surprise**

Etrange !	عَجِيب !
Très étrange !	عَجِيب غَرِيب !
Chose étrange !	شَيْء عَجِيب !
Etonnant !	يا لَلْعَجَب !
Mon Dieu que c'est étrange !	عَجِيب وَاللَّه !

• **Exprimer son admiration**

Ça me plaît !	يُعْجِبُنِي ذلك !

• **Rejeter la responsabilité sur...**

Il en est responsable	هُوَ مَسْؤُول عَنْ ذلك
C'est lui le responsable	هو المَسْؤُول

C'est de sa responsabilité   هذا مِنْ مَسْؤوليَّتِهِ

• **Se défendre d'une accusation**

Cela ne me concerne pas   لا عَلاقةَ لي بِذلك

Je n'en suis pas responsable   لَسْتُ مَسْؤولاً عَنْ ذلك

• **Etre / ne pas être concerné**

Cela me regarde   هذا الأمْر يَعْنيني / يَخُصُّني

Cela ne me regarde pas   لا يَعْنيني / يَخُصّني

• **Insulter, injurier**

Fils de chien (= Salaud !)   ابْنُ الكَلْب !

Maudit (= Salaud !)   عَلَيْهِ اللَعْنة !

Bâtard !   ابْنُ الحَرام !

Âne (= Imbécile !)   حمار ! = يا حمار !

Fils de chien !   يا ابْنَ الكَلْب !

• **Appeler au secours**

Au secours !   النَجْدة !

Sauvez-moi !   ساعِدوني يا ناس ! = خَلِّصوني !

• **Jurer**

Je te jure que...   أُقْسِمُ لَكَ أنّ ...

Je jure par Dieu !   أُقْسِمُ باللهِ !

Par Dieu, le Très Grand !   واللهِ العَظيمِ !

Sur la vie de ma mère !   وَحَياةِ أُمّي ! = وَروحِ أُمّي !

E. Questions de temps

Les mois (calendrier solaire syriaque ou grégorien)

الأشْهُر (التَقْويم الشَمْسيّ السريانيّ أو الغريغوريّ)

– 3 –	– 2 –	– 1 –	
جنفيه	يَنايِر	كانون الثاني	*Janvier*
فيفري	فبرايِر	شُباط	*Février*
مارس	مارس	آذار	*Mars*
أفريل	أبْريل	نيسان	*Avril*
ماي	مايو	أيّار	*Mai*
جوان	يونيو (يونيه)	حُزَيْران	*Juin*
جويليا	يوليو (يوليه)	تَمّوز	*Juillet*
أوت	أغسْطُس	آب	*Août*
سبتمبر	سبتمبر	أيْلول	*Septembre*
أكتوبر	أكتوبر	تِشْرين الأوّل	*Octobre*
نوفمبر	نوفمبر	تشرين الثاني	*Novembre*
دسمبر	ديسمبر	كانون الأوّل	*Décembre*

(1) Calendrier en usage dans la plupart des pays arabes d'Asie.
(2) Calendrier en usage notamment en Egypte, Soudan, Libye.
(3) Calendrier en usage en Tunisie. On trouvera une prononciation voisine mais légèrement différente en Algérie et au Maroc.

Les mois (calendrier lunaire hégirien)

الأشْهُر (التَقْويم القَمَريّ الهِجْريّ)

شَوّال	رَجَب	رَبيع الآخِر	مُحَرَّم
ذو القَعْدة	شَعْبان	جُمادى الأولى	صَفَر
ذو الحِجّة	رَمَضان	جمادى الآخِرة	رَبيع الأوّل

Du millénaire à la seconde...

semaine	أُسْبُوع ج أَسَابِيع	*millénaire*	الأَلْف [عام]
jour	يَوْم ج أَيّام	*siècle*	قَرْن ج قُرون
heure	ساعة ج ات	*décennie*	عَقْد ج عُقود
minute	دَقيقة ج دَقائِق	*année*	سَنة ج سَنَوات
seconde	ثانية ج ثَوانٍ	*mois*	شَهْر ج أَشْهُر (شُهور)

Les saisons (الفُصول)

l'automne	الخَريف	*le printemps*	الرَبيع
l'hiver	الشِتاء	*l'été*	الصَيْف

Les jours de la semaine

jeudi	يوم الخَميس	*dimanche*	يوم الأَحَد
vendredi	يوم الجُمْعة	*lundi*	يوم الاثْنَيْن
		mardi	يوم الثَّلاثاء
samedi	يوم السَبْت	*mercredi*	يوم الأربِعاء

La date

jeudi 20 juin 1956 ١٩٥٦	يوم الخميس العشرين من يونيو
	التاسع عشر من أغسطس الماضي / الجاري
le 19 août dernier (1)	
le 1er avril prochain (1)	الأوّل من أبريل الجاري / القادم

(1) les adjectifs *dernier* ou *prochain* renvoient ici au jour. En arabe, il renvoient au mois. L'arabe en emploie 3 : الفائت ou الماضي pour le passé, الجاري ou الحالي pour le présent, القادم ou المُقْبِل pour le futur.

Les moments de la journée

le coucher du soleil (2)	غُروب الشمس	le jour	النَهار
		l'aube	الفَجْر
la nuit	اللَيْل	le lever du soleil (1)	شُروق الشَمْس
le coucher du soleil	المَغْرِب	le matin	الصَباح
la tombée de la nuit	العشاء	la 2e moitié de la matinée	الضُحى
la soirée	المَساء		
minuit	مُنْتَصَف اللَيْل	midi	الظُهْر (الزَوال)
avant l'aube	السَحَر	l'après-midi	بعد الظهر
l'aube	الفَجْر ...	la 2e moitié de l'après-midi	العَصْر

غياب الشمس (2) ou طُلوع الشمس (1) ou

L'heure

- quelle heure est-il ?	– كَم الساعة ؟
- il est 9 h	– الساعة (الآن) التاسعة صباحًا
- à quelle heure ?	– في أيّ ساعة ؟
- à 10 h 30	– في الساعة العاشرة والنِصف صباحًا
- 11 h 10	– الحاديةَ عشرةَ وعشرةُ دقائق
- 12 h 15	– الثانية عشرة والرُبع
- 13 h 20	– الواحدة والثلث بعد الظهر
- 14 h 45	– الثالثة إلاّ رُبعاً بعد الظهر
- 20 h 30	– الثامنة والنِصف مساءً
- 22 h 55	– الحادية عشرة إلاّ خمس دقائق مساء
- 1 h 30	– الواحدة والنِصف بعد مُنْتَصَف الليل

Expressions du temps

• **FUTUR**	المُسْتَقْبَل .	• **PASSÉ**	الماضي .
dans une minute	بَعْدَ دقيقة	avant	قَبْلَ
dans une heure	بعد ساعة	auparavant	مِنْ قبلُ ، سابقًا
sous peu	بعد قليل	l'an dernier	(في) العام الماضي
demain	غَدًا	il y a un an	مُنْذُ عام (سنة)
demain matin	صباحَ غدٍ	il y a une heure	منذ ساعة
demain soir	مساءَ غدٍ		= قَبْلَ ساعة
demain après-midi	بعد ظُهْر الغد	il y a peu de temps	منذ قليل
après-demain	بعد غد	hier	أمْس (= البارحة)
le lendemain	اليومَ التالي	avant-hier	أوّلَ أمس
le surlendemain	بعد يومين	il y a deux jours	منذ يومين
le mois prochain	الشهرَ القادم	hier matin	صباحَ أمس
	= الشهر المُقْبِل	hier soir	مساءَ أمس
plus tard	فيما بعدُ	la veille	غداةَ (= ليلةَ)
prochainement	قَرِيبًا	l'avant-veille	مساءَ أوّلَ أمس
désormais	من الآن فَصَاعِدًا	• **PRÉSENT**	الحاضر .
au début de l'année	أوّلَ السنة	maintenant	الآن
à la fin de l'année	آخِرَ السنة	actuellement	حاليًّا
le matin	في الصباح ، صباحًا	en ce moment	في هذه اللحظة
le soir	في المساء ، مساءً	aujourd'hui	اليومَ
à midi	في الظهر ، ظهرًا	ce matin	صباحَ اليوم
en fin de matinée	قبيل الظهر	ce soir	مساءَ اليوم
en début d'après-midi	بعيد الظهر	cette semaine	هذا الأسبوع
en début de soirée	أوّل المساء		= الأسبوع الحالي

F. Le vouvoiement

En arabe, le vouvoiement de politesse n'est en principe pas usité. On n'emploie أنتم que pour s'adresser à 3 personnes ou plus. Cependant, pour manifester son égard, l'arabe utilise un terme particulier, choisi en fonction de la qualité de l'interlocuteur ou de la situation. Ce terme est suivi d'un pronom suffixe au singulier. Le terme le plus usuel est حَضْرة .

حضرتك = ك + حضرة (littéralement : *ta présence*)

Ce même terme apparaîtra à la 3e personne, suivi souvent d'autres précisions :

حضرة السيّد فلان = *Monsieur Untel*

حضرة السيّدة فلانة = *Madame Unetelle*

Mais sous l'influence d'autres langues, l'emploi du pronom au pluriel apparaît. On peut alors trouver :

حَضْرتكم / أنتم (en s'adressant à une seule personne)

Voici quelques termes qui peuvent remplacer حضرة :

فَخامة الرئيس = سيادة الرئيس = *Monsieur le Président*

جَلالة المَلِك = *Sa Majesté le Roi*

مَعالي الوزير = سَعادة الوزير = *Monsieur le Ministre*

قَداسة البابا = *Sa Sainteté le Pape*

فَضيلة الشيخ = *Sa Piété le Chaykh* (homme de religion)

Pour manifester encore plus d'égard, on peut commencer par صاحِب suivi du terme adéquat, qui sera alors défini par l'article :

صاحب المعالي / صاحب الفخامة / صاحب الجَلالة ...

A la 3e personne ou trouvera : .. سيادته / سعادته / معاليه ...

N.B. : le verbe s'accorde avec le nom ou le pronom annexé :

قال جَلالته .... = *Sa Majesté a dit...*

G. Principales abréviations

Voici une liste des principales abréviations utilisées en arabe :

Français	Arabe	Abréviation
avant Jésus-Christ	قَبْلَ الميلاد	ق . م .
après Jésus-Christ	للميلاد	م
de l'Hégire	للهِجْرة	هـ
etc.	إلى آخِرِهِ	إلخ
B.P. = boîte postale	صُنْدوق بَريد	ص . ب .
rue	شارِع	ش
téléphone	تِلفون	ت
mort en...	... تُوُفِّيَ سنة	ت.
Dr = docteur	دُكتور	د.
page	صَفْحة	ص
ligne	سَطْر	س
tome (d'un livre) ou pluriel	جُزْء أو جَمْع	ج
kg = kilogramme	كيلوغرام	كغ / كغم
g = gramme	غرام	غم
km = kilomètre	كيلومتر	كم
m = mètre ou féminin	مِتْر أو مُؤَنَّث	م
m^2 = mètre carré	مِتْر مُرَبَّع	م٢
cm = centimètre	سَنْتيمتر	سم
litt. : La prière et le salut de Dieu soit sur lui ! (1)	صَلّى اللهُ عَلَيْهِ وَسَلَّم	(ص) / صلعم
Le salut soit sur lui !	عَلَيْهِ السَّلام	(ع)
Dieu soit satisfait de lui !	رَضِيَ اللهُ عَنْهُ	(رض)

(1) formule prononcée après le nom du Prophète Muhammad.

H. Construction des verbes les plus usuels

H.1 Verbes directs en arabe et indirects en français

monter dans, sur	ركِب ـَ	porter tort à	آذى ، يؤذي
(moyen de transport, monture)		venir vers qqn	أتى ـِ
rendre visite à	زار ـُ	répondre à	أجاب
déplaire à	ساء ـُ	obéir à	أطاع
faire plaisir à	سرّ ـُ	plaire à	أعجب
négocier avec	ساوم	ordonner à	أمر ـُ
ressembler à	شابه	emprunter à	استدان
partager avec	شارك	se plaindre de	اشتكى
se plaindre de	شكا ـُ	avoir envie de	اشتهى
coïncider avec	صادف	annoncer (bonne nouvelle) à	بشّر ـُ
dire franchement à	صارح	parvenir à (lieu)	بلغ ـُ
être contemporain de	عاصر	se souvenir de	تذكّر
désobéir à	عصى ـِ	se marier avec	تزوّج
enseigner à	علّم	venir vers	جاء ـِ
négocier avec	فاوض	assister à	حضَر ـُ
se battre contre	قاتل	succéder à qqn	خلَف ـُ
résister à	قاوم	entrer dans	دخل ـُ
lutter contre	كافح	enseigner à	درّس
suffire à	كفى ـِ	goûter à	ذاق ـُ
parler à	كلّم	parier avec	راهن

arriver à	وصل ــِ	offrir à	منَح ــَ
hériter de	ورث ــِ	interdire à	منَع ــَ
promettre à	وعَد ــِ	attirer l'attention de	نبّه
accoucher de	ولَد ــِ	être utile à	نفَع ــَ
faire don à	وهَب ــَ	faire ses adieux à	ودّع
		parvenir à	ورَد ــِ

H.2 Verbes indirects en arabe et directs en français

Les verbes arabes sont classés suivant la préposition qui introduit le complément.

autoriser qqn	سمِح ــَ		... إلى
plaindre qqn	شكا ــُ		
applaudir	صفّق	écouter	استمع
		indiquer	أشار
	... بـِ	écouter	أصغى
		pénétrer	تسلّل
encercler	أحاط	ambitionner	طمَح ــَ
conduire qqn	أدّى	regarder	نظر ــُ
reconnaître	أقرّ		
tenir, saisir	أمسك		... لـَ
contacter	اتّصل		
garder, conserver qqch	احتفظ	regretter	أسِف ــَ
reconnaître	اعترف	venger qqn	انتقم

contester	احتجّ		... بِـ (تابع)
vaincre	انتصر		
pleurer qqn	بكى ـِ	rencontrer	التقى
espionner qqn/qqch	تجسّس	amener	جاء ـِ
regarder (spectacle)	تفرّج	risquer qqch	خاطر = غامر
surpasser	تفوّق	trahir	غدَر ـُ
dépasser	تقدّم	bien accueillir	رحّب
disputer qqch	تنازع	accepter qqch	رضِي ـَ
conserver	حافظ	permettre qqch	سمح ـَ
regretter qqn	حزِن ـَ	apprendre (nouvelle)	سمِع ـَ
obtenir	حصَل ـُ	ressentir qqch	شعَر ـُ
condamner	حكَم ـُ	autoriser qqch	صرّح
dépasser (quantité)	زاد ـِ	sacrifier	ضحّى
saluer	سلّم	réclamer	طالب
supporter	صبِر ـُ	apprendre (nouvelle)	علِم ـَ
voter qqch	صوّت	gagner qqch	فاز ـُ
trouver (par hasard)	عثَر ـُ	rattraper	لحِق ـَ
commenter	علّق		
appréhender qqn	قبَض ـِ		... على
achever qqn	قضى ـِ		
regretter (action)	ندِم ـَ	regretter qqn	أسِف ـَ
attaquer	هجَم ـِ	conseiller qqn	أشار
		enfermer	أغلق

rechercher	فتّش		... مـن
dévoiler	كشَف ـِ		
		maîtriser qqn / qqch	تمكّن
	... فـي	craindre	خاف ـَ
		approcher	دنا ـُ
émouvoir, influencer	أثّر	solliciter qqn	طلَب ـُ
poursuivre (action)	استمرّ	fuir	فرّ ـِ = هرب ـُ
désirer	رغب ـَ		
habiter	سكَن ـُ		... عن
suspecter	شكّ ـُ		
convoiter	طمع ـَ	dénoncer qqn	أبلغ = أخبر
réussir	نجَح ـَ	exprimer qqch	أعرب
		bouder qqn/qqch	أعرض
	... بـين	annoncer qqch	أعلن
		cesser (action)	انقطع
éloigner, séparer	باعد	chercher	بحَث ـَ
réconcilier	صالح	évoquer	تحدّث
séparer	فصَل ـِ	céder	تنازل
rapprocher	قارب	cesser (action)	توقّف
comparer	قارن	défendre	دافع
séparer	فارق	quitter (lieu)	رحَل ـَ
distinguer	ميّز	détester	رغب ـَ
lier	وصَل ـِ	cesser (action)	عزَف ـُ
		ignorer (par mégarde)	غفل ـَ

H.3 Verbes n'ayant pas le même sens selon la préposition avec laquelle ils se construisent

	انتصر		**أَذِنَ ـَ**
vaincre	... على	permettre qqch	... بِ
soutenir	... لـِ	autoriser qqn	... لـ
	انتهى		**أَسِفَ ـَ**
achever	... من	regretter qqch	... لـ
parvenir à	... إلى	regretter qqn	... على
	انشغل		**أشار**
être occupé par	... بـ	conseiller	... على
se détourner de	... عن	indiquer	... إلى
	انصرف		**أمسك**
aller vers	... إلى	saisir, tenir	... بـ
quitter, cesser	... عن	ne pas faire qqch	... عن
	انقطع		**احتجّ**
se couper de	... عن	protester	... على
se consacrer à	... إلى	argumenter	... بـ
	انقلب		**اشتكى**
se transformer en	... إلى	se plaindre de qqch	... من
se retourner contre	... على	porter plainte	... على
	اهتدى	se plaindre à	... إلى
parvenir à	... إلى		
s'aider de	... بـ		

condamner	... على		بحَثَ ـَ
donner raison à	... لـ	étudier	... في
	خاف ـَ	chercher	... عن
craindre	... من		تألّم
craindre pour	... على	souffrir de	... من
	خرَج ـُ	compatir avec	... لـ
se révolter contre	... على		تحوّل
quitter	... عن / من	emménager	... إلى
	دخَل ـُ	déménager	... عن
entrer	... إلى	déménager	... من
être reçu par qqn	... على		تقدّم
	ذهَب ـَ	dépasser	... على
se rendre à	... إلى	avancer vers	... إلى
emmener	... بـ		تكلّم
quitter	... عن	adhérer à (idée)	... بـ
	رغِب ـَ	parler de	... على
désirer	... في		ثار ـُ
détester, répugner	... عن	se révolter contre	... على
	سكَن ـُ	porter secours à	... لـ
habiter	... في		جلَس ـِ
se réfugier auprès de	... إلى	être près de	... إلى
	سلّم	s'asseoir sur	... على
saluer	... على		حكَم ـُ
admettre	... بـ		

	قام ـُ		سمِح ـَ
quitter, cesser	... عن	permettre	... بـِ
affronter	... لـِ	autoriser	... لـِ
	قسّم		شكا ـُ
diviser	... إلى	compatir	... لـِ
distribuer (parts)	... على	se plaindre de	... من
	قعَد ـُ		عزَف ـِ
être près de	... إلى	jouer (musique)	... على
s'asseoir sur	... على	cesser (action)	... عن
	مال ـِ		غضِب ـَ
être attiré vers	... إلى	être en colère contre qqn	... على
être repoussé	... عن	soutenir (avec force)	... لـِ
	مضى ـِ	se fâcher avec qqn / qqch	... من
emmener	... بـِ		فاز ـُ
aller à	... إلى	gagner (prix, titre...)	... بـِ
		vaincre (compétition)	... على
			فرِح ـَ
		se réjouir de	... بـِ
		se réjouir pour	... لـِ
			فرِغ ـَ
		se consacrer à	... لـِ
		achever (action)	... من

H.4 Principaux verbes suivis de أنّ

raconter	حكى ــ		
jurer	حلَف ــ / حلف بـ	أنّ ...	
rêver	حلَم ــُ		
savoir	درى ــ	prouver	أثبت
dire, mentionner	ذكَر ــُ	sentir	أحسّ بـ
observer	رأى ــَ	comprendre, se rendre compte	أدرك
raconter, rapporter	روى ــ	plaire à	أعجبه
prétendre	زعَم ــُ	annoncer	أعلن
plaire à	سرّه ــُ	nier	أنكر
entendre	سمِع ــَ	se mettre d'accord sur	اتّفق على
ressentir	شعَر ــُ / شعر بـ	reconnaître	اعترف بـ
témoigner	شهِد ــَ	croire	اعتقد
déclarer	صرّح	être fier	افتخر بـ
croire, penser	ظنّ ــُ	supposer	افترض
sembler à qqn	ظهَر ــَ / ظهر له	découvrir	اكتشف
savoir	عرَف ــِ	apprendre	بلغه ــُ
apprendre	علِم ــَ / علم بـ	démontrer	بيّن
échapper à	غاب ــِ عنه	imaginer	تخيّل
comprendre	فهِم ــَ	se souvenir	تذكّر
remarquer	لاحظ	imaginer	تصوّر
trouver	وجَد ــِ	avoir l'impression	تهيّأ له
		avoir la certitude	ثبَت ــُ له

H.5 Principaux verbes suivis de أنْ

prier qqn	رجاه ـُ		
se contenter	رضِيَ ـَ		... أنْ
se contenter	رضي بـ		
désirer	رغِبَ ـَ في	aimer	أحبّ
refuser	رفَضَ ـُ	vouloir	أراد
demander à qqn	سأله ـَ	insister pour	أضرّ على
aider qqqn à	ساعده على	jurer	أقسم
plaire à qqn	سرّه ـُ	ordonner de	أمَرَ ـُ/ أمر بـ
douter	شكّ ـُ في	nier	أنكر
demander à qqn	طلَب ـُ إليه	se mettre d'accord sur	اتّفق على
avoir l'intention	عزَم ـِ على	presser qqn de	استعجله
imposer à qqn	فرَض ـِ عليه	conseiller à	أشار عليه بـ
accepter	قبِل ـَ	attendre	انتظر
décider	قرّر	faire exprès	تعمّد
détester	كرِه ـَ	arriver	حدَث ـُ
suffire	كفى ـِ / كفاه	arriver à qqn	حدث له
avoir l'intention	نوى ، ينوي	arriver	حصَل ـُ
falloir	وجَب ـِ عليه	arriver à qqn	حصل له
souhaiter	ودّ ـَ أنْ / لَوْ	jurer	حلَف ـِ
		craindre	خاف ـَ
		craindre	خشِي ـَ
		penser	رأى ـَ

I. Principaux groupes prépositionnels

à l'exemple de	على غِرار	à partir de	اِبْتِداءً مِنْ
à l'exemple de	على مِثال	en plus de	إضافةً إلى
au niveau de	على مُسْتَوى	à côté de	إلى جانِب
à l'exemple de	على مِنْوال	malgré	بالرغم مِنْ (عَنْ)
par, grâce à	على يَد	par rapport à	بالنِسْبة لـ
par (le canal de)	عَنْ طَريق	à côté de	بِجانِب
au lieu de	عِوَضًا عَنْ	à côté de, auprès de	بِجِوار
d'après, selon	طِبْقًا لـ	en présence de	بِحَضْرة
outre, sans parler de	فَضْلاً عَنْ	au lieu de	بَدَلاً عَنْ (مِنْ)
pendant	في أَثْناء	sans	بِدونِ
en fait de	في شَأْنِ	à cause de	بِسَبَب
selon, aux yeux de	في نَظَرِ	à propos de	بِشَأْنِ
pour, en vue de	لأَجْلِ	sans	بِغَيْرِ
au profit de	لِصالِحِ	grâce à	بِفَضْلِ
jusqu'à, dans le but de	لِغاية	près de	بِقُرْب
pour, en vue de	مِنْ أَجْلِ	sans	بِلا
à travers	مِنْ خِلال	d'après, selon	بِمُقْتَضى
par, de la part de	مِنْ طَرَفِ	au moyen de	بِواسِطة
sans	مِنْ غَيْرِ	malgré	رَغْمًا عَنْ
par, de la part de	مِنْ قِبَلِ	à une distance de	على بُعْدِ
en raison de, au vu de	نَظَرًا إلى	au détriment de	على حِساب
conformément à	وَفْقًا لـ	selon	على حَسَب

J. Quelques adverbes

vraiment	حَقًّا	toujours (avec nég. : jamais)	أَبَدًا
à l'extérieur	خَارِجًا	parfois	أَحْيَانًا
surtout	خَاصَّةً / خُصُوصًا	finalement	أَخِيرًا
en cachette	خُفْيَةً	donc, aussi	إِذَنْ (إِذًا)
toujours	دَائِمًا	absolument	إِطْلاقًا / الْبَتَّةَ
à l'intérieur	دَاخِلاً	horizontalement	أُفُقِيًّا
peu à peu, doucement	رُوَيْدًا	maintenant	الآنَ
auparavant, ci-dessus	سَابِقًا	aujourd'hui	اليَوْمَ
secrètement	سِرًّا	hier	أَمْسِ
bien sûr, naturellement	طَبْعًا	premièrement	أَوَّلاً
longtemps	طَوِيلاً	aussi	أَيْضًا
généralement	عَامَّةً	par voie terrestre	بَرًّا
involontairement (= pardon !)	عَفْوًا	environ	تَقْرِيبًا
ouvertement, publiquement	عَلَنًا	parfaitement	تَمَامًا
volontairement	عَمْدًا	très	جِدًّا
verticalement	عَمُودِيًّا	sérieusement	جِدِّيًّا
demain	غَدًا	ensemble	جَمِيعًا
tout à coup, soudain	فَجْأَةً	par voie aérienne	جَوًّا
seulement	فَحَسْبُ / فَقَطْ	aussitôt, tout de suite	حَالاً
effectivement	فِعْلاً	actuellement	حَالِيًّا
aussitôt, tout de suite	فَوْرًا	absolument, forcément	حَتْمًا
bientôt	قَرِيبًا	récemment	حَدِيثًا
jamais	قَطُّ	bon !	حَسَنًا

doucement	مَهْلاً	un peu	قَليلاً
définitivement	نهَائيًّا	beaucoup	كَثيرًا
de jour	نَهارًا	de nuit	لَيْلاً
ainsi	هكَذا	directement	مُباشَرةً
ici / là-bas	هُنا / هُناكَ	par exemple	مَثَلاً
à gauche	يَسارًا	gratuitement	مَجَّانًا
à droite	يَمينًا	souvent	مرارًا
un jour	يَوْمًا	ensemble	مَعًا

Quelques locutions adverbiales

abondamment	بكَثْرة	continuellement	باسْتمْرار
calmement	بهُدوء	approximativement	بالتَقْريب
inutilement	بدون فائدة	particulièrement	بالخُصوص
vainement, en vain	بلا جَدْوى	exactement	بالضَبْط
absolument	على الإطْلاق	effectivement	بالفعْل
consécutivement	على التَوالي	soigneusement	باهْتمام
en général	على العُموم	lentement, doucement	ببُطْء
aussitôt	على الفَوْر	sérieusement	بجدّ
notamment, surtout	لا سيَّما	précisément, exactement	بدقّة
volontairement	عَنْ عَمْد	rapidement	بسُرْعة
bientôt	عَنْ قَريب	facilement	بسُهولة
sèchement	في حدّة	franchement	بصَراحة
ensuite, plus tard	منْ بَعْدُ	difficilement	بصُعوبة
auparavant	منْ قَبْلُ	fortement, vigoureusement	بقُوّة

K. Cas et fonctions (récapitulation)

Les fonctions propres à la phrase nominale sont notées par *, et celles propres au groupe nominal par **.

Cas :	Fonctions
Sujet	- sujet du verbe - pseudo-sujet (passif) - mubtada' * - ism de كان, ليس et des verbes d'existence * - ḫabar d'identification * - ḫabar de إنّ et des particules du cas direct * - vocatif [1]
Direct	- complément d'objet direct - attribut du complément d'objet - complément d'état (et adverbes) - complément absolu - autres compléments directs (temps, lieu, cause...) - ism de إنّ et des particules du cas direct * - ḫabar de كان, ليس et des verbes d'existence * - vocatif [1] - exception [2] - spécificatif ** - négation absolue du nom après لا ** (*cf.* 34.1) - compl. du nom d'action et du participe actif ** [3]
Indirect	- complément d'objet indirect - complément circonstanciel indirect - ḫabar introduit par une préposition * - complément du nom **

(1) pour choisir entre cas sujet et cas direct, *cf.* 41.

(2) dans certains cas après إلّا, ما عدا et غير : *cf.* 43.6.

(3) dans certains cas : *cf.* 40.

L. Principaux termes grammaticaux

Voici une liste des principaux termes grammaticaux arabes, avec leur correspondant français, tels qu'ils sont utilisés dans les leçons.

spécificatif	تَمْيِيز	concave	أجْوَف
cas indirect	جَرّ	interrogation	اسْتِفْهام
pluriel	جَمْع	nom	اسْم
pluriel interne	– التَّكْسير	interrogatif	– الاسْتِفْهام
	– المُؤَنَّث السالم	démonstratif	– الإِشارة
pluriel externe féminin		nom d'instrument	– الآلة
	– المُذَكَّر السالم	nom de temps	– الزَّمان
pluriel externe masculin		participe actif	– الفاعِل
phrase	جُمْلة	nom d'abondance	– الكَثْرة
phrase nominale	– اسْمِيّة	intensif	– المُبالغة
phrase verbale	– فِعْلِيّة	nom d'une fois	– المَرّة
relative	–مَوْصولة	participe passif	– المَفْعول
relative	– نَعْتِيّة	nom de lieu	– المَكان
apodose	جَواب الشَرْط	nom de manière	– النَوْع
présent	حاضِر	nom d'unité	– الوَحْدة
complément d'état	حال	relatif	– مَوْصول
préposition	حَرْف الجَرّ	racine	أصْل
particules	حُروف	annexion	إضافة
ḫabar (attribut)	خَبَر	élatif	أفْعَل التَفْضيل
cas sujet	رَفْع	impératif	أمْر
régulier	سالِم	apposition	بَدَل
condition, protase	شَرْط	diminutif	تَصْغير

nom d'action	مَصْدَر	sain	صَحيح
muḍâriᶜ (inaccompli)	مُضارع	adjectif	صِفة
majzûm (apocopé)	– مَجْزوم	schème, forme	صيغة
marfûᶜ (indicatif)	– مَرْفوع	pronom suffixe	ضَمير مُتَّصِل
manṣûb (subjonctif)	– مَنْصوب	pronom isolé	ضَمير مُنْفَصِل
sourd	مُضاعَف	quasi-préposition	ظَرْف
nom qui a un complément	مُضاف	3ᵉ personne	غائِب
complément du nom	مُضاف إلَيْه	"inanimé"	غَيْرُ عاقِل
malade	مُعْتَلّ	sujet	فاعِل
déclinable	مُعْرَب	verbe	فِعْل
singulier	مُفْرَد	passé	ماض (الماضي)
complément d'objet	مَفْعول بـه	féminin	مُؤَنَّث
complément absolu	مَفْعول مُطْلَق	mubtada'	مُبْتَدَأ
diptote	مَمْنوع مِنَ الصَرْف	indéclinable	مَبْنِيّ
au cas direct, subjonctif	مَنْصوب	1ʳᵉ personne	مُتَكَلِّم
hamzé	مَهْموز	assimilé	مِثال
pseudo-sujet	نائِب الفاعِل	duel	مُثَنَّى
défectueux	ناقِص	simple	مُجَرَّد
nom-adjectif de relation	نِسْبة	au cas indirect	مَجْرور
cas direct	نَصْب	passif	مَجْهول
épithète	نَعْت	2ᵉ personne	مُخاطَب
hamza stable	هَمْزة قَطْع	masculin	مُذَكَّر
hamza instable	هَمْزة وَصْل	au cas sujet, indicatif	مَرْفوع
schème, forme	وَزْن	dérivé ou augmenté	مَزيد
liaison	وَصْل	(pronom) caché	مُسْتَتِر
pause	وَقْف	futur	مُسْتَقْبَل

M. Se servir du dictionnaire

Dans un dictionnaire arabe, les mots ne sont généralement pas classés par ordre alphabétique mais *par racines*. Cette racine est parfois évidente, mais parfois, on sera obligé de formuler plusieurs hypothèses avant de la trouver.

Méthode à suivre :

1. Dégager, si nécessaire, le mot des autres mots qui ont pu lui être agglomérés (= dégager le mot réel du mot graphique) :

- soit devant (c'est le cas des prépositions بـ , كـ et لـ , du فـ ou du و de coordination, du سـ marque du futur, etc.),

- soit derrière (c'est le cas du pronom suffixe).

فـ + سـ + يركب + ها = فسيركبها / بـ + رأس + ه = برأسه

2. Identifier la nature du mot (s'agit-il d'un verbe, d'un nom...?) et les marques qui le caractérisent (préfixe ou suffixe de conjugaison, marque du féminin, du duel ou du pluriel ...).

3. Identifier son schème (s'il s'agit d'un verbe, d'un participe ou d'un nom d'action, de quelle forme est-il ? et s'il s'agit d'un nom simple, est-il construit sur un schème connu ? etc.).

Une fois ce travail de reconnaissance effectué, la plupart du temps, la racine du mot sera évidente. Mais, dans certains cas, il restera encore des ambiguïtés. Si c'est un mot qui vous est inconnu, seul le contexte vous permettra de trancher.

Vous arrivez à deux lettres ?

Prenons l'exemple de لم يعد . Le repérage effectué sur le verbe vous amène à deux lettres. Quelle est la 3ᵉ lettre de la racine (les racines de deux lettres étant très rares) ?

Voici les différentes possibilités :

• [lam yaᶜudda] du verbe عدّ (la chadda n'étant pas écrite) ou [lam yuᶜidda] du verbe أعدّ → racine : عدّ .

• [lam yaᶜid] du verbe وعد (le و des verbes simples assimilés disparaissant au muḍâriᶜ) → racine : وعد .

• [lam yaʿud] du verbe عاد ou [lam yuʿid] du verbe أعاد → racine : عود .

• [lam yaʿdu] du verbe عدا ou [lam yuʿdi] du verbe أعدى → racine : عدو .

Vous arrivez à plus de trois lettres ?

Si vous arrivez à plus de 3 lettres, après avoir éliminé l'hypothèse d'une racine de 4 lettres (assez rare), il vous faut procéder à l'élimination des lettres ajoutées à la racine (en vous appuyant sur votre connaissance des schèmes).

Les lettres ajoutées sont la plupart du temps les suivantes :

— en début de mot : le أ ou le ا (formes IV, VII, VIII, IX et X au passé, pluriels internes, comparatifs, couleurs, etc.), le تـ (formes II, III, V et VI et nom d'action de la forme II), l'ensemble اسـت (forme X au passé), le نـ (forme VII), le مـ (participes ou noms de lieu...)

— à l'intérieur du mot : le و , le يـ et le ا (pour les participes des verbes simples, de nombreux adjectifs et noms dont les noms de métier, de nombreux pluriels internes, les formes III et VI, etc.), le تـ (forme VIII), le نـ (forme VII), l'ensemble ستـ (forme X), ou le redoublement d'une des lettres de la racine (formes II, V et IX, noms de métier et intensifs...)

— à la fin d'un mot : le يّ (adjectif-nom de relation), le ة ou l'ensemble اء (marques du féminin), la hamza (nom d'action de certains verbes défectueux), etc.

Peut-être à ce stade ne vous restera-t-il plus que deux lettres. Il faudra alors tenir le raisonnement précédent.

Exemple : vous trouvez le mot graphique فاستشرتهم

— vous dégagez le mot réel de ce qui l'entoure (le فـ de coordination et le pronom suffixe هم). Il reste استشرت .

— vous identifiez un verbe au passé et retirez le suffixe de conjugaison ـت . Il reste استشر .

— vous identifiez une forme X et retirez les lettres اسـت . Il ne reste plus que deux lettres : شر .

— soit une semi-consonne a disparu, soit la chadda n'a pas été écrite sur la dernière lettre. La racine est donc défectueuse (شري ou شرو), concave (شور ou شير) ou sourde (شرّ).

En cherchant, vous ne trouverez que deux de ces racines avec une forme X : شور avec le verbe dérivé استشار = *demander un avis, un conseil* et شري avec le verbe dérivé استشرى = *s'aggraver*. Seul le contexte vous permettra de trancher.

Remarques

— Le ا ne fait jamais partie de la racine. Soit, il s'agit d'une lettre ajoutée, soit il a pris la place d'un و ou d'un ي . La hamza, par contre, peut être l'une des lettres de la racine. C'est pourquoi, dans un dictionnaire, vous ne trouverez pas la lettre ا comme entrée (aucune racine ne commençant par ا) mais la lettre ء (1re lettre dans l'ordre alphabétique des dictionnaires : c'est là que vous trouverez par exemple les racines أكل , أخذ .

— Les racines sourdes sont généralement classées sans tenir compte du redoublement de la lettre (comme s'il s'agissait d'une racine de deux lettres), c'est-à-dire que la racine عمّ sera placée avant la racine عمد ou عمل . Bien sûr, pour se servir d'un dictionnaire, il faut connaître par cœur l'ordre alphabétique.

— A l'intérieur de chaque racine, on trouvera (suivant les dictionnaires) deux sortes de classements :

1. Par formes : pour chaque forme (classée de I à X), on indique d'abord le verbe, les noms, les adjectifs et les participes : *cf. Dictionnaire Arabe-Français* de D. Reig - Ed. Larousse - Paris 1983.

2. Tous les verbes d'abord (classés par forme) suivis des noms et adjectifs puis des participes (chaque ensemble étant aussi classé par forme) : *cf. Dictionnaire Arabe-Anglais* de H. Wehr - Ed. Milton Cowan - New-York 1976 (ou version *Arabe-Allemand* - Ed. Harrassowitz - Wiesbaden 1985).

N. Voyelle finale et pause

Quand doit-on prononcer la voyelle finale des noms (ou des pronoms suffixes) ? Si la règle traditionnelle est claire, nombreuses sont les licences passées dans l'usage : tout dépendra des *situations de langage*, c'est-à-dire de qui parle, à qui, dans quelle occasion, pour parler de quoi, etc.

Rappelons la règle traditionnelle :

On doit prononcer toutes les voyelles finales sauf à la fin de la phrase ou après des pauses tolérées quand la phrase est trop longue ou se découpe facilement. A la pause, le tanwîn [an] se prononce [â]. Parler en suivant ces règles donnera au discours un ton très formel, très classique (cas de la lecture de textes anciens, de sermons ou de certains discours ou conférences...).

Entre l'application intégrale de cette règle et la suppression de presque toutes les voyelles finales, on trouve de nombreuses situations intermédiaires comme celles-ci, présentées par ordre décroissant, en commençant par les licences les plus admises et les plus courantes et en allant vers un discours de moins en moins formel :

- suppression de la voyelle finale des noms propres et notamment des noms et prénoms de personnes :

سافر محمّد إلى باريس [sâfara muḥammad 'ilâ bârîs]

- prononciation [an] du tanwîn de toutes les formes adverbiales même en fin de phrase (ou à la pause) :

جاء هو أيضًا [jâ'a huwa 'ayḍan]

- suppression de la voyelle finale du dernier mot de chaque groupe nominal (et donc introduction d'une pause entre chaque groupe nominal) :

ركب الشابّ العربيّ سيّارة جديدة وذهب مع صديق إلى تونس
[rakiba š-šâbbu-l-ʿarabîy sayyâratan jadîda
wa-ḍahaba maʿa ṣadîq 'ilâ tûnis]

- dans un même groupe nominal, suppression du ة et de sa voyelle aux noms indéfinis :

ركب سيّارة جديدة [rakiba sayyâra jadîda]

- dans un même groupe nominal, suppression de la voyelle finale aux noms indéfinis :

جاء ولد صغير [jâ'a walad ṣaġîr]

- dans un même groupe nominal, suppression du ة et de sa voyelle aux noms définis sauf s'ils sont le premier terme d'une annexion. Dans ce cas, suppression de la voyelle du ة :

السيّارة الجديدة ['as-sayyâra l-jadîda]

سيّارة محمّد [sayyârat muḥammad]

Ainsi, سيّارة جميلة se prononcera :

- [sayyâra jamîla] si on veut dire : *une belle voiture*

- [sayyârat jamîla] si on veut dire : *la voiture de Jamila*

N.B. : la voyelle finale des formes simples du muḍâriᶜ sera la plupart du temps omise, sauf si la liaison est exigée (par la présence d'un article juste après le verbe, par exemple). Les trois aspects du muḍâriᶜ (marfûᶜ, manṣûb et majzûm) se prononceront alors comme un majzûm.

Ex. : يكتب محمّد رسالة [yaktub muḥammad risâla]

Par contre, la fatḥa finale du passé devra être prononcée.

O. Tableaux de conjugaison

Voici les tableaux récapitulatifs de conjugaison des principaux modèles de verbes simples trilitères, à savoir :

- un verbe régulier : فَعَلَ ، يَفْعَلُ

- un verbe sourd : مَرَّ ، يَمُرُّ

- un verbe assimilé en و : وَصَلَ ، يَصِلُ

- trois verbes concaves :

خافَ ، يَخافُ / باعَ ، يَبيعُ / قالَ ، يَقولُ

- trois verbes défectueux :

دَعا ، يَدْعو / بَقِيَ ، يَبْقَى / مَشَى ، يَمْشي

Passé

1re personne	2e personne	3e personne	Passé	
فَعَلْتُ	فَعَلْتَ	فَعَلَ	Masc.	Sing.
	فَعَلْتِ	فَعَلَتْ	Fém.	
فَعَلْنَا	فَعَلْتُمَا	فَعَلَا	Masc.	Duel
	فَعَلْتُمَا	فَعَلَتَا	Fém.	
	فَعَلْتُمْ	فَعَلُوا	Masc.	Plur.
	فَعَلْتُنَّ	فَعَلْنَ	Fém.	

M. marfûᶜ

1re personne	2e personne	3e personne	M. marfûᶜ	
أَفْعُلُ	تَفْعُلُ	يَفْعُلُ	Masc.	Sing.
	تَفْعُلِينَ	تَفْعُلُ	Fém.	
نَفْعُلُ	تَفْعُلَانِ	يَفْعُلَانِ	Masc.	Duel
	تَفْعُلَانِ	تَفْعُلَانِ	Fém.	
	تَفْعُلُونَ	يَفْعُلُونَ	Masc.	Plur.
	تَفْعُلْنَ	يَفْعُلْنَ	Fém.	

M. mansûb

1re personne	2e personne	3e personne	M. mansûb	
أَفْعُلَ	تَفْعُلَ	يَفْعُلَ	Masc.	Sing.
	تَفْعُلِي	تَفْعُلَ	Fém.	
نَفْعُلَ	تَفْعُلَا	يَفْعُلَا	Masc.	Duel
	تَفْعُلَا	تَفْعُلَا	Fém.	
	تَفْعُلُوا	يَفْعُلُوا	Masc.	Plur.
	تَفْعُلْنَ	يَفْعُلْنَ	Fém.	

M. majzûm

1re personne	2e personne	3e personne	M. majzûm	
أَفْعُلْ	تَفْعُلْ	يَفْعُلْ	Masc.	Sing.
	تَفْعُلِي	تَفْعُلْ	Fém.	
نَفْعُلْ	تَفْعُلَا	يَفْعُلَا	Masc.	Duel
	تَفْعُلَا	تَفْعُلَا	Fém.	
	تَفْعُلُوا	يَفْعُلُوا	Masc.	Plur.
	تَفْعُلْنَ	يَفْعُلْنَ	Fém.	

فَعَلَ ، يَفْعُلُ

Participes :
- actif : فَاعِل
- passif : مَفْعُول

Passif : فُعِلَ ، يُفْعَلُ

Impératif	
M. S.	اِفْعُلْ
F.	اِفْعُلِي
M. D.	اِفْعُلَا
F.	اِفْعُلَا
M. P.	اِفْعُلُوا
F.	اِفْعُلْنَ

مرّ ، يمرّ

Participes :
- actif : مارّ
- passif : (مَمْرور)

Passif : (مُرّ ، يُمَرّ)

Passé

		3e personne	2e personne	1re personne
Sing.	Masc.	مرّ	مررتَ	مررتُ
	Fém.	مرّت	مررتِ	مررتُ
Duel	Masc.	مرّا	مررتما	مررنا
	Fém.	مرّتا	مررتما	
Plur.	Masc.	مرّوا	مررتم	مررنا
	Fém.	مررن	مررتنّ	

M. marfūᶜ

		3e personne	2e personne	1re personne
Sing.	Masc.	يمرّ	تمرّ	أمرّ
	Fém.	تمرّ	تمرّين	
Duel	Masc.	يمرّان	تمرّان	نمرّ
	Fém.	تمرّان	تمرّان	
Plur.	Masc.	يمرّون	تمرّون	نمرّ
	Fém.	يمررن	تمررن	

M. manṣūb

		3e personne	2e personne	1re personne
Sing.	Masc.	يمرَّ	تمرَّ	أمرَّ
	Fém.	تمرَّ	تمرّي	
Duel	Masc.	يمرّا	تمرّا	نمرَّ
	Fém.	تمرّا	تمرّا	
Plur.	Masc.	يمرّوا	تمرّوا	نمرَّ
	Fém.	يمررن	تمررن	

M. majzūm :

Il se conjugue comme le manṣūb,
mais on peut trouver pour les
formes simples les variantes :

أمرر / تمرر / يمرر / تمرر
à la place de :
أمرّ / تمرّ / يمرّ / تمرّ / نمرّ

Impératif

S.	M. مُرّ ou أمرر
	F. مُرّي
D.	M. مُرّا
	F.
P.	M. مُرّوا
	F. أمررن

وصل ، يصل

1re personne	2e personne	3e personne	Passé	
وَصَلْتُ	وَصَلْتَ / وَصَلْتِ	وَصَلَ / وَصَلَتْ	Masc. / Fém.	Sing.
	وَصَلْتُمَا	وَصَلَا / وَصَلَتَا	Masc. / Fém.	Duel
وَصَلْنَا	وَصَلْتُمْ / وَصَلْتُنَّ	وَصَلُوا / وَصَلْنَ	Masc. / Fém.	Plur.

1re personne	2e personne	3e personne	M. marfūᶜ	
أَصِلُ	تَصِلُ / تَصِلِينَ	يَصِلُ / تَصِلُ	Masc. / Fém.	Sing.
نَصِلُ	تَصِلَانِ	يَصِلَانِ / تَصِلَانِ	Masc. / Fém.	Duel
	تَصِلُونَ / تَصِلْنَ	يَصِلُونَ / يَصِلْنَ	Masc. / Fém.	Plur.

1re personne	2e personne	3e personne	M. manṣūb	
أَصِلَ	تَصِلَ / تَصِلِي	يَصِلَ / تَصِلَ	Masc. / Fém.	Sing.
نَصِلَ	تَصِلَا	يَصِلَا / تَصِلَا	Masc. / Fém.	Duel
	تَصِلُوا / تَصِلْنَ	يَصِلُوا / يَصِلْنَ	Masc. / Fém.	Plur.

1re personne	2e personne	3e personne	M. majzūm	
أَصِلْ	تَصِلْ / تَصِلِي	يَصِلْ / تَصِلْ	Masc. / Fém.	Sing.
نَصِلْ	تَصِلَا	يَصِلَا / تَصِلَا	Masc. / Fém.	Duel
	تَصِلُوا / تَصِلْنَ	يَصِلُوا / يَصِلْنَ	Masc. / Fém.	Plur.

Participes :
- actif : وَاصِل
- passif : مَوْصُول

Passif : وُصِلَ ، يُوصَلُ

Impératif	
M. S.	صِلْ
F.	صِلِي
M. D.	صِلَا
F.	صِلَا
M. P.	صِلُوا
F.	صِلْنَ

قال ، يَقُولُ

Participes :
- actif : قائل
- passif : مَقُول

Passif : قِيلَ ، يُقَالُ

Passé

Passé		3e personne	2e personne	1re personne
Sing.	Masc.	قَالَ	قُلْتَ	قُلْتُ
	Fém.	قَالَتْ	قُلْتِ	قُلْتُ
Duel	Masc.	قَالَا	قُلْتُمَا	قُلْنَا
	Fém.	قَالَتَا	قُلْتُمَا	
Plur.	Masc.	قَالُوا	قُلْتُمْ	قُلْنَا
	Fém.	قُلْنَ	قُلْتُنَّ	

M. marfûᶜ

M. marfûᶜ		3e personne	2e personne	1re personne
Sing.	Masc.	يَقُولُ	تَقُولُ	أَقُولُ
	Fém.	تَقُولُ	تَقُولِينَ	
Duel	Masc.	يَقُولَانِ	تَقُولَانِ	نَقُولُ
	Fém.	تَقُولَانِ	تَقُولَانِ	
Plur.	Masc.	يَقُولُونَ	تَقُولُونَ	نَقُولُ
	Fém.	يَقُلْنَ	تَقُلْنَ	

M. manṣûb

M. manṣûb		3e personne	2e personne	1re personne
Sing.	Masc.	يَقُولَ	تَقُولَ	أَقُولَ
	Fém.	تَقُولَ	تَقُولِي	
Duel	Masc.	يَقُولَا	تَقُولَا	نَقُولَ
	Fém.	تَقُولَا	تَقُولَا	
Plur.	Masc.	يَقُولُوا	تَقُولُوا	نَقُولَ
	Fém.	يَقُلْنَ	تَقُلْنَ	

M. majzûm

M. majzûm		3e personne	2e personne	1re personne
Sing.	Masc.	يَقُلْ	تَقُلْ	أَقُلْ
	Fém.	تَقُلْ	تَقُولِي	
Duel	Masc.	يَقُولَا	تَقُولَا	نَقُلْ
	Fém.	تَقُولَا	تَقُولَا	
Plur.	Masc.	يَقُولُوا	تَقُولُوا	نَقُلْ
	Fém.	يَقُلْنَ	تَقُلْنَ	

Impératif

Impératif	
M. S.	قُلْ
F. S.	قُولِي
M. D.	قُولَا
F. D.	قُولَا
M. P.	قُولُوا
F. P.	قُلْنَ

Passé

Passé		3e personne	2e personne	1re personne
Sing.	Masc.	بَاعَ	بِعْتَ	بِعْتُ
	Fém.	بَاعَتْ	بِعْتِ	
Duel	Masc.	بَاعَا	بِعْتُمَا	بِعْنَا
	Fém.	بَاعَتَا		
Plur.	Masc.	بَاعُوا	بِعْتُمْ	بِعْنَا
	Fém.	بِعْنَ	بِعْتُنَّ	

M. marfûᶜ

M. marfûᶜ		3e personne	2e personne	1re personne
Sing.	Masc.	يَبِيعُ	تَبِيعُ	أَبِيعُ
	Fém.	تَبِيعُ	تَبِيعِينَ	
Duel	Masc.	يَبِيعَانِ	تَبِيعَانِ	نَبِيعُ
	Fém.	تَبِيعَانِ		
Plur.	Masc.	يَبِيعُونَ	تَبِيعُونَ	نَبِيعُ
	Fém.	يَبِعْنَ	تَبِعْنَ	

M. mansûb

M. mansûb		3e personne	2e personne	1re personne
Sing.	Masc.	يَبِيعَ	تَبِيعَ	أَبِيعَ
	Fém.	تَبِيعَ	تَبِيعِي	
Duel	Masc.	يَبِيعَا	تَبِيعَا	نَبِيعَ
	Fém.	تَبِيعَا		
Plur.	Masc.	يَبِيعُوا	تَبِيعُوا	نَبِيعَ
	Fém.	يَبِعْنَ	تَبِعْنَ	

M. majzûm

M. majzûm		3e personne	2e personne	1re personne
Sing.	Masc.	يَبِعْ	تَبِعْ	أَبِعْ
	Fém.	تَبِعْ	تَبِيعِي	
Duel	Masc.	يَبِيعَا	تَبِيعَا	نَبِعْ
	Fém.	تَبِيعَا		
Plur.	Masc.	يَبِيعُوا	تَبِيعُوا	نَبِعْ
	Fém.	يَبِعْنَ	تَبِعْنَ	

باع ، يبيع

Participes :
- actif : بَائِع
- passif : مَبِيع

Passif : بِيعَ ، يُبَاعُ

Impératif

Impératif		
M. S.	بِعْ	
F.	بِيعِي	
M. D.	بِيعَا	
F.	بِيعَا	
M. P.	بِيعُوا	
F.	بِعْنَ	

Passé

		3e personne	2e personne	1re personne
Sing.	Masc.	خافَ	خِفْتَ	خِفْتُ
	Fém.	خافَتْ	خِفْتِ	
Duel	Masc.	خافا	خِفْتُما	
	Fém.	خافَتا	خِفْتُما	
Plur.	Masc.	خافوا	خِفْتُمْ	خِفْنا
	Fém.	خِفْنَ	خِفْتُنَّ	

M. marfūᶜ

		3e personne	2e personne	1re personne
Sing.	Masc.	يَخافُ	تَخافُ	أَخافُ
	Fém.	تَخافُ	تَخافينَ	
Duel	Masc.	يَخافانِ	تَخافانِ	نَخافُ
	Fém.	تَخافانِ	تَخافانِ	
Plur.	Masc.	يَخافونَ	تَخافونَ	
	Fém.	يَخَفْنَ	تَخَفْنَ	

M. manṣūb

		3e personne	2e personne	1re personne
Sing.	Masc.	يَخافَ	تَخافَ	أَخافَ
	Fém.	تَخافَ	تَخافي	
Duel	Masc.	يَخافا	تَخافا	نَخافَ
	Fém.	تَخافا	تَخافا	
Plur.	Masc.	يَخافوا	تَخافوا	
	Fém.	يَخَفْنَ	تَخَفْنَ	

M. majzūm

		3e personne	2e personne	1re personne
Sing.	Masc.	يَخَفْ	تَخَفْ	أَخَفْ
	Fém.	تَخَفْ	تَخافي	
Duel	Masc.	يَخافا	تَخافا	نَخَفْ
	Fém.	تَخافا	تَخافا	
Plur.	Masc.	يَخافوا	تَخافوا	
	Fém.	يَخَفْنَ	تَخَفْنَ	

خاف ، يَخاف

Participes :
- actif : خائِف
- passif : مَخوف

Passif : خيفَ ، يُخاف

Impératif

M. S.	خَفْ
F.	خافي
M. D.	خافا
F.	خافا
M. P.	خافوا
F.	خَفْنَ

Passé

		3e personne	2e personne	1re personne
Sing.	Masc.	مَشَى	مَشَيْتَ	مَشَيْتُ
	Fém.	مَشَتْ	مَشَيْتِ	
Duel	Masc.	مَشَيَا	مَشَيْتُمَا	
	Fém.	مَشَتَا	مَشَيْتُمَا	
Plur.	Masc.	مَشَوْا	مَشَيْتُمْ	مَشَيْنَا
	Fém.	مَشَيْنَ	مَشَيْتُنَّ	

M. marfūʿ

		3e personne	2e personne	1re personne
Sing.	Masc.	يَمْشِي	تَمْشِي	أَمْشِي
	Fém.	تَمْشِي	تَمْشِينَ	
Duel	Masc.	يَمْشِيَانِ	تَمْشِيَانِ	
	Fém.	تَمْشِيَانِ	تَمْشِيَانِ	
Plur.	Masc.	يَمْشُونَ	تَمْشُونَ	نَمْشِي
	Fém.	يَمْشِينَ	تَمْشِينَ	

M. manṣūb

		3e personne	2e personne	1re personne
Sing.	Masc.	يَمْشِيَ	تَمْشِيَ	أَمْشِيَ
	Fém.	تَمْشِيَ	تَمْشِي	
Duel	Masc.	يَمْشِيَا	تَمْشِيَا	
	Fém.	تَمْشِيَا	تَمْشِيَا	
Plur.	Masc.	يَمْشُوا	تَمْشُوا	نَمْشِيَ
	Fém.	يَمْشِينَ	تَمْشِينَ	

M. majzūm

		3e personne	2e personne	1re personne
Sing.	Masc.	يَمْشِ	تَمْشِ	أَمْشِ
	Fém.	تَمْشِ	تَمْشِي	
Duel	Masc.	يَمْشِيَا	تَمْشِيَا	
	Fém.	تَمْشِيَا	تَمْشِيَا	
Plur.	Masc.	يَمْشُوا	تَمْشُوا	نَمْشِ
	Fém.	يَمْشِينَ	تَمْشِينَ	

مَشَى ، يَمْشِي

Participes :
- actif : مَاشٍ
- passif : (مَمْشِيّ)

Passif : (مُشِيَ ، يُمْشَى)

Impératif

M. S.	اِمْشِ
F.	اِمْشِي
M. D.	اِمْشِيَا
F.	اِمْشِيَا
M. P.	اِمْشُوا
F.	اِمْشِينَ

Passé

Passé		3e personne	2e personne	1re personne
Sing.	Masc.	بَقِيَ	بَقِيتَ	بَقِيتُ
	Fém.	بَقِيَتْ	بَقِيتِ	
Duel	Masc.	بَقِيَا	بَقِيتُمَا	بَقِينَا
	Fém.	بَقِيَتَا	بَقِيتُمَا	
Plur.	Masc.	بَقُوا	بَقِيتُمْ	
	Fém.	بَقِينَ	بَقِيتُنَّ	

M. marfūʿ

M. marfūʿ		3e personne	2e personne	1re personne
Sing.	Masc.	يَبْقَى	تَبْقَى	أَبْقَى
	Fém.	تَبْقَى	تَبْقَيْنَ	
Duel	Masc.	يَبْقَيَانِ	تَبْقَيَانِ	نَبْقَى
	Fém.	تَبْقَيَانِ	تَبْقَيَانِ	
Plur.	Masc.	يَبْقَوْنَ	تَبْقَوْنَ	
	Fém.	يَبْقَيْنَ	تَبْقَيْنَ	

M. manṣūb

M. manṣūb		3e personne	2e personne	1re personne
Sing.	Masc.	يَبْقَى	تَبْقَى	أَبْقَى
	Fém.	تَبْقَى	تَبْقَيْ	
Duel	Masc.	يَبْقَيَا	تَبْقَيَا	نَبْقَى
	Fém.	تَبْقَيَا	تَبْقَيَا	
Plur.	Masc.	يَبْقَوْا	تَبْقَوْا	
	Fém.	يَبْقَيْنَ	تَبْقَيْنَ	

M. majzūm

M. majzūm		3e personne	2e personne	1re personne
Sing.	Masc.	يَبْقَ	تَبْقَ	أَبْقَ
	Fém.	تَبْقَ	تَبْقَيْ	
Duel	Masc.	يَبْقَيَا	تَبْقَيَا	نَبْقَ
	Fém.	تَبْقَيَا	تَبْقَيَا	
Plur.	Masc.	يَبْقَوْا	تَبْقَوْا	
	Fém.	يَبْقَيْنَ	تَبْقَيْنَ	

بَقِيَ ، يَبْقَى

Participles :
- actif : بَاقٍ
- passif : (مَبْقِيٌّ)

Passif :
بُقِيَ ، يُبْقَى

Impératif

Impératif	
S.	M. اِبْقَ
	F. اِبْقَيْ
D.	M. اِبْقَيَا
	F. اِبْقَيَا
P.	M. اِبْقَوْا
	F. اِبْقَيْنَ

Passé

		3e personne	2e personne	1re personne
Sing.	Masc.	دَعا	دَعَوْتَ	دَعَوْتُ
	Fém.	دَعَتْ	دَعَوْتِ	
Duel	Masc.	دَعَوَا	دَعَوْتُما	
	Fém.	دَعَتا	دَعَوْتُما	
Plur.	Masc.	دَعَوْا	دَعَوْتُمْ	دَعَوْنا
	Fém.	دَعَوْنَ	دَعَوْتُنَّ	

M. marfūᶜ

		3e personne	2e personne	1re personne
Sing.	Masc.	يَدْعو	تَدْعو	أَدْعو
	Fém.	تَدْعو	تَدْعِينَ	
Duel	Masc.	يَدْعُوانِ	تَدْعُوانِ	
	Fém.	تَدْعُوانِ	تَدْعُوانِ	
Plur.	Masc.	يَدْعُونَ	تَدْعُونَ	نَدْعو
	Fém.	يَدْعُونَ	تَدْعُونَ	

M. manṣūb

		3e personne	2e personne	1re personne
Sing.	Masc.	يَدْعو	تَدْعو	أَدْعو
	Fém.	تَدْعو	تَدْعِي	
Duel	Masc.	يَدْعُوا	تَدْعُوا	
	Fém.	تَدْعُوا	تَدْعُوا	
Plur.	Masc.	يَدْعُوا	تَدْعُوا	نَدْعو
	Fém.	يَدْعُونَ	تَدْعُونَ	

M. majzūm

		3e personne	2e personne	1re personne
Sing.	Masc.	يَدْعُ	تَدْعُ	أَدْعُ
	Fém.	تَدْعُ	تَدْعِي	
Duel	Masc.	يَدْعُوا	تَدْعُوا	
	Fém.	تَدْعُوا	تَدْعُوا	
Plur.	Masc.	يَدْعُوا	تَدْعُوا	نَدْعُ
	Fém.	يَدْعُونَ	تَدْعُونَ	

دَعا ، يَدْعو

Participes :
- actif : داعٍ
- passif : مَدْعُوّ

Passif : دُعِيَ ، يُدْعى

Impératif

M. S.	اُدْعُ
F.	اُدْعِي
M. D.	اُدْعُوَا
F.	اُدْعُوَا
M. P.	اُدْعُوا
F.	اُدْعُونَ

P. Quelques verbes "très irréguliers"

Voici quelques verbes qui cumulent plusieurs "irrégularités". On
ne donnera que les formes les plus caractéristiques.

- رَأَى ، يَرَى (*voir*) : hamzé (2e lettre) et défectueux.

Ce verbe se conjugue comme مشى au passé et comme يبقى au
muḍârᶜ (après disparition de la hamza).

رَأَيْتُ ... رَأَى – رَأَتْ ... رَأَيَا – رَأَتا ... رَأَوْا	Passé
أَرَى ... تَرَيْنَ ... يَرَيَانِ ... يَرَوْنَ ... يَرَيْنَ	M. marfûᶜ
أَرَ ... تَرَيْ ... يَرَيَا ... يَرَوْا ... يَرَيْنَ	majzûm
رَ – رَيْ ... (peu utilisé)	Impératif

- حَيَّ ، يَحْيَا (*vivre*) : concave, défectueux et sourd.

Au passé, on écrit plutôt un seul ي avec une chadda quand la 3^e
radicale porte une voyelle (sauf pour هم), sinon, on écrit
deux ي . Au muḍârᶜ, la dernière lettre s'écrit ا et non ى .

حَيِيتُ ... حَيَّ – حَيَّتْ ... حَيُوا (très peu utilisé)	Passé
أَحْيَا ... تَحْيَيْنَ ... يَحْيَوْنَ ... يَحْيَيْنَ	M. marfûᶜ
أَحْيَ ... تَحْيَيْ ... يَحْيَوْا ... يَحْيَيْنَ	majzûm
اِحْيَ – اِحْيَيْ ... (très peu utilisé)	Impératif

- سَاءَ ، يَسُوءُ / شَاءَ ، يَشَاءُ / جَاءَ ، يَجِيءُ

(*venir / vouloir / être mal*) : hamzés (3e lettre) et concaves.

Ces verbes se conjuguent respectivement comme بَاعَ ، يَبِيعُ/
قَالَ ، يَقُولُ et خَافَ ، يَخَافُ avec en plus les problèmes du
support de la hamza. Voici la conjugaison de جَاءَ , le plus
courant.

جِئْتُ .. جاءَ – جاءَتْ .. جاءا .. جاءَتا .. جاؤُوا	Passé
أجيءُ .. تَجيئينَ .. يَجيئانِ .. يَجيئُونَ .. يَجِئْنَ	M. marfû⁽
أجِئْ .. تَجيئي .. يَجيئا .. يَجيئُوا .. يَجِئْنَ	majzûm
جِئْ – جيئي – جيئا – جيئُوا – جِئْنَ (1)	Impératif

(1) on lui préfère ... تَعالَ.

Au passé, on aura ... شِئْتُ (pour شاء) et سُؤْتُ (pour ساء).

• أتَى ، يَأْتِي (*venir*) : hamzé (1ʳᵉ lettre) et défectueux.

Se conjugue comme (.. مشى ، يمشي) أتَيْتُ avec quelques petites modifications dues au support de la hamza.

• Muḍâri⁽ : أتِيَ ، يُؤْتَى. Passif : أتِي (أنا). Passif : يُؤْتَى ، أتِيَ.

• Participe actif : آت (الآتي).

• Impératif : .. ائْتِ (ou ائْتِ). N.B. : on lui préfère .. تَعالَ.

• أوَى ، يَأْوِي (*se réfugier*) : hamzé (1ʳᵉ lettre), concave et défectueux.

Se conjugue comme أتى, le و fonctionnant toujours comme une consonne.

• شَوَى ، يَشْوِي (*griller*) : concave et défectueux.

Se conjugue comme مشى, le و fonctionnant toujours comme une consonne.

• وَفَى ، يَفِي (*être fidèle*) : assimilé et défectueux.

Se conjugue comme مشى, avec la disparition du و au muḍâri⁽.

Pour les autres verbes, on se reportera utilement à un manuel de conjugaison (*cf.* par exemple *La Conjugaison arabe* de Daniel Reig - Ed. Maisonneuve & Larose - Paris 1983).

Q. Particularités de la forme VIII

Voici les principaux verbes usuels de forme VIII qui ont une particularité dans leur formation (assimilation, modification d'une lettre, redoublement) : ils sont notés au passé avec leur racine entre parenthèses (*cf.* 4.5, 6.4 et 6.5).

prospérer	ازدهر (زهر)	suivre, observer	اتّبع (تبع)
être double	ازدوج (زوج)	commercer, trafiquer	اتّجر (تجر)
épargner	ادّخر (دخر)	se diriger	اتّجه (وجه)
prétendre	ادّعى (دعو)	s'unifier	اتّحد (وحد)
épargner	اذّخر (ذخر)	prendre, adopter	اتّخذ (أخذ)
chasser, pêcher	اصطاد (صيد)	s'élargir, s'étendre	اتّسع (وسع)
se heurter	اصطدم (صدم)	être suffisamment large	
s'aligner	اصطفّ (صفّ)	communiquer,	اتّصل (وصل)
choisir	اصطفى (صفو)	contacter	
convenir	اصطلح (صلح)	se mettre d'accord	اتّفق (وفق)
fabriquer	اصطنع (صنع)	craindre, éviter	اتّقى (وقي)
être contraint	اضطرّ (ضرّ)	s'appuyer	اتّكأ (وكأ)
se troubler	اضطرب (ضرب)	s'en remettre (à)	اتّكل (وكل)
se suivre de près	اطّرد (طرد)	accuser	اتّهم (وهم)
apprendre,	اطّلع (طلع)	augmenter	ازداد (زيد)
s'informer		s'entasser	ازدحم (زحم)

N.B. : du fait qu'il n'existe à la forme VII aucun verbe dont la 1re lettre de la racine soit un ت , un verbe dérivé commençant par انت.. correspondra nécessairement à une forme VIII :

انتقل (نقل) = *se déplacer* / انتهى (نهي) = *se terminer*

CORRIGÉ DES EXERCICES

2. Racines et schèmes

A. ١. أفْعال (شكل – بطل – قول) / ٢. تَفْعيل (دخن – أمم – غير) / ٣. فَعْلان (فرح – كسل – غضب) / ٤. مَفاعِل (سكن – لعب – صنع) / ٥. مُسْتَفْعِل (عمل – مرر – يقظ) / ٦. فَعَّال (خــبــز – جــزر – بطل) / ٧. تَفاعَلَ (فــهم – شــور – مــثل) / ٨. مُفاعَلة (نقش – حضر – عمل) / ٩. فُعول (ركد – دخل – وصل) / ١٠. فِعال (كبر – صغر – طول) .

B. ١. مَــــسْكون – سُكّان – إسْكان / ٢. عُلوم – تَعَلَّمَ – اسْتِعْلام / ٣. اعْتَبَرَ – مُعَبِّر – عِبارة / ٤. قَليل – تَقْليل – قَلَّلَ / ٥. مُواصَلة – مُتَواصِل – أوْصال .

C. أفْعَل : ١ – ٨ – ١٣ – ١٩ / إفْعال : ٢ – ١٠ – ١٤ – ١٦ / انْفَعَلَ : ٣ – ١٢ – ١٨ – ٢٠. / أفْعال : ٤ – ٧ – ١١ – ١٥ / افْتَعَلَ : ٥ – ٦ – ٩ – ١٧ .

D. كسر : ١ – ٩ – ١٣ – ٢٠. / سكر : ٢ – ٧ – ٨ – ١٤ / سكن : ٣ – ٦ – ١٥ – ١٦ / كنس : ٤ – ١٠. – ١١ – ١٨ / كــرم : ٥ – ١٢ – ١٧ – ١٩ .

3. Conjugaison du verbe

A. ١. لَعِبْتَ / ٢. عَمِلْتُ / ٣. خَرَجْتْ / ٤. دَخَلَ / ٥. فَتَحَ / ٦. رَسَمْتِ / ٧. جَلَسْتَ / ٨. كَتَبْتَ (ou كَتَبْتِ) .

B. ١. سَرَقوا / ٢. شَرِبْتُنَّ / ٣. رَكَضوا / ٤. صَنَعْتُمْ / ٥. رَفَعْنَ / ٦. صَرَخْنا / ٧. ظَهَرْنَ / ٨. قَبِلْتُمْ .

C. ١. يَلْعَبُ / ٢. تَعْمَلُ (ou تَعْمَلِين) / ٣. أَخْرُجُ /
٤. تَدْخُلِينَ / ٥. تَفْتَحُ / ٦. تَرْسُمُ / ٧. يَجْلِسُ .

D. ١. تَسْرِقُونَ ou يَسْرِقْنَ / ٢. نَشْرَبُ / ٣. يَرْكُضونَ /
٤. يَصْنَعونَ / ٥. تَرْفَعْنَ / ٦. تَصْرُخْنَ ou يَصْرُخْنَ ou تَصْرُخُونَ

E. ١. لن نلعبَ / ٢. لن تعملَ / ٣. لن يخرجا / ٤. لن أدخلَ /
٥. لن تفتحي / ٦. لن تجلسا / ٧. لن يكتبَ / ٨. لن تسرقنَ /
٩. لن تشربوا / ١٠. لن ترفعوا / ١١. لن يصرخوا .

F. ١. لم نلعبْ / ٢. لم تعملْ / ٣. لم يخرجا / ٤. لم أدخلْ /
٥. لم تفتحي / ٦. لم تجلسا / ٧. لم يكتبْ / ٨. لم تسرقنَ /
٩. لم تشربوا / ١٠. لم توفعوا / ١١. لم يصرخوا .

G. ١. يَأْكُلُ / ٢. تَسْكُتُونَ / ٣. تَلْعَبِينَ / ٤. تَجْلِسُ /
٥. يَفْتَحان / ٦. يَرْكُضْنَ / ٧. نَرْفَعُ / ٨. تَنْظُرانِ / ٩. أَرْسُمُ /
١٠. يَخْرُجونَ .

H. ١. تَلْعَبُ / ٢. نَعْمَلُ / ٣. أَخْرُجُ / ٤. يَدْخُلانِ /
٥. يَفْتَحونَ / ٦. تَرْسُمِينَ / ٧. تَجْلِسانِ / ٨. تَكْتُبانِ /
٩. يَسْرِقُ / ١٠. تَشْرَبْنَ / ١١. تَصْنَعُ / ١٢. تَرْفَعُونَ /
١٣. يَصْرُخْنَ .

I. ١. لَعِبْنا / ٢. عَمِلْتَ / ٣. خَرَجا / ٤. دَخَلْتُ / فَتَحْتِ /
٦. رَسَمَتْ / ٧. جَلَسْتا / ٨. كَتَبَ / ٩. سَرَقْتُنَّ / ١٠. شَرِبْتُمْ /
١١. صَنَعْتُما / ١٢. رَفَعْتُمْ / ١٣. صَرَخوا .

J. ١. لم تركبي / ٢. لم تملكْ / ٣. لم تسكنوا / ٤. لم يدخلا /
٥. لم يبحثوا / ٦. لم نحملْ / ٧. لم تحفظا / ٨. لم تسلمنَ /
٩. لم يزرعنَ / ١٠. لم يقعدْ / ١١. لم ألبسْ / ١٢. لم تنجحْ /
١٣. لم تعبرا .

K. ١. يَعْبُرُ / ٢. يَحْمَدُ / ٣. يَصْبِرُ / ٤. يَصْغُرُ / ٥. يَدْفَعُ .

L. ١. الْعَبْ / ٢. أُسْكُتُـوا / ٣. أُخْـرُجْنَ / ٤. اِجْلِسِي /
٥. اِضْرِبا / ٦. اِذْهَبْ / ٧. اِعْمَلْنَ / ٨. أُكْتُـبْنَ / ٩. اِسْمَعِي /
١٠. أُخْرُجوا .

M. ١. فلنجلسْ / ٢. فليكتبوا / ٣. فلتركضْ / ٤. فليرفعنَ /
٥. فليضربا / ٦. فليذهبْ / ٧. فليسمعنَ .

N. ١. كُـتِبَ / ٢. يُخْلَقُ / ٣. قُـتِلَتْ / ٤. تُضْـرَبِيـنَ /
٥. عُرِفْتَُ / ٦. نُقْبَلُ / ٧. ضُرِبْتُ / ٨. تُعْرَفونَ .

O. ١. كاتِب – مَكْتوب / ٢. خالِق – مَخْلوق / ٣. قاتِل –
مَقْتول / ٤. عارِف – مَعْروف / ٥. ساكِن – مَسْكون / ٦. فاتِح –
مَفْتوح .

P. 1. J'ai écrit. 2. Ecrivez ! 3. Nous écrivons. 4. Ecrivons ! 5. Elle
a été écrite. 6. Ecrit. 7. Ecrivain (= qui écrit). 8. Nous sommes
sortis. 9. Elles sortent. 10. Sortant (= qui sort). 11. Sortez (vous
deux) ! 12. Qu'ils sortent ! 13. Connu. 14. Vous avez connu.
15. Sache ! 16. Tu sais (ou elle sait). 17. Il est connu.

Q. ١. دَخَلَ / ٢. فَلْيَـدْخُلْ / ٣. يَدْخُلْنَ / ٤. أُدْخُلِي /
٥. ضُرِبْتُ / ٦. فَلْنَضْـرِبْ / ٧. تَضْـرِبُ / ٨. ضَـرَبْتُمْ /
٩. اِضْرِبْنَ / ١٠. لَعِبْنَ / ١١. اِلْعَبْ / ١٢. يَلْعَبُ / ١٣. لاعِب .

4. Formes dérivées

A. ١. يُعَرِّفُ – عَرَّفْ – مُعَرِّف – تَعْريف / ٢. يَتَعَرَّفُ –
تَعَرَّفْ – مُتَعَرِّف – تَعَرُّف .

B. ١. يُشارِكُ – شارِكْ – مُشارِك – مُشارِكة / ٢. يَتَشارَكُ –
تَشارَكْ – مُتَشارِك – تَشارُك .

C. ١. يُخْبِرُ – أَخْبِرْ – مُخْبِر – إخْبار .

D. ١. يَنْصَرِفُ - انْصَرَفْ - مُنْصَرِفْ - انْصِراف /

٢. يَعْتَبِرُ - اعْتَبَرْ - مُعْتَبِر - اعْتِبار / ٣. يَخْضَرُّ - (اخْضَرَّ) -

مُخْضَرَّ - اخْضِرار - ٤. يَسْتَنْتِجُ - اسْتَنْتِجْ - مُسْتَنْتِج -

اسْتِنْتاج .

E. ١. إعْلان / ٢. اسْتِعْمار / ٣. تَمْرين / ٤. مُقاتَلة /

٥. امْتِحان / ٦. انْعِطاف / ٧. تَفاهُم / ٨. تَمَسُّك / ٩. ازْرِقاق .

F. ١. حَمَّدَ / ٢. أطْلَقَ / ٣. انْسَحَبَ / ٤. كَرَّسَ / ٥. اصْفَرَّ /

٦. اسْتَلَمَ / ٧. تَكَلَّمَ / ٨. حارَبَ / ٩. كافَحَ / ١٠. تَبادَلَ /

١١. اسْتَخْرَجَ .

G. 1. III (خطب), participe actif. / 2. IV (فطر), nom d'action. /
3. II (فتش), nom d'action. / 4. VIII (محن), muḍâri'. / 5. III (علج),
passé. / 6. X (قبل), participe passif. / 7. IV (دخل), impératif. /
8. VII (عكس), muḍâri' / 9. V (حدث), nom d'action. / 10. IV (فرط),
participe actif. / 11. III (خطب), nom d'action. / 12. VIII
(خلف), passé. / 13. VII (صرف), impératif.

6. Verbes irréguliers ou malades

A. 1 et 7 : assimilés / 2 et 8 : défectueux / 3, 6 et 9 : hamzés /
4 : sourd / 5 et 10 : concaves.

B. ١. دَلَلْتُ / ٢. عَدَدْت / ٣. مَسَّوا / ٤. مَرَرْتُنَّ / ٥. دَلَّ /

٦. عَدًّا / ٧. مَسَسْنا / ٨. دَلَلْنَ .

C. ١. عَدَدْتُ / ٢. نَمَسُّ / ٣. مَرَرْتُنَّ / ٤. مَرَّ ! / ٥. ماسٌّ /

٦. اهْتَمَمْتَ / ٧. قَرَرْنَ / ٨. اسْتَمَرَّتْ / ٩. تُعِدّونَ / ١٠. أعْدَدْتُنَّ .

D. ١. آخُذُ / ٢. أخَذْنا / ٣. نُؤْمِنُ / ٤. اتّخاذ / ٥. مُتَآمِر /

٦. تُؤاخِذُ / ٧. تَسْألونَ / ٨. سائم / ٩. تَساءَلَتْ / ١٠. يَقْرَأونَ

(ou يَقْرَؤونَ) / ١١. تَبْرَئينَ / ١٢. يَقْرَآنَ / ١٣. اقْرَئي ! /

١٤. أُجْرُؤُنَّ ! / ١٥. اخْتَبَأْنا / ١٦. تُطفِئِينَ / ١٧. انْطَفَأَتْ .

E. ١. أَصْلُ / ٢. تَيْسَرُ / ٣. نَجِدُ / ٤. يَهَبُونَ / ٥. يَصِلْنَ /
٦. تَيْقَظُ / ٧. تَزِنُّ / ٨. يَيْبَسُ .

F. ١. اتَّفَقَ ، يَتَّفِقُ / ٢. اتَّحَدَ ، يَتَّحِدُ / ٣. اتَّجَهَ ، يَتَّجِهُ /
٤. اتَّسَعَ ، يَتَّسِعُ / ٥. اتَّضَحَ ، يَتَّضِحُ / ٦. اتَّكَلَ ، يَتَّكِلُ .

G. ١. أَثِقُ / وَصَلْنا / ٣. مَــوْصُــوف / ٤. جِــدِّي ! /
٥. يُوقِظُونَ / ٦. اتَّصِلُوا ! / ٧. اتِّفاق / ٨. وازِن .

H. ١. قُلْتُ / ٢. خافُوا / ٣. بِعْنَ / ٤. قُلْتِ / ٥. خِــفْــتُنَّ /
٦. باعا / ٧. قالَتْ / ٨. خِفْنا .

I. ١. لم يقولوا / ٢. لم أخَفْ / ٣. لم تبِعْ / ٤. لم يقولا /
٥. لم يخِفْ / ٦. لم تبِعْنَ / ٧. لم تقولي / ٨. لم يخَفْنَ / ٩. لم
تبيعوا.

J. ١. أجابَ – يُجيبُ – مُجيب – إجابة / ٢. اسْتَعادَ –
يَسْتَعيدُ – مُسْتَعيد – اسْتِعادة / ٣. اخْتارَ – يَخْتارُ – مُخْتار –
اخْتِيار / ٤. احْتاجَ – يَحْتاجُ – مُحْتاج – احْتِياج / ٥. انْحازَ –
يَنْحازُ – مُنْحاز – انْحِياز / ٦. أدارَ – يُدِيرُ – مُدير – إدارة /
٧. تَصايَحَ – يَتَصايَحُ – مُتَصايِح – تَصايُح / ٨. اصْطادَ –
يَصْطادُ – مُصْطاد – اصْطِياد / ٩. أفادَ – يُفيدُ – مُفيد – إفادة /
١٠. اسْتَفادَ – يَسْتَفيدُ – مُسْتَفيد – اسْتِفادة .

K. ١. قُلْتُ / ٢. قائِل / ٣. مَبيع / ٤. خِفْنا / ٥. مُخْتار /
٦. اخْتِيار / ٧. أرَدْتَ / ٨. نُرِيدُ / ٩. يُرِدْنَ / ١٠. أُخْــتِــيرَ /
١١. اخْتَرْتُمْ / ١٢. تَعَوَّدْنا / ١٣. إرادة / ١٤. مُريد .

L. ١. مَشَوْا / ٢. بَقيتُ / ٣. مَشَى / ٤. دَعا / ٥. بَقِينَ /
٦. مَشَتْ / ٧. دَعَوْنا / ٨. بَقُوا .

M. ١. لم أبقَ / ٢. لم يدعوا / ٣. لم تمشـوا / ٤. لم تبقَ /
٥. لم تدعي / ٦. لم يمشينَ .

N. ١. يُربّي – مَربٍّ – تَربية / ٢. يَقْتَضي – مُقْتَضٍ –
اقتضاء / ٣. يُملي – مُمْلٍ – إملاء / ٤. يُعادي – مُعادٍ – مُعاداة /
٥. يَلْتَقي – مُلْتَقٍ – الْتِقاء / ٦. يَتَلاقى – مُتَلاقٍ – تَلاقٍ /
٧. يَسْتَشْفي – مُسْتَشْفٍ – اسْتِشْفاء / ٨. يَتَسَمّى – مُتَسَمٍّ –
تَسَمٍّ / ٩. يُعَدّي – مُعَدٍّ – تَعْدية .

O. ١. ابقَ ! / ٢. باقٍ / ٣. مَدعوٌّ / ٤. مَشَيْتُ / ٥. يَبْقَوْنَ /
٦. بَقُوا / ٧. دُعِيَ / ٨. تَمَنّيْنا / ٩. تُعْطينَ / ١٠. اسْتَدْعَيْتُ /
١١. اشْتَرَتْ / ١٢. يُلاقُونَ .

P. ١. قَصَصْتُ / ٢. أكَلْنا / ٣. رَأسَ / ٤. بَدَأوا / ٥. وصَلْتُمْ /
٦. زِلتِ / ٧. ساقا / ٨. سارَ / ٩. قَضيْنا / ١٠. لَقُوا / ١١. عَدا .

Q. ١. يَسْتَيْقِظُ – مُسْتَيْقِظ – اسْتيقاظ / ٢. يَتَساءل –
مُتَسائل – تَساوُل / ٣. يُؤَلِّفُ – مُؤَلِّف – تَأْليف / ٤. يَتَوَقَّعُ –
مُتَوَقِّع – تَوَقُّع / ٥. يَبْتَدِئُ – مُبْتَدِئ – ابْتِداء / ٦. يَتَلاشى –
مُتَلاشٍ (المتلاشي) – تَلاشٍ (التلاشي) / ٧. يُعيدُ – مُعيد –
إعادة / ٨. يُحَوِّلُ – مُحَوِّل – تَحْويل / ٩. يَتَخَطّى – مُتَخَطٍّ
(المتخطّي) – تَخَطٍّ (التخطّي) / ١٠. يَسْتَقيمُ – مُسْتَقيم –
اسْتِقامة / ١١. يُوقِدُ – مُوقِد – إيقاد / ١٢. يُضَحّي – مُضَحٍّ
(المضحّي) – تَضْحية / ١٣. يَسْتَوْطِنُ – مُسْتَوْطِن – اسْتيطان /
١٤. يُراعي – مُراعٍ (المراعي) – مُراعاة .

7. Les noms

A. ١. قَتْل (فَعْل) / ٢. شُكْر (فُعْل) / ٣. فَصْل (فَعْل) /
٤. جُلوس (فُعول) / ٥. زِراعة (فِعالة) / ٦. مُرور (فُعول) /
٧. عَرْض (فَعْل) / ٨. سَهَر (فَعَل) / ٩. دَلالة (فَعالة) / رِئاسة

(فِعالة) .

B. ١. أَكْلة / ٢. قَفْزة / ٣. رَكْضة / ٤. تَظاهُرة / ٥. فَعْلة /
٦. نَظْرة .

C. ١. خَشَبة / ٢. حَديدة / ٣. غَيْمة / ٤. لَيْلة / ٥. خُبْزة /
٦. بَيْضة / ٧. قَمْحة .

D. 1. Habitation. 2. Boucherie. 3. Usine. 4. Arrêt (bus...). 5. Stade.
6. Conseil, assemblée. 7. Boulangerie. 8. Port. 9. Piscine.
10. Navire.

8. Les noms-adjectifs

A. ١. فَعيل – sage / ٢. فَعيل – léger / ٣. فَعّال –
dessinateur / ٤. فَعيل – honnête / ٥. فَعّال – bourreau / ٦. فعيل –
merveilleux / ٧. فَعيل – propre / ٨. فَعّال – calligraphe /
٩. فَعيل – large / ١٠. فَعيل – dangereux / ١١. فَعيل –
profond / ١٢. فَعّال – éboueur / ١٣. أَفعَل – qui louche /
١٤. أَفعَل – boîteux / ١٥. فَعيل – moderne / ١٦. فَعّال –
forgeron / ١٧. أَفعَل – tordu / ١٨. فَعيل – ancien / ١٩. أَفعل –
gaucher / ٢٠. فَعّال – aviateur / ٢١. فَعلاء – أَسْود – noir /
٢٢. مَفعلي – théâtral, dramatique / ٢٣. فعلاء – أعرج – boîteux /
٢٤. فَعالِيّ – sportif / ٢٥. فَعلِيّ – médical / ٢٦. فاعلِيّة –
جامعِيّ – universitaire / ٢٧. فعلاء – أَشقر – blond

B. ١. أَخفّ / ٢. أَبسط / ٣. أَلذّ / ٤. أَحسن / ٥. أَسعَد /
٦. أَقوى / ٧. أَرْدأ / ٨. أَحبّ / ٩. أَقدم / ١٠. أَقلّ .

9. Le genre des noms

A. ١. سوداء / ٢. ملكة / ٣. كسلى / ٤. طالبة / ٥. امرأة /
٦. صغرى / ٧. أخيرة / ٨. حدباء .

10. Déclinaisons du nom au singulier

A. ١. الكتابُ - الكتابَ - الكتابِ / ٢. دارٌ - دارًا - دارٍ - دارِ /
٢. الوادي - الواديَ - الوادي / ٤. أكبرُ - أكبرَ - أكبرِ / ٥. راعٍ
- راعيًا - راعٍ / ٦. المقهى - المقهى - المقهى / ٧. معنًى -
معنًى - معنًى / ٨. أسودُ - أسودَ - أسودَ / ٩. صفراءُ - صفراءَ -
صفراءَ / ١٠. ماءٌ - ماءً - ماءٍ.

B. ١. أبو / ٢. أبي / ٣. أبا / ٤. أبو / ٥. أبا .

11. Déclinaison du nom au duel

A. ١. كتابَيْن / ٢. المعلّمتَيْن / ٣. أخَوا / ٤. والِدَيْ /
٥. عَيْنانِ خَضْراوانِ .

12. Déclinaisons du nom au pluriel

A. ١. معلّمو / ٢. المعلّمات / ٣. البنّاؤونَ / ٤. فتيات
تونسيّات / ٥. مهندسي .

B. ١. الفرنسيّاتُ / ٢. مسلمي / ٣. المدرّسات
المصريّات / ٤. المفتّشينَ / ٥. مضيفاتُنا .

13. Les pluriels internes

A. ١. فِعال - صَغير - petit / ٢. فُعـول - ضَيْف - hôte /
٣. أَفْعال - عُرْس - noce / ٤. أفْعُل - عَيْن - œil / ٥. فُعّال -
كاتب - écrivain / ٦. أفْعِلة - حذاء - chaussures / ٧. فَعَلة - قاتِل
- tueur, meurtrier / ٨. أفْعال - قَوْل - propos / ٩. فِعْلان - فأْرٌ -
souris / ١٠. فُعَلاء - أمير - prince / ١١. فَعالا - هَدِيّة - cadeau /
١٢. أفْعِلاء - عزيز - cher, apprécié / ١٣. مَفاعِل - مَطْبَعة -
imprimerie / ١٤. مَفـاعِـل - مَسْكَن - habitation, foyer /
١٥. مَفاعيل - مِسْكين - pauvre, malheureux / ١٦. فَواعِل -

‏١٧. / caravane – قـافلة – فَعاللة – قَـيْـصَـر / César, empereur /

‏١٨. فَعاليل – قنْديل – lampe / ١٩. فَعائل – ضَريبة – impôt .

16. Les pronoms personnels

‏**A.** ١. كتابه / ٢. هي كبيـرة / ٣. دارها / ٤. سيّـارتهنّ /

‏٥. بابها / ٦. بنتهما / ٧. صاحبها / ٨. هو فيلسوف / ٩. بابها /

‏١٠. أمامهـما / ١١. معـهـمـا / ١٢. عندهم / ١٣. سكّانها /

‏١٤. قـرب / ١٥. غـروبها / ١٦. هو مريض / ١٧. مكتبهـم /

‏١٨. هي حزينة / ١٩. هم في الشركة / ٢٠. طلّابها / ٢١. هنّ في

‏المكتبـة / ٢٢. هي في المزرعـة / ٢٣. هي كثيـرة / ٢٤. هي

‏جديدة .

‏**B.** ١. هي عنده / ٢. هو فيـهـا / ٣. هي قـرب / ٤. هو

‏أمامها / ٥. هم فيها / ٦. هنّ فيها / ٧. هي عندهنّ / ٨. هما

‏فيها / ٩. هو معهما / ١٠. هي فيه .

‏**C.** ١. يعرفها / ٢. يفهمه / ٣. يسكن فيها / ٤. يذهب إليها /

‏٥. يكتبـهـا / ٦. تقرأها / ٧. تأكل فيـه / ٨. يذهب إليها /

‏٩. يسكن عندها / ١٠. يلعب معهم .

‏**D.** ١. بينَك وبينها / ٢. بينكم وبينها / ٣. بيننا وبينكم /

‏٤. بيني وبينها / ٥. بينك وبينه .

17. Les démonstratifs

‏**A.** ١. هذه / ٢. هذه / ٣. هذا / ٤. هذا / ٥. هذا / ٦. هذا /

٧. هذا / ٨. هذه / ٩. هذا / ١٠. هذا .

B. ١. أولئك الطبيبات ذكيّات / ٢. هؤلاء الرجال من اليونان / ٣. هؤلاء البنات من تونس / ٤. أولئك الشيوخ جيراني / ٥. هؤلاء بناتي / ٦. هؤلاء أبناء يوسف .

18. Les relatifs

A. ١. التي / ٢. الذين / ٣. الذي / ٤. اللواتي / ٥. اللذان / ٦. اللتان .

B. ١. هذا هو الرجل الذي يدرس الفلسفة / ٢. هذه هي البنت التي تعمل في الشركة / ٣. هؤلاء هم المهندسون الذين يتعلّمون العربيّة / ٤. هؤلاء هنّ الطالبات اللواتي يتكلّمن العربيّة / ٥. هاتان هما الفتاتان اللتان تدرسان الهندسة / ٦. هذان هما الطالبان اللذان يدرسان الفلسفة .

C. ١. الذي / ٢. ما / ٣. الذي / ٤. الذي / ٥. الذي / ٦. من / ٧. ما / ٨. ما / ٩. من / ١٠. الذي / ١١. من / ١٢. ما .

19. Les interrogatifs

A. ١. متــى / ٢. هل / ٣. من / ٤. إلى أين / ٥. مع من / ٦. ما / ٧. كيف / ٨. أين / ٩. ما ou كم / ١٠. عمّن / ١١. من أين / ١٢. لمن / ١٣. ماذا / ١٤. بكم / ١٥. فيمَ / ١٦. لماذا / ١٧. لماذا / ١٨. أيّ .

20. Les nombres

A. 1. 622 / 2. 800 / 3. 1099 / 4. 1187 / 5. 1251 / 6. 1515 / 7. 1453 / 8. 1610 / 9. 1789 / 10. 1848 / 11. 1870 / 12. 1914-1918 / 13. 1939-1945 / 14. 1958 / 15. 1962 / 16. 1968.

B. 1. 25 + 87 = اثنا عشر ومائة / 2. 93 + 11 = مائة وأربعة / 3. 79 - 43 = ستّة وثلاثون / 4. 151 - 69 = اثنان وثمانون / 5. 1500 - 61 = ألف وأربعمائة وتسعة وثلاثون / 6. 27 x 3 =

مائتان وخمسون = 10 x 25 .7 / واحد وثمانون.

C. 1. 49 / 2. 78 / 3. 36 / 4. 95 / 5. 57 / 6. 785 / 7. 943 / 8. 870 /
9. 9379 / 10. 20566 / 11. 780483 / 12. 1938477.

D. ١. الرجل الثالث / ٢. اليوم السادس / ٣. السماء
السابعة / ٤. المجلّد الخامس عشر / ٥. القرن العشرون /
٦. القرن الواحد والعشرون / ٧. السنة الخامسة والتسعون ou
العام الخامس والتسعون / ٨. الصفحة العاشرة بعد المائة .

E. 1. Trois kilos et demi. / 2. 4H15. 3. 11H20 du matin. /
4. 21H30. / 5. Voici mille dinars : la moitié est à toi, l'autre à
moi. / 6. Je possède un cinquième de ce terrain.

F. ١. ستّينات القرن الثامن عشر / ٢. تسعينات القرن
العشرين / ٣. حوالي مائة وعشرين طالبًا / ٤. حوالي المليون
والنصف .

21. Les prépositions

A. ١. فيها / ٢. إلَيْها / ٣. فيها / ٤. إلَيْهِ / ٥. عَلَيْهِ /
٦. عَلَيْها / ٧. مِنْهُ / ٨. عَنْها / ٩. مِنْها / ١٠. مِنْهُ / ١١. لَهُم /
١٢. لَهُ / ١٣. بِها / ١٤. بِه .

B. ١. بـ / ٢. إلى / ٣. إلى / ٤. في / ٥. على .

C. ١. إلى / ٢. على / ٣. من / ٤. عن / ٥. في / ٦. بـ /
٧. منذ / ٨. لـ / ٩. حتّى / ١٠. كـ.

D. ١. بـ / ٢. إلى / ٣. على / ٤. عن / ٥. حتّى .

E. ١. بـ / ٢. مع / ٣. بـ / ٤. مع / ٥. مع / ٦. مع ... بـ /
٧. إلى / ٨. لـ / ٩. إلى / ١٠. لـ / ١١. إلى / ١٢. لـ / ١٣. في /
١٤. إلى / ١٥. في / ١٦. في / ١٧. إلى / ١٨. إلى / ١٩. عند /
٢٠. في / ٢١. في / ٢٢. عند / ٢٣. في / ٢٤. عند / ٢٥. في /
٢٦. في / ٢٧. عن / ٢٨. من / ٢٩. عن / ٣٠. من / ٣١. عن /
٣٢. من .

F. ١. يسكن في بغداد / ٢. تفكّر فـيك / ٣. هذه السيّـارة
لأبي / ٤. نذهب إلى السـوق / ٥. سأرجع في الخـامسـة /
٦. دعاني صديق إلى السينما / ٧. أنا مع المدير / ٨. يكتب
بقلمي / ٩. نحن معكم / ١٠. يتكلّمون بهدوء / ١١. أسافر اليوم
إلى بيروت / ١٢. اشتريت هذا القميص لابني / ١٣. هذه ٨٠٪.
(بالمائة) من المبلغ / ١٤. جاء ليسلّم عليك .

22. Autres particules

A. 1. Nous finirons peut-être ce travail aujourd'hui. / 2. Les
visiteurs sont arrivés. / 3. Tu réussiras. / 4. Nous arriverons
bientôt. / 5. Nous arriverons peut-être avant eux. / 6. Nous avons
manqué le train. / 7. Un autre train viendra peut-être. / 8. Je
partirai un jour dans le désert.

B. ١. ثمّ / ٢. و / ٣. ثمّ / ٤. أو / ٥. بل / ٦. أم .

23. Déclinaison des noms

A. ١. قرأت كتبًا / ٢. جاء المعلّمون / ٣. سلّمنا على
المعلّمين / ٤. رجعت البنات / ٥. رأينا البنات / ٦. تكلّمتُ مع
المهندسين / ٧. وصل المهنسون مع مساعديهم / ٨. زار
المدرّسون زميلاتهم / ٩. تعمل الفتيات مع زميلاتهنّ .

B. ١. دارٌ كبيرةٌ / ٢. مشكلةٌ / ٣. بعيدةٌ / ٤. سيّارةٌ جديدةٌ /
٥. الأغنيـةَ / ٦. بنتُ الملك / ٧. السـوق / ٨. التـاجـر /
٩. البيتِ / ١٠. القصّةُ / ١١. عاصمةُ البلاد بعيدةٌ / ١٢. صاحبُ
السيّارةِ / ١٣. أمٌّ / ١٤. أمٌّ / ١٥. رسالةً .. المديرِ .

24. Indéfinition du nom et diptotes

A. ١. حمراءُ – حمراءَ / ٢. مساءً – مساءُ – مساءٍ /
٣. أطرشُ – أطرشَ – أطرشَ / ٤. جميلٌ – جميلاً – جميلٍ /
٥. معاملُ – معاملَ – معاملٍ / ٦. إعلانٌ – إعلانًا – إعلانٍ /

٧. مقاديرُ – مقاديرَ – مقاديرَ / ٨. أشياءٌ – أشياءَ – أشياءَ /
٩. بعيدٌ – بعيدًا – بعيدٍ / ١٠. فقراءُ – فقراءَ – فقراءَ / ١١. فتاةٌ
– فتاةً – فتاةٍ / ١٢. راعٍ – راعيًا – راعٍ / ١٣. شيءٌ – شيئًا –
شيءٍ / ١٤. فاطمةُ – فاطمةً – فاطمةَ / ١٥. جامعاتٌ – جامعاتٍ –
جامعاتٍ .

B. ١. مهندسٌ مصريٌّ / ٢. مهندسٌ / ٣. الصحيفةُ /
٤. صحيفةً / ٥. صحيفةً / ٦. دينارٌ .

C. ١. أسودَ .. الأحمر / ٢. حمراءَ جديدةً / ٣. فقراءُ /
٤. فاطمةُ .. مفاتيحٍ / ٥. مفاتيحَ / ٦. آخرَ / ٧. تجاربَ /
٨. كواكبُ كثيرةٌ .

D. ١. أحد أصدقائي / ٢. إحدى صديقاته / ٣. أحد
المهندسين / ٤. إحدى المعلّمات / ٥. إحدى الطبيبات /
٦. إحدى جاراتنا / ٧. أحد جيرانك .

E. 1. Une fois, nous sommes allés à la montagne. 2. Une année,
j'étais à Casablanca. 3. Une nuit, j'ai veillé jusqu'au matin. 4. Un
soir, je l'ai rencontré au cinéma. 5. Un jour, j'ai lu cette histoire.

25. Définition du nom : l'article

A. ١. الثَّورة / ٢. الغرب / ٣. الرّاعي / ٤. الصّديق /
٥. الفقير / ٦. اللَّيل / ٧. العربيّة / ٨. الأدب / ٩. النّار /
١٠. الحكمة / ١١. الماء / ١٢. الهواء / ١٣. الضّوء /
١٤. التّعليم / ١٥. الدليل / ١٦. الجبل / ١٧. الزّرافة /
١٨. البلد / ١٩. القهوة / ٢٠. الظّهر / ٢١. الكلام / ٢٢. الطّير /
٢٣. الخبّاز / ٢٤. الشّرق / ٢٥. الوادي / ٢٦. اليمين .

B. ١. اشرب الدواء ! / ٢. داركمُ الجديدة جميلة / ٣. هل
الأولاد نائمون ؟ / ٤. سافرت المديرة / ٥. اكتب الدرس ! /
٦. لنخرج الآن ! / ٧. أنتمُ الخاسرون / ٨. سمعت عن الخبر /

٩. لا تتكلّم بل اكتب ! / ١٠. لم يصل الضيوف بعد / ١١. ليدفعِ الثمن سلفا / ١٢. هذه دارهمُ الأولى / ١٣. سمعت الخبر منَ الخبّاز / ١٤. هل تريد هذه أو الأخرى ؟ / ١٥. سأساعدهمُ اليوم .

26. Définition du nom : l'annexion

A. Annexion : 2, 3, 5, 9, 10, 13, 15, 17 et 20.

B. ١. رأيت مدرّسي المدرسة / ٢. وصل مهندسو الشركة / ٣. جـاء والدا التلميـذ / ٤. تكلّمت مع والدَي التلميـذ / ٥. اشترأيت جزأي الكتاب / ٦. ها هي كلّ أجزاء الكتاب .

C. ١. كتفاه عريضتان / ٢. داراكم جميلتان / ٣. ذراعاه قويّتان / ٤. والدانا حيّان .

D. ١. قصري / ٢. مدرستنا / ٣. دارنا / ٤. بنتي .

E. ١. كتاب كريم وقلمه / ٢. جدّ التلميذ وجدّته / ٣. معلّمو هذه المدرسة وتلاميذها / ٤. ابنُ ابنِ عمّي وابنته / ٥. مدرّس العربيّة هذا .

F. ١. مسجدا المدينة عظيمان / ٢. برجا القصر عاليان / ٣. مطارا العاصمة كبيران / ٤. سيّارتا الطبيب جديدتان / ٥. مهندسو الشركة عديدون / ٦. معلّمو المدرسة بارعون / ٧. مستشارو المدير مخلصون .

G. ١. هذه سيّارة مهندسي الشركة / ٢. هذه دار والدَيْ يوسف / ٣. هذا صديق أبي المعلّم / ٤. هذا ابن أخي الطبيب .

27. L'adjectif épithète

A. ١. كبير / ٢. كبيرة / ٣. كبيرات / ٤. كبار / ٥. كبيرة / ٦. كبيـرة / ٧. كبيـران / ٨. الكبيـرتين / ٩. الكبيرين / ١. كبيراً .

B. ١. أنا في مكتب مدير الشركة / ٢. وصلت سيّارة رئيس الجمهوريّة / ٣. هذا المكتب هو لمدير البنك الجديد / ٤. تكلّمت مع مدير الشركة ومهندسيها / ٥. اجتمع معلّمو المدرسة وتلاميذها .

C. ١. هذه سيّارة مدير البنك الجديدة / ٢. هذه أشجار بستان جدّي الجديدة / ٣. هذا شارع حيّنا الجديد / ٤. هذه زوجة جارنا الجديد / ٥. هذا ابن معلّمنا الجديد / ٦. هؤلاء مساعدو مدير الشركة الجديد / ٧. في حيّنا بائع حلوى جديد / ٨. سأشتري سيّارة نقل جديدة / ٩. لديّ فكرة مشروع جديد .

D. ١. بنت طويلة القامة / ٢. رجال طوال القامة / ٣. ولدان طويلا القامة / ٤. المرأة الغريبة الأفكار / ٥. الفلاسفة الغريبو الأفكار .

E. ١. دخل الرجل المحكوم عليه / ٢. دخل الرجال المحكوم عليهم / ٣. دخلت البنات المحكوم عليهنّ / ٤. دخلت الفتاتان المحكوم عليهما / ٥. دخل الشابّان المحكوم عليهما / ٦. دخل رجل محكوم عليه / ٧. دخل رجال محكوم عليهم / ٨. وصلت البضائع المرغوب فيها / ٩. وصلت بضاعة مرغوب فيها / ١٠. وصلت الكتب المرغوب فيها / ١١. وصلت كتب مرغوب فيها / ١٢. وصل الكتابان المرغوب فيهما .

28. Substitut à l'annexion

A. ١. سيّارة من سيّارات المدير / ٢. دار من دُور الأمير / ٣. كتاب من كُتُب المعلّم / ٤. صورة من صُوَر الفنّان / ٥. أغنية من أغاني أمّ كلثوم .

29. Emploi des pronoms personnels

A. ١. كتبتموها / ٢. قرأتها / ٣. أغلقوه ! / ٤. هما في

البيـت / ٥. يلعب معهنّ /٦. ذهب إليها / ٧. لا تضربيهم ! /
٨. أين سيّارته ؟ / ٩. أعرفها / ١٠. هدموها .

B. ١. انتظروني / ٢. ـ أين كتبهم ؟ ـ هي هنا / ٣. هي
وحدها مع أمّها / ٤. كتبته هي / ٥. ذهب معكم .

30. Emploi des démonstratifs

A. ١. هذا الكتاب / ٢. ذلك الكتاب / ٣. هذا كتاب / ٤. هذه
كتب أخي / ٥. هذا الرجل / ٦. أولئك الرجـال / ٧. هـؤلاء
إخواني / ٨. كتب أخي هذه / ٩. هذه البنت / ١٠. تلك البنت /
١١. هذه بنت أخي .

31. Construction de certains mots outils

A. ١. سلّمت على كلٍّ واحد من الضيوف / ٢. يذهب أولادي
إلى السينما كلّ أسبوع / ٣. أذهب إلى الجبل مرّةً كلَّ خمس
سنوات / ٤. قرأت كلَّ هذه الكتب .

B. ١. قرأت هذه الكتب كلّها / ٢. حفظت القصيدة كلّها /
٣. زرت أقربائي في الرباط كلّهم / ٤. تكلّمت عن القضيّة مع
زميلاتي كلّهنّ / ٥. تكلّمت مع الجارات كلّهنّ .

C. 1. J'ai lu le livre en entier. 2. Je ne connais pas chacun d'entre eux (= je ne les connais pas tous). 3. Transmets mes amitiés à tous les amis. 4. Tout le monde demande de tes nouvelles. 5. Le monde entier a entendu la nouvelle. 6. Ce médicament est connu partout dans le monde. 7. Les gens sont tous sortis dans les rues.

D. 1. Les deux hommes sont fous. 2. Tous les deux, vous connaissez l'histoire. 3. Toutes deux me sont chères. 4. Les deux filles sont chez le médecin. 5. Je voudrais les deux livres. 6. J'ai parlé avec eux tous. 7. Je les connais tous les deux. 8. J'ai des doutes sur les deux histoires (versions). 9. J'ai étudié dans les deux universités. 10. Tout le monde a entendu la nouvelle.

E 1. Certains affirment que l'arabe est difficile. 2. Certains pensent que l'Aïd aura lieu demain. 3. Ils se moquent les uns des autres. 4. Parfois, je me sens fatigué. 5. Toutes les villes célébreront la Fête nationale. 6. Nous avons lu la plupart de ces livres. 7. Nous avons parlé avec un juge. 8. J'ai acheté cette chemise chez un commerçant. 9. Chacun d'entre nous connaît tous les habitants du quartier.

F. ١. عندي الكتاب نفسه / ٢. اشترينا القميص نفسه /
٣. المهندس نفسه صديقي / ٤. تكلّمت مع القاضي ذاته ou بعينه / ٥. سنزور المتحف عينه ou نفسه ou ذاته / ٦. ضحّت بنفسها من أجله .

G. 1. J'ai vu le même film au cinéma. 2. Nous avons mangé dans le même restaurant. 3. Nous avons construit nous-mêmes la maison. 4. Nous avons habité dans la même maison. 5. Nous avons travaillé dans cette même entreprise. 6. J'ai vu ce même homme voler la voiture. 7. Nous avons entendu cette femme en personne diffuser l'information.

H. ١. ذاتُ / ٢. ذوو / ٣. ذو / ٤. ذواتُ / ٥. ذو / ٦. ذوا /
٧. ذات .

32. Syntaxe de l'objet compté

A. ١. سبع بنات / ٢. أربعة أولاد / ٣. ثلاثةَ عشرَ طالبًا /
٤. تسعَ عشرةَ طالبةً / ٥. ستّة وثلاثون مهندسًا / ٦. ثلاث وثمانون مهندسةً / ٧. ثلاثمائة وسبعة وسبعون طالبًا .

B. 1. Les sept ingénieurs. 2. Les dix médecins-femmes. 3. Mes neuf sœurs. 4. Mes dix-neuf cousins. 5. Mes treize collègues (femmes). 6. Les seize pays.

C. ١. القرن التاسعَ عشرَ / ٢. القرن الثاني عشرَ /
٣. الجائزة الثالثة / ٤. المرة الخامسة / ٥. لويس الرابعَ عشرَ / ٦. فرانسوا الأوّل / ٧. أليزابيث الثانية / ٨. الحرب العالميّة الثانية .

D. 1. La première fois. 2. Le dernier rendez-vous. 3. Le début de la nuit. 4. La fin de la soirée. 5. La fin de la saison. 6. La dernière saison. 7. Le début de la réunion.

E. ١. الكثير من السيّارات ou سيّارات كثيرة / ٢. الكثير من الكتب ou كتب كثيرة / ٣. الكثير من الطلّاب ou طلّاب كثيرون / ٤. الكثير من الطالبات ou طالبات كثيرات / ٥. عدّة أشخاص ou أشخاص عديدون / ٦. عدّة ساعات / ٧. القليل من الهدوء ou بعض الهدوء / ٨. القليل من الانتباه ou بعض الانتباه .

33. L'élatif et la comparaison

A. ١. أبعد / ٢. أبطأ / ٣. أسرع / ٤. أكبر / ٥. أقرب / ٦. أصغر .

B. ١. المدرسة أبعد من السوق ou السوق أقرب من المدرسة / ٢. هو أجمل منها ou هي أقبح منه / ٣. نحن أكثر منهم ou هم أقلّ منّا / ٤. سيّاراتكم أسرع من سيّاراتنا ou سيّاراتنا أبطأ من سيّاراتكم / ٥. هذه الصورة أغرب من تلك / ٦. الفيلم أروع من القصّة / ٧. أخي أقوى من أخيك ou أخوك أضعف من أخي / ٨. العربيّة السعوديّة أوسع من البحرين ou البحرين أصغر من العربيّة السعوديّة .

C. ١. المدرسة أكبر بعدًا من السوق / ٢. هو أعظم جمالاً منها / ٣. نحن أكثر عددًا منهم / ٤. سيّاراتكم أعظم سرعة من سيّاراتنا / ٥. هذه الصورة أشدّ غرابة من تلك / ٦. الفيلم أشدّ روعة من القصّة / ٧. أخي أعظم قوّة من أخيك / ٨. العربيّة السعوديّة أشدّ اتّساعًا من البحرين .

D. ١. الرفض أفضل من القبول / ٢. هي أحرص منك على هذا الخاتم / ٣. نحن أميل إلى القراءة منّا إلى الكتابة / ٤. أنا أحرص على الدراسة منك .

E. 1. Nous avons moins d'argent que vous. 2. Tu es moins attentif que ta sœur. 3. Les Français sont moins nombreux que les Américains. 4. Le Bahrein est d'une superficie moindre que le Yémen. 5. Le dirham est d'une valeur moindre que le dinar (*un dirham vaut moins qu'un dinar*).

F. ‏١. بقدر / ٢. بقدر ما / ٣. مثلما / ٤. كما / ٥. مثلما .

G. 1. C'est elle la plus belle. 2. L'éléphant est le plus lourd. 3. Ma fille est la plus intelligente. 4. Voici ma fille aînée. 5. Le Caire est la plus grande ville arabe. 6. C'est la plus grande ville. 7. C'est le commerçant le plus riche. 8. Voici les maisons les plus anciennes.

H. ‏١. هو ليس غنيًّا جدًا / ٢. هذه السوق بعيدة جدًا /
‏٣. ليست هذه السيّارة جديدة جدًا / ٤. هو أشرف من أن يكذب
علينا / ٥. هي من الذكاء بحيث تفهم كلّ شيء / ٦. لست من
الغنى على الدرجة التي تظنّها ou لست من الغنى بقدر ما
تظنّ .

34. Négation et contraire du nom

A. 1. Ces propos n'ont aucun sens. 2. Il n'y a entre nous aucun problème. 3. [Je n'y vois] aucun inconvénient. 4. Rien du tout ne me plaît ici. 5. Personne ne m'aide. 6. Il faut absolument que je parte (= voyage). 7. Il est fou, sans aucun doute. 8. Je n'ai aucune marchandise nouvelle.

B. ‏١. ... غير واسعة / ٢. ... عدم إخراج ... / ٣. ... غير
ذكيّ / ٤. ... غير جميلة / ٥. ... غير مفيدة / ٦. ... غير
جادّين / ٧. ... غير أجنبيّات / ٨. ... غير لطيفين / ٩. ... غير
فقيرتين .

C. 1. J'ai lu les œuvres de Naguib Mahfouz et celles des autres romanciers arabes. 2. Le professeur donne sa leçon sans préparation. 3. J'ai réussi l'examen sans l'aide de personne. 4. Je n'aime que la musique ancienne. 5. Je ne lis que les livres de poésie. 6. Je travaille avec vingt collègues mais je me sens seul(e).

7. Cette fille est intelligente mais ses collègues ne l'aiment pas.
8. Cette fille est pauvre ; et pourtant, personne ne l'aide.

36. La phrase nominale

A. Phrases complètes (mubtada' indiqué entre parenthèses) :
1 (هو) 2 ,(هذه) 3 (أنا) 5 ,(صاحبي) 6 ,(هي) 8 (أنت) 10 ,(نحن),
11 (هم) .

B. 1. C'est une voiture neuve (ou nouvelle). 2. Cette voiture est neuve. 3. La voiture est dans la rue. 4. Il y a une voiture dans la rue. 5. Sur le bureau, il y a un livre arabe. 6. Le livre arabe est sur le bureau. 7. Il vaut mieux que nous travaillions. 8. Idem.

C. ١. في الدار كلب كبير / ٢. هذه الدار هي دار عمّي /
٣. من الأفضل لك أن تواصل الدراسة / ٤. أصدقائي سافروا
إلى دمشق / ٥. من المعروف أنّه مجنون / ٦. من الممكن أن تأتي
سميرة / ٧. من الغريب أن يرفضوا هذا العمل .

D. ١. هي / ٢. هو / ٣. هم / ٤. هنّ / ٥. هي .

E. ١. معي / ٢. لي / ٣. لديّ / ٤. لديّ .

F. ١. لي / ٢. لديّ / ٣. معي / ٤. عندي .

G. ١. عندنا (معنا) سيّارة كبيرة / ٢. لهادار كبيرة /
٣. معه (عنده) صورة جميلة للمدينة / ٤. لكم مال كثير /
٥. لديّ فكرة .

H. 1. Il a un ami indien. 2. Nous avons un problème. 3. Vous avez raison. 4. Elle a d'excellentes idées. 5. Tu as une belle montre.

I. ١. إنّ البنتَ مريضةٌ / ٢. إنّ في المدينة جامعةً كبيرةً /
٣. إنّ لنا صديقًا في طرابلس / ٤. إنّ الضيفَ تونسيٌّ / ٥. إنّ
الجامعةَ في العاصمةِ / ٦. إنّ في العاصمة جامعًا كبيرًا .

J. ١. المدينة جميلة / ٢. هذه المدينة جميلة / ٣. هذا فيلم
جميل / ٤. صديقي سوريّ / ٥. صديقي السوريّ مريض .

K. 1. Elle parle comme si elle pleurait. 2. Il est à la maison parce qu'il est malade. 3. Il est riche mais avare. 4. Le film est beau mais le cinéma est loin. 5. Il est avare alors qu'il est riche. 6. J'étudierai la philosophie, d'autant plus que mon père est philosophe. 7. Vu qu'il fait froid, nous resterons à la maison. 8. Le prix de la voiture est de mille dinars, sachant qu'un dinar vaut 20 francs. 9. Ah si tu venais avec nous !

L. ١. كان المديرُ في مكتبه / ٢. كان ابنُ المدير حاضراً /
٣. كان هذا الشارعُ مغلقاً / ٤. كانت هذه المكتبةُ مفتوحةً /
٥. كان في مدينتنا مسرحٌ كبيرٌ / ٦. كان في شارعنا مكتبٌ
للبريد / ٧. كان عندنا ضيفٌ .

M. ١. سيكون المديرُ في مكتبه / ٢. سيكون ابنُ المدير
حاضراً / ٣. سيكون هذا الشارعُ مغلقاً / ٤. ستكون هذه
المكتبةُ مفتوحةً / ٥. سيكون في مدينتنا مسرحٌ كبيرٌ /
٦. سيكون في شارعنا مكتبٌ للبريد / ٧. سيكون عندنا
ضيفٌ .

N. 1. J'avais un ami indien. 2. Demain, je serai à Bagdad. 3. J'avais appris la langue indienne. 4. Dans une heure, tu seras parti. 5. Nous avions parlé du film. 6. J'apprenais tout seul.

O. ١. ليست المكتبةُ مفتوحةً / ٢. ليس الشارعُ واسعاً /
٣. ليس صديقي معي / ٤. ليست السينما بعيدةً / ٥. لستُ
منتبهاً / ٦. لم أكن منتبهاً / ٧. لم يكن المديرُ يتكلّمُ /
٨. ليسوا جالسين في المقهى / ٩. لسنا مستعدّين للسفر /
١٠. ليس عندنا سيّارة كبيرة .

P. ١. عندي سيّارةٌ جديدةٌ / ٢. كانت المديرةُ جالسةً في
المكتبة / ٣. ليس عندي مشكلةٌ / ٤. ابنُ المدير مريضٌ /
٥. ليس المهندسُ معنا / ٦. كانت الطبيبةُ مستعدّةً للسفر .

1. J'ai une nouvelle voiture. 2. La directrice était assise dans la bibliothèque. 3. Je n'ai pas de problème. 4. Le fils du directeur est

malade. 5. L'ingénieur n'est pas avec nous. 6. Le médecin-femme était prête à partir (en voyage).

Q. ١. كـان هذا المدير لطيفًـا / ٢. ليست البنات في المكتبة / ٣. لسنا نتعلّم اللغة العربيّة / ٤. كان في مدينتنا مدرسة عربيّة / ٥. كان المدير قد رجع إلى الشركة / ٦. كنّا قد فهمنا كلّ شيء / ٧. كانت البنت تتكلّم بالعربيّة .

37. La phrase verbale

A. Phrases verbales : 1, 3, 5 et 8.

B. ١. أرسل أبي رسالة / ٢. صنع الخبّاز الخبز / ٣. فتحت سليمة كتابها / ٤. بحث عنك مدير المدرسة / ٥. كتبت لنا رسالة / ٦. يشتغل المهندس في الشركة / ٧. يسكن الطبيب في الريف / ٨. يدرس ابن عمّي في جامعـة السـوربون / ٩. يزور أهلي المملكة العربيّة السعوديّة / ١٠. يسكن أصدقائي في المدينة الجامعيّة .

C. ١. لعب / ٢. وصلت / ٣. سـافر / ٤. لعبت / ٥. وصل / ٦. سـافر / ٧. انتـهى / ٨. انتـهت / ٩. انتهت / ١٠. رجع / ١١. رجعت / ١٢. رجع .

D. ١. خـرجت ... / ٢. خـرجت ... وذهبن ... / ٣. رجعـت ... أكلت .. / ٤. وصل ... اجتـمـعـوا .. / ٥. وصل ... ركـبـوا .. / ٦. جلس ... تفرّجوا .. / ٧. نهض ... صفّقوا .. / ٨. جاءت ... تكلّمت ... .

E. ١. يذهب ... / ٢. سافر ... / ٣. تسافر ... / ٤. يرجع ... / ٥. انتهت ... / ٦. تبدأ ... .

F. ١. ذهبت / ٢. يسافر / ٣. كانت ...سافرتا / ٤. كان ... رجعوا / ٥. كانت ... انتهت / ٦. .... تكون ... بدأت .

G. 1. Mes enfants vont au cinéma chaque semaine. 2. Mes

parents sont partis (en voyage). 3. Je partirai dans une heure.
4. Nous irons tous à l'aéroport. 5. L'avion était arrivé.

H. ١. كان الأولاد قد لعبوا في الملعب / ٢. كان المهندسون قد تكلّموا مع المدير / ٣. كان أهلي قد شربوا الشاي صباحًا / ٤. كانت أخواتي قد قرأن القصص / ٥. كان علي وإسماعيل قد ذهبا إلى الملعب / ٦. كانت أمّي وخالتي قد شربتا القهوة بالحليب / ٧. كان أولادي قد تفرّجوا على التلفزيون .

I. ١. خرجت / ٢. لن يخرجَ / ٣. خرجنا أمس / ٤. سأذهب معكم / ٥. لا تكتبْ بهذا القلم ! / ٦. لن نخرجَ مساءً / ٧. كنّ يخرجن كلّ يوم .

J. 1. Je reviendrai tout à l'heure. 2. Je n'ai rien compris. 3. Je n'acheterai rien. 4. Il parlait avec le directeur. 5. Je ne connais pas cet homme. 6. Je reviendrai demain. 7. Nous jouions aux échecs. 8. Ils n'étaient pas avec nous. 9. Ne joue pas avec eux ! 10. N'allez pas seuls ! 11. Revenez ! (fém.) 12. Elles ne comprenaient rien. 13. Ils applaudissaient tous.

K. ١. لا / ٢. لم / ٣. لن / ٤. لا / ٥. لم / ٦. ما / ٧. ما .

L. ١. لن نسافرَ .. / ٢. لم أشاهدْ .. / ٣. لم يشاهدوا .. / ٤. لا تسافروا .. / ٥. لا تفتح ../ ٦. لن تتزوّجَ ../ ٧. لا يسكنُ ..

38. Les compléments

A. ١. رآها الطالب / ٢. هنّأها أبوها / ٣. هنّأهنّ أبوهنّ / ٤. انتظرتهم المعلّمة / ٥. انتظره المهندسون / ٦. فتحته البنت .

B. ١. تكلّم معه المهندس / ٢. بحث عنه أبي / ٣. بحث عنها الفلاّح / ٤. نظر إليها الشرطيّ / ٥. سأل عنها الطبيب / ٦. بحثت عنهم الشرطة / ٧. سلّم عليهنّ خالي .

C. ١. رآها / ٢. هنّأها / ٣. هنّأهنّ / ٤. انتظرتهم /

٥. انتظروه / ٦. فتحته .

١. تكلّم معه / ٢. بحث عنه / ٣. بحث عنها / ٤. نظر إليها /
٥. سأل عنها / ٦. بحثت عنهم / ٧. سلّم عليهنّ .

D. ١. ظننتُ أنّها عاقلة / ٢. وجدنا أنّهم عاقلون / ٣. ظنّ
أنّكم قادرون على النجاح / ٤. ظنّ أنّهنّ عاقلات / ٥. حسبوا
أنّكم عاجزون عن العمل / ٦. ظنّوا أنّنا قادرون على الصبر .

E. 1. Le médecin est arrivé avec célérité. 2. Les ingénieurs sont
sortis en riant. 3. Ma sœur est arrivée en pleurant. 4. La fille est
revenue en courant.

F. ١. قاومنا العدوّ مقاومة شديدة / ٢. ضرب الملاكم
خصمه ضربًا عنيفًا / ٣. أيّدنا المرشّح الديمقراطيّ تأييدًا
صريحًا / ٤. سار اللاعبون سيرًا منتظمًا / ٥. قابلنا المدير
مقابلة لطيفة .

G. ١. جدًّا / ٢. طبعًا / ٣. كثيرًا / ٤. أيضًا .

H. ١. يمشي بهدوء / ٢. يعمل بدقّة / ٣. يعملون بسرعة /
٤. يكتبون بكثرة / ٥. تسير بسرعة / ٦. تتكلّمون بدقّة .

39. Le passif

A. ١. فُتح البابُ / ٢. كُسر الكأسُ / ٣. جُرح الصيّادُ /
٤. قُتل الأرنبُ / ٥. بيعت البضاعةُ / ٦. قُبض على اللصّ /
٧. سُئل عن موعد الحفلة / ٨. سُرقت السيّارةُ .

B. ١. مُنح الفائزُ وسامًا / ٢. أعطي الفقيرُ درهمًا /
٣. سُمّي الولد محمّدًا / ٤. أعطي ابنُ الأمير هديّةً / ٥. سُمّيت
بنتُ محمّد سليمة / ٦. أعطي أولادُ جيراني كرةً جديدةً /
٧. مُنح موظفو الدولة عطلةً إضافيّةً .

C. ١. الخروج مسموح به / ٢. القصّة مترجمة / ٣. قول
الشاهد مشكوك فيه / ٤. الزوج مغضوب عليه / ٥. الحلوى

مرغوب فيها / ٦. السيّارة مسروقة .

40. Compléments du nom d'action et du participe actif

A. ١. يسرّني شراؤك إيّاها / ٢. يسرّني دراستكم إيّاها /
٣. يسرّني فهمهم إيّاه / ٤. يؤسفني رفضهم إيّاه / ٥. يؤسفني
هدمهم إيّاه / ٦. يدهشني بيعهما إيّاها / ٧. يدهشني بيعكما
إيّاها / ٨. أستغرب هدمهنّ إيّاه / ٩. أستغرب بيعهم إيّاها.

B. ١. فلان عـاشق الغناء / ٢. أهلي عـاشقـون الغناء /
٣. الناس عاشقون أغانيها / ٤. فلانة حافظة الأغنية / ٥. أنتم
حافظون النصّ / ٦. نحن متتبّعون القضيّة / ٧. أصحابي
متتبّعون القضيّة .

C. ١. يطلب / ٢. تعشق / ٣. يحترمون / ٤. ينتقدون /
٥. يرفضان / ٦. تبيعون / ٧. يرفضان / ٨. يرفض /
٩. ترفض .

41. Syntaxe du vocatif

A. ١. يا / ٢. يا / ٣. أيّها / ٤. يا / ٥. أيّتها / ٦. يا /
٧. أيّتها ... أيّها / ٨. أيّها / ٩. أيّها .

B. ١. نورَ الدينِ / ٢. بنتَ / ولدُ / ٤. أولادُ / ٥. ناسُ .

42. Tournures exclamatives

A. ١. ما أوسع هذا الشارع / ٢. ما أحكم هذا الرجل / ٣. ما
أكبـر هذه الدار / ٤. مـا أصغـر هذا القلم / ٥. مـا أذكى هذه
الفتاة / ٦. مـا أغبى هذا الشابّ / ٧. ما أسمن هذا الطفل /
٨. ما أنحف هذه الطفلة / ٩. ما أقوى هذا الملاكم / ١٠. مـا
أقوى هؤلاء الشبّان / ١١. ما أكرم هؤلاء البنات / ١٢. ما أزعج
هؤلاء الجيـران / ١٣. مـا أقـواكم / ١٤. مـا أذكاكمـا / ١٥. مـا
أبرعهما من مغنّيَين .

B. 1. Quel film ! 2. Comme elles sont belles ! 3. Quelle catastrophe ! 4. Comme ils sont fous ! 5. Comme tu es fou ! 6. Que d'accidents aujourd'hui !

43. Phrases négatives

A. ١. لا أعرف (لا أدري) / ٢. ليست جميلةً / ٣. لا تعرف أحدًا / ٤. لم يفهم شيئًا / ٥. لا نفهم شيئًا / ٦. لم تأكل شيئًا / ٧. لن آكلَ مساء اليوم / ٨. لا نتفرّج على التلفزيون اليوم / ٩. لا يبحثون عن شيء / ١٠. لا شيءَ فوق المكتب / ١١. لا أحدَ في الدار / ١٢. لن يكونَ الامتحان سهلاً / ١٣. لن يساعدكَ أحد .

B. 1. Il n'y a personne à la bibliothèque. 2. Je ne cherche rien. 3. Je n'ai vu personne. 4. Je n'ai rien trouvé dans le coffre. 5. Il ne travaillera avec personne. 6. Tu ne verras rien. 7. Vous ne comprenez rien. 8. Il n'est satisfait de rien.

C. ١. أبدًا / ٢. أبدًا / ٣. قطّ / ٤. قطّ / ٥. قطّ / ٦. أبدًا / ٧. أبدًا .

D. ١. لا يتكلّم مع أحد / ٢. لا أعرف أحدًا في الجامعة . / ٣. لم يعجبني شيء من برامج ... / ٤. لم أستمع إلى شيء ... / ٥. لم نأكل شيئًا .... .

44. Verbes d'existence et inchoatifs

A. ١. صار أبي وزيرًا / ٢. صارت هذه الفنّانة مشهورةً / ٣. صارت أختي طبيبةً / ٤. صار هذا المهندس ثريًّا / ٥. صرتُ فقيرًا / ٦. صرنا كثيرين .

B. ١. صار جارنا مجنونًا / ٢. صار هذا الطبيب مشهورًا / ٣. صارت هذه الفتاة معلّمةً .

C. 1. Il se mit à travailler seul / il travaille désormais seul. 2. J'ai continué à le contacter. 3. Il poursuivit l'écriture de romans. 4. Les enfants n'ont cessé de jouer dans le jardin. 5. Ils n'ont cessé de regarder la télévision. 6. Nous travaillons toujours ensemble. 7. Ils habitent encore dans notre ville. 8. Il veut toujours partir. 9. Isma'îl se remit à étudier l'arabe. 10. Ils ne correspondent plus avec nous.

D. ١. جعل الأستاذ يشرح لنا المسألة / ٢. أخذ يكلّمنا بلطف / ٣. جعل يستمع إلى كلامي / ٤. صاروا يوافقون على كلّ شيء / ٥. جعلت ترفض كلّ المشاريع / ٦. بدأ يشتمنا / ٧. أقبل يسلّم علينا / ٨. قاموا يرحّبون بالضيوف .

45. La coordination

A. ١. ..و ..و ../ ٢. ..فـ ../ ٣. ..ثـمّ ../ ٤. ..فـ .. / ٥. .. بل ../ ٦. .. بل ../ ٧. .. أو ../ ٨. .. أو ../ ٩. ..أم ..

1. J'irai aujourd'hui au cinéma avec Isma'îl, Fâtima et Yûsuf. 2. Nous avons eu soif ; alors nous avons bu un jus d'orange. 3. Je terminerai d'abord mon travail, puis je partirai pour Honolulu. 4. Elle lui a demandé le dossier ; alors, il le lui a envoyé. 5. Je ne suis pas malade, mais fatigué. 6. Je ne veux pas un palais, mais une petite maison. 7. Veux-tu rester ou partir ? 8. Veux-tu apprendre l'arabe ou le français ? 9. Est-ce ton frère ou ton père ?

B. 1. Je veux acheter une voiture mais je n'ai pas assez d'argent. 2. Ma mère voudrait bien assister à la fête mais elle est malade. 3. Nous voudrions bien vous rendre visite mais la voiture est en panne. 4. Nous irons au marché par le train, car il est loin. 5. Eloignez-vous d'elle : elle est folle. 6. Je ne vous rendrai pas visite aujourd'hui car je suis très occupé. 7. Qui est-ce donc ? 8. Pourquoi donc n'essaies-tu pas ? 9. Je vous écrirai dans une langue que vous comprenez, c'est-à-dire en arabe.

46. La relative

A. ١. هذا هو الكتاب الذي قرأته / ٢. هؤلاء هم المعلّمون الذين رأيتهم/ ٣. هذا هو الطبيب الذي تكلّمنا معه / ٤. هذا هو الفيلم الذي أعجبنا / ٥. هذا هو المفتاح الذي فقدته / ٦. هذا هو المتحف الذي زاروه / ٧. هذا هو الثوب الجديد

الذي اشتراه / ٨. هذه هي المجلّة التي اشتريتها .

B. ١. هذا ابن مدير البنك الذي يسكن ... / ٢. هذا الرجل صديقي الذي يدرس ... / ٣. جارنا الجديد طبيب يعمل في المستشفى / ٤. هذه جارتي التي حدّثتك عنها أمس .

C. ١. سأعمل مع من يقبل العمل معي / ٢. سأكتب ما يرد في ذهني / ٣. لا أعرف من انتقل إلى الحيّ / ٤. لم أفهم ما دعاه إلى الرحيل .

47. Les complétives

A. ١. أنّ / ٢. أنْ / ٣. أنْ / ٤. أنّ / ٥. أنّ :

B. ١. أريد أنْ أرحلَ ... / ٢. يحبّون أنْ يتعلّموا ... / ٣. نريد أنْ نرجعَ ... / ٤. يجب عليك أنْ تنتبهَ / ٥. ينبغي لكم أنْ تهتمّوا ... / ٦. يستطيع أنْ يفهمَ ... / ٧. أخشى أنْ أفشلَ .. / ٨. حاولوا أنْ يهربوا / ٩. عليكم أنْ ترجعوا فورًا / ١٠. أرجو منكم ألّا تدخّنوا .

C. 1. Je veux apprendre la danse. 2. Nous avons appris que tu habitais à Beyrouth. 3. Nous espérons que vous passez de bonnes vacances. 4. J'aimerais visiter le Caire avec vous. 5. Nous avons entendu dire que la secrétaire était malade.

D. ١. يريد أنْ يعملَ معك / ٢. قرّرتُ أنْ أزورَ مدينة الإسكندريّة / ٣. فهمتُ أنّ التدخينَ ممنوع .

48. Style indirect

A. ١. ... إنّها ليستْ في الدار / ٢. ... إنّهم لا يفهمون المشروع / ٣. ... إنّ هذا المرضَ غريبٌ / ٤. ... إنّني ولد غبيّ .

B. ١. قالت ليلى : «سأسافر غدًا» / ٢. قال أبي : «لستُ راضيًا عن عملي» / ٣. قال المهندس : «لن أذهبَ وحدي» / ٤. قال المعلّمون : «لقد فهمتم دروسكم» .

49. Autres subordonnées

A. 1. Il est venu pour me parler. 2. Elle est partie à Londres pour apprendre l'anglais. 3. Je suis allé au marché pour acheter des chaussures. 4. Nous nous sommes dépêchés pour ne pas être en retard. 5. Ne quitte pas ton travail : tu le regretterais.

B. ١. رجع إلى داره لأنّه نسي ملفّاته / ٢. لم تشترك في الحفلة لأنّها مريضة / ٣. لم يعلم بالحادث لأنّه كان في الخارج / ٤. أصبحنا أغنياء لأنّنا ربحنا ... .

C. ١. خرج وهو يركض / ٢. دخل وهو يبكي / ٣. تحدّث معنا وهو يبتسم / ٤. نادت علينا وهي تشير بيدها / ٥. قرأها وهو يتعجّب ممّا فيها .

D. ١. جاء وقد رحلت أمّه / ٢. رجع وقد انتهى الاحتفال / ٣. سافرنا وقد تزوّج قيس وليلى / ٤. وصل الطبيب وقد تُوُفِّي الشيخ / ٥. وصلنا إلى السينما وقد بدأ العرض .

E. 1. Je l'ai rencontré alors qu'il pensait partir. 2. Je lui ai parlé tout en me demandant pourquoi elle était triste. 3. Nous leur avons rendu visite alors que les vacances étaient finies. 4. Il est venu alors que tout le monde était parti. 5. Nous sommes revenus alors qu'il pleuvait.

F. 1. Dès que je l'ai vu, je l'ai reconnu. 2. Lorsque je suis revenu, je les ai trouvés en train de jouer. 3. Je resterai au bureau jusqu'à minuit. 4. Depuis que j'ai appris l'arabe, je corresponds avec Salima en arabe. 5. Dès que j'ai entendu cette musique, elle m'a plu. 6. Attendez que je mette mon manteau ! 7. Il est parti à Tunis après y avoir trouvé du travail .

50. Les phrases conditionnelles

A. ١. لو كان المدير في مكتبه لتحدّثنا معه ... / ٢. إذا أتى سمير أمكنه تناول ... / ٣. إنْ كان الجوّ ممطرًا فلن نذهب إلى البستان / ٤. لو كنت فيلسوفة لفهمت كلامك / ٥. لو كنّا

أغنياء لاشترينا هذه الدار .

B. ١. كلَّما رآني سألني عنك / ٢. كلَّما سافرتُ بعثتُ لهم رسالة / ٣. حيثما تذهب تشتري له هديّة .

C. ١. إذا ou إنْ / ٢. إنْ / ٣. لـو / ٤. لـو / ٥. إذا ou إنْ / ٦. إنْ ou إذا / ٧. فـ .

D. ١. لو كنتُ أدري لمـا ذهبتُ لرؤيتـه / ٢. إذا جئتـم إلى داري رأيتـم ابن عـمّي (ou ابن خالي) أحمـد / ٣. لو كان عندي مليون دينار لاشتريت هذا القصر / ٤. إنْ رأيتَه عرفتَه فورًا / ٥. إنْ ساعدتَني اليوم ساعدتُك غدًا .

Eléments bibliographiques

• *Dictionnaire arabe-français As-Sabil*

de Daniel Reig - Editions Larousse - Paris 1983

Comprend un index français-arabe renvoyant au dictionnaire arabe-français.

• *A Dictionnary of Modern Written Arabic*

de Hans Wehr - Ed. Milton Cowan - New-York 1976

Ce dictionnaire (qui existe en version de poche et qui est la traduction anglaise du travail fait en allemand par H. Wehr) sera un complément utile au premier pour tous ceux qui comprennent l'anglais (dictionnaire classé par racines). Version arabe-allemand éditée par O. Harrassowitz - Wiesbaden 1985

• *Mounged - Dictionnaire moderne français-arabe*

Ed. Dar El-Machreq - Beyrouth 1972 (Librairie Orientale)

Un bon dictionnaire français-arabe très complet.

• *TextArab (revue bimestrielle pour communiquer en arabe)*

Diffusée par abonnement (spécimen sur demande)

TextArab - 23, bd Colbert - 92160 Antony

Revue pédagogique réalisée par des enseignants de l'Education Nationale présentant des textes modernes tirés de la presse ou de la littérature, ainsi que des extraits de films arabes transcrits, des poèmes chantés, etc. Pour chaque texte, le lexique principal et les tournures difficiles sont traduits dans un encart central. Une cassette et un cahier d'exercices publiés avec chaque édition permettent de travailler seul.

• *L'arabe - Pratique de base*

de Michel Neyreneuf, Christine Canamas et Mohammad Bakri - Le Livre de Poche - Paris 1992 (avec 2 cassettes).

• *La Conjugaison arabe*

de Daniel Reig - Editions Maisonneuve & Larose - Paris 1983

• *Grammaire de l'arabe d'aujourd'hui*

de D. E. Kouloughli - Editions Pocket - Paris 1994

• *Grammaire de l'arabe classique*

de R. Blachère et M. Gaudefroy-Demombynes - Editions Maisonneuve & Larose - Paris 1975 (3ème édition).

• *A Grammar of the Arabic Language*

de W. Wright - Cambridge University Press - 1859 - réédité régulièrement.

INDEX ANALYTIQUE (français)

Les chiffres renvoient au numéro de la leçon ou du paragraphe où le point est traité. Les lettres renvoient aux annexes. Cet index en français est suivi d'un complément avec des "entrées" en arabe (cf. p. 345).

INDEX ANALYTIQUE (arabe)

Les chiffres renvoient au numéro de la leçon ou du paragraphe où le point est traité. Les lettres renvoient aux annexes. On y trouvera les termes grammaticaux ainsi que de nombreuses autres "entrées" (cf. aussi Index français p. 338).

Imprimé en France sur Presse Offset par

BRODARD & TAUPIN

GROUPE CPI

La Flèche (Sarthe).
N° d'imprimeur : 13708 – Dépôt légal Édit. 24685-09/2002
LIBRAIRIE GÉNÉRALE FRANÇAISE - 43, quai de Grenelle - 75015 Paris.
ISBN : 2 - 253 - 08561 - 8